Sabine Achour, Thomas Gill (Hg.)

Politische Bildung und Flucht – ein Paradigmenwechsel?!

Sabine Achour, Thomas Gill (Hg.)

Politische Bildung und Flucht – ein Paradigmenwechsel?!

WOCHEN
SCHAU
WISSENSCHAFT

Bibliografische Information der Deutschen Nationalbibliothek

Die Deutsche Nationalbibliothek verzeichnet diese Publikation in der Deutschen Nationalbibliografie; detaillierte bibliografische Daten sind im Internet unter http://dnb.d-nb.de abrufbar.

www.wochenschau-verlag.de

Umschlaggestaltung: Ohl Design
Gedruckt auf chlorfrei gebleichtem Papier
Gesamtherstellung: Wochenschau Verlag
ISBN 978-3-7344-1128-1 (Buch)
E-Book ISBN 978-3-7344-1129-8 (PDF)

Inhalt

II
Projektberichte

Angebote an Geflüchtete

Angebote im Kontext von Schule

SABINE ACHOUR, THOMAS GILL

Vorwort

Über viele Jahrzehnte entwickelte Deutschland keine Instrumente, um Geflüchteten aktiv ein Angebot der Integration zu unterbreiten. Bei großen Gruppen von Geflüchteten zum Beispiel aus dem Libanon während der 80er Jahre oder in den 90er Jahren aus dem ehemaligen Jugoslawien wurde eher alles getan, diesen deutlich zu signalisieren, dass sie keine dauerhafte Bleibeperspektive erhalten werden.

Erst nach der verspäteten Anerkennung, dass Deutschland (wieder) ein Einwanderungsland ist, wurde im Jahr 2005 das Instrument der Integrationskurse eingerichtet, die sich auch an Geflüchtete mit abgeschlossenem Asylverfahren richteten. Bis heute bildet ein Sprachlernangebot, welches durch den sogenannten Orientierungskurs ergänzt wird. Bis zum Jahr 2015 waren diese Orientierungskurse, von einigen Modellprojekten abgesehen, fast das einzige Angebot der politischen Bildung für Geflüchtete in Deutschland.

Der Orientierungskurs wurde zwar über die Jahre immer wieder weiterentwickelt, auch der Umfang wurde von zunächst 60 Stunden auf 100 erhöht. Die grundsätzliche Kritik an ihm blieb aber bestehen: Sein Korsett ist relativ starr, da er vermeintlich auf eine Abschlussprüfung – den Staatsbürgerschaftstest – vorbereiten soll und so nur begrenzt Raum für eine Orientierung an den Fragen der Teilnehmenden bietet. Letztendlich steht bei den Kursen die Vermittlung, wie Politik und Gesellschaft in Deutschland funktionieren, im Mittelpunkt, die drei Themenbereiche sind dementsprechend von Anbeginn an: Politik und Demokratie, Geschichte und Verantwortung sowie Mensch und Gesellschaft.

Die Kurse entsprechen damit in gewisser Weise der Logik der deutschen Integrationspolitik insgesamt. Diese hat zwar die Bereiche Arbeit, Bildung und Wohnen im Blick, verschiebt aber die Frage der politischen Teilhabe auf die Zeit nach einer Annahme der deutschen Staatsbürgerschaft – soweit diese gewährt wird – und damit auf gut ein Jahrzehnt nach dem Zeitpunkt des Ankommens in Deutschland. Angesichts des hohen Anteils einer Einwohnerschaft ohne deutsche Staatsbürgerschaft, welche z.B. in deutschen Großstädten wie Berlin 0,75 Mio. beträgt, ergibt sich daraus aus demokratietheoretischer und menschenrechtlicher Perspektive eine problematische Konstellation.

Auch die politische Bildung zeigt mit Begriffen wie „Bürgerleitbilder“ oder „Bürgerorientierung“ in vielen Konzepten einen blinden Fleck. Das Anrecht auf politische Bildung erhält einen exklusiven Charakter, eine nationalstaatliche Engführung, sollte Staatsbürgerschaft ihre Voraussetzung sein. In Zeiten der Globalisierung, Internationalisierung und Transnationalisierung erscheint dies anachronistisch.

Mit dem September 2015 und der relativ kurzfristigen Zuwanderung von 1,2 Mio. Geflüchteten innerhalb von zwei Jahren wurde nicht nur das immer noch etwas zurückhaltende Selbstverständnis als Einwanderungsgesellschaft, sondern auch die Integrationspolitik im Fluchtkontext eklatant herausgefordert. Etliche Instrumente wurden entwickelt, um die rasanten Ereignisse zu bewerkstelligen. Insbesondere auch das Bürgerschaftliche Engagement war ein wichtiger Garant, die vielfältigen Herausforderungen zu bewältigen. Die deutsche Migrationspolitik ist nach 2015/16 nicht mehr die gleiche wie zuvor.

Sie ist bis heute von Ambivalenzen geprägt. Ein Blick in die Empirie erlaubt die Schlussfolgerung, dass die Aufnahme von Geflüchteten insgesamt gelungen ist, so der Sachverständigenrat für Migration und Integration im Jahresgutachten 2019. Auch die zahlreichen migrationsskeptischen und von defizitorientierten Kulturalisierungen geprägten Diskurse scheinen weniger prägenden Einfluss auf die Einstellungen in der Bevölkerung zu haben, als zu befürchtet war. (SVR 2019: 102). Im Rückblick auf die letzten zwanzig Jahre sind die Einstellungen zu Zuwanderung insgesamt liberaler geworden (SVR 2019). Gleichzeitig ist der Ton in der politischen Kommunikation rauer geworden und Diskursverschiebungen nach rechts haben verbal einen Nährboden geschaffen, auf dem vermehrt rassistische Straftaten wachsen. Laut Statistik zur politisch motivierten Kriminalität von 2019 ist diese um 20 Prozent gestiegen (BMI 2019). 2015 und 2016, als die Fluchtdebatte besonders menschenfeindlich geprägt war, häuften sich eklatant Übergriffe auf Unterkünfte von Geflüchteten in Form von Körperverletzungen und Brandstiftungen, ebenso Propagandadelikte und Vorfälle von Volksverhetzung (BMI 2019). Das positive Fazit der gelungenen Integration Geflüchteter des Sachverständigenrates ist also brüchig. Hinsichtlich der gelungenen Teilhabe werden vor allem die Systeme Bildung und Arbeit in den Blick genommen. Die *politische Teilhabe* von Geflüchteten ist ebenso wie die regelhafte Absicherung von Angeboten zu Flucht und politischer Bildung – und zwar für alle – noch ein offenes Feld, auf dem sich seit 2015 allerdings verschiedene Ansätze von best practice entwickelt haben.

Mit der vorliegenden Publikation geben wir einen Einblick zum Thema Flucht und politische Bildung aus verschiedenen Perspektiven. Sabine Achour, Peter Massing und Thomas Gill widmen sich grundlegenden Fragen der **Veränderungen** in Politik, Gesellschaft und politischer Bildung. Thomas Gill, Claudia

Lohrenscheit und Bernd Overwien greifen mit globalem Lernen, Menschenrechtsbildung und Inklusion drei Konzepte auf, die vielfältige **Anknüpfungspunkte** für die Weiterentwicklung politischer Bildung bieten. Rebecca Arbter, Ina Bielenberg, Ingo Juchler, Nicholas Henkel und Heinz Stapf-Finé beschreiben unterschiedliche **Perspektiven** für die politische Bildung. Es schleißt sich ein Gespräch an über Flucht, politische Bildung und dem, was noch folgen muss. Aus der Perspektive von Selbstorganisationen werden wichtige Aspekte in den Blick genommen, die in der etablierten politischen Bildung noch zu wenig Berücksichtigung finden.

Den Abschluss des ersten Abschnitts bildet ein Gespräch über Flucht und politische Bildung und dem, was noch folgen muss. Aus der Perspektive von Selbstorganisationen werden wichtige Aspekte in den Blick genommen, die in der etablierten politischen Bildung noch zu wenig Berücksichtigung finden.

Es folgen 14 Projektberichte, die Einblicke geben, auf welch vielfältige Weise politische Bildung auf die Zuwanderung von Geflüchteten nach 2015 reagiert hat. Fünf Projekte richten ihre Angebot an Geflüchtete: Die Materialerstellung zur Repräsentation von Vielfalt im Deutschunterricht der Berliner Volkshochschulen, das „Berliner Beratungszentrum für Migration und Gute Arbeit (BEMA)" von Arbeit und Leben, die Demokratie-Workshops der Berliner Landeszentrale für politische Bildung, „Wir sind da – ein Projekt auf zwei Beinen" von Hoch Drei aus Potsdam und die Lokalnachrichten „Amal Berlin" der Evangelischen Journalistenschule. Drei Projekte setzen in unterschiedlichen Kontexten auf die Begegnung: So das Projekt „Ich will was von der Welt" der Jugendbildungsstätte Kurt Löwenstein, das Programm „BENN – Berlin Entwickelt Neue Nachbarschaften" der Berliner Senatsverwaltung für Stadtentwicklung und „Brandenburg Connect", ein Kooperationsprojekt von Selbstorganisationen Geflüchteter und Unterstützenden.

Drei weitere Projekte richten sich an die Aufnahmegesellschaft: Bei Querstadtein zeigen Geflüchtete ihr Berlin, das Projekt „Willkommen und Ankommen in Mecklenburg-Vorpommern" der dortigen Landeszentrale für politische Bildung leistete Unterstützung vor Ort und das Material „Flucht im Lebenslauf" des Anne Frank Zentrums Berlin kann in Schule und im außerschulischen Bereich eingesetzt werden.

Explizit an Schule richten sich die Fortbildung für Lehrkräfte „Demokratiepädagogik in Willkommensklassen" der Senatsverwaltung für Bildung Berlin, das Projekt „Demokratie für mich" der Landeszentrale für politische Bildung Nordrhein-Westfalen und „Discover Diversity" der Kreuzberger Initiative gegen Antiziganismus (KIgA).

Die Publikation und die Beiträge verdeutlichen, dass die Zuwanderung von Geflüchteten und die Bedeutung von Migration insgesamt die politische Bildung herausfordern. Migration ist nur ein Aspekt der zunehmenden Vielfalt unserer Gesellschaft. Ebenso wird mit der Zunahme von Hassrede, offenem Rassismus und Rechtsterrorismus deutlich, dass politische Bildung die eigenen Grundlagen (neu) reflektieren muss. Wenn politische Bildung sich bei ihrer Zielbeschreibung auf die Tradition der Aufklärung bezieht und politische Mündigkeit als zentrales Ziel benennt, reflektiert sie dabei die diesem Begriff innewohnenden Ausblendungen? Welches sind die gesellschaftlichen Voraussetzungen, um „sich seines Verstandes ohne Leitung eines anderen zu bedienen", die nicht nur bei Kant unzureichend thematisiert werden? Welches Bild hat politische Bildung von jenen, die sie mit ihren Angeboten erreichen will – welche Normalitätskonstruktion wird unbewusst als Standard gesetzt? Wessen Interessen und Erfahrungen finden in den Angeboten der politischen Bildung keinen Ort, da sie nicht als politische wahrgenommen werden, sondern nur als Alltagssorgen? Wenn Indoktrination bereits bei der Gestaltung der pädagogischen Situation beginnt, wer bekommt nur Angebote präsentiert, die weit von seinem Alltagsleben entfernt sind, räumlich und auch habituell? Wie werden Menschen zur politischen Bildung eingeladen – als potentielle Gefährder, denen Präventionsangebote vorgesetzt werden, oder als aktive Mitgestalter unseres Gemeinwesens? Die Liste der zu klärenden Fragen ist lang. Wenn die vorliegende Publikation mit dazu beiträgt, Reflexionsprozesse zu initiieren, hat sie ihr Ziel erreicht.

Literatur

Bundesministerium des Innern, für Bau und Heimat (Hg.) (2019): Politisch motivierte Kriminalität im Jahr 2018. Bundesweite Fallzahlen, Berlin. Unter: https://www.bmi.bund.de/SharedDocs/downloads/DE/veroeffentlichungen/2019/pmk-2018.pdf?__blob=publicationFile&v=2.

Sachverständigenrat deutscher Stiftungen für Integration und Migration (SVR) 2019: Bewegte Zeiten: Rückblick auf die Integrations- und Migrationspolitik der letzten Jahre. Jahresgutachten 2019. Berlin: SVR.

I
Grundlagen

SABINE ACHOUR

Flucht als Katalysator von (Migrations)Gesellschaft?!

1. Wider das „Negativ-Narrativ Flucht"

In den Jahren 2013 bis 2017 haben mehr als 1,6 Millionen Menschen Schutz vor Krieg, Konflikten und unzumutbaren Lebensbedingungen in Deutschland gesucht und einen Asylantrag gestellt. Vor dem Hintergrund der Genfer Flüchtlingskonvention, des europäischen Flüchtlingsrechts und des Rechts auf Asyl im Grundgesetz ist es der menschenrechtliche Anspruch Deutschlands, Geflüchtete aufzunehmen.

Menschen auf der Flucht werden allerdings nicht nur als Leidtragende und Opfer gewaltsamer Auseinandersetzungen, ökologischer oder ökonomischer Not wahrgenommen. V.a. seit 2015 und 2016 gelten sie als „Herausforderung" oder „Problem" für die deutsche Gesellschaft. Etliche Akteure aus Politik und Medien haben spätestens seit der sogenannten Kölner Silvesternacht den Themenkomplex „Flucht" mit Bedrohungsmetaphern und -szenarien wie „Flüchtlingskrise" oder „Asylchaos" wiederholt in Verbindung gesetzt (Achour 2018). Laut Umfragen in den Jahren 2015/2016 nahmen die Sorgen hinsichtlich Zuwanderung zu, es hieß sogar, „die Stimmung kippe" (SVR 2019, 134).

Das negative Framing hält bis heute an; das illustrieren Formulierungen wie die „Konsequenzen" oder „die Folgen der Flüchtlingskrise". Aber was ist damit gemeint? Wer ist in Deutschland in eine Krisensituation geraten? Was ist eine Krise? Eine Krise gilt als schwierige Lage. Ursachen dafür können der Verlust von wichtigen Ressourcen (Gesundheit, Geld, Wohnung) oder von wichtigen Personen (enge Verwandte, Freunde) sein. Personen geraten auch in eine Krise, wenn Anforderungen an sie gestellt werden, die sie nicht bewältigen können (Erwerb eines Abschlusses, Finden eines Arbeitsplatzes). Die aufgezählten Indikatoren treffen bei nüchterner Betrachtung v.a. auf die geflüchteten Menschen zu, auch auf die Herausforderungen in Administration und beim Schaffen von Unterkünften, weniger auf die schon immer oder lange in Deutschland Lebenden.

Krisenhaft sind schließlich die Auswirkungen der aufgeregten und abwertenden Semantik auf die politische Kultur und für Menschen, die sich für Geflüchtete einsetzen.

Trotz eines breiten migrationsskeptischen Klimas nahmen diametral dazu die konkrete Integrations- und sog. Flüchtlingspolitik eine merkbare Dynamik auf. Etliche Gesetze sind in äußerst kurzer Zeit erlassen und Maßnahmen initiiert worden, um Geflüchtete und insgesamt Zuwander*innen schnell an Gesellschaft, Bildung und Arbeitsmarkt teilhaben zu lassen. Diese Maßnahmen liegen innerhalb und außerhalb der existierenden Regelsysteme. V.a. in den Bereichen Bildung, Ausbildung und Arbeitsmarkt mussten Strukturen inhaltlich und personell neu konzipiert werden. Von etlichen dieser Ansätze profitieren nicht nur Geflüchtete oder Menschen mit Migrationserfahrungen. Vielmehr haben diese einen Beitrag geleistet oder zumindest das Bewusstsein geschärft, den Zugang für alle zu verschiedenen Systemen barrierefreier, individualisierter und inklusiver zu gestalten bzw. mehr Expertise und diversere Professionalität zusammenzuführen. Das Phänomen Flucht wurde somit in etlichen Bereichen zu einem *Katalysator von Gesellschaft* und zwar nicht nur für die Gestaltung einer Migrationsgesellschaft. Dies trifft sowohl aus einer volkswirtschaftlichen Perspektive als auch aus einer menschenrechtlichen zu, wenn es um Teilhabechancen geht. Dieser These widmet sich der folgende Beitrag, nicht zuletzt mit dem Ziel, das „Negativ-Narrativ Flucht" in Frage zu stellen. Nach einer Standortbestimmung der deutschen Integrationspolitik widmet er sich exemplarisch den Bereichen Sprache, Bildung, Ausbildung und Arbeitsmarkt.

2. Deutsche Integrationspolitik zwischen Paradigmenwechsel und Zerrissenheit

Deutschland rang sich erst in den 2000er Jahren mit dem Zuwanderungs- und Einbürgerungsgesetz das Selbstverständnis ab, tatsächlich ein Einwanderungsland zu sein. Bis heute wird diese Selbsttitulierung immer noch von heftigen Kontroversen begleitet, rechte Gruppierungen lehnen den Begriff mit Verweis auf die Nichtexistenz eines Einwanderungsgesetzes ab. Deutschland steuert und gestaltet seit gut fünfzehn Jahren mit staatlichen Instrumenten Zuwanderung. Eine umfassende Migrations- und Integrationspolitik sind somit vergleichsweise neue Felder deutscher Politik.

Den Schwerpunkt der Integrationspolitik auf Maßnahmen für geflüchtete Menschen zu legen, war seit 2014 aufgrund der besonders hohen Zuwanderungszahlen schließlich ein weiteres Novum. Geflüchtete Menschen als Adressaten der deutschen Integrationspolitik waren vor 2015 de facto keine Zielgruppe (Bendel/Borkowski 2016, 104–107). Maßnahmen zur gesellschaftlichen Teilhabe wurden erst *nach* Abschluss des Asylverfahrens initiiert. Während des laufenden Verfahrens war die Teilnahme an Integrationsmaßnahmen kaum möglich. Da Asylverfahren häufig sehr lange andauern, ist das Verwehren von Teilhaberechten nicht nur aus menschenrechtlicher Perspektive problematisch, sondern auch für die Stimmung in der Bevölkerung fahrlässig. Soziale Kontakte werden erschwert und verschärfen abwertende Einstellungen den Menschen gegenüber, deren Asylverfahren andauern.

Trotz dieses integrationspolitischen Paradigmenwechsels bleibt ein auffälliges Spannungsverhältnis: Auf der einen Seite lassen sich etliche Maßnahmen der Liberalisierung erkennen. Teilhabe soll frühzeitig, individualisierter und differenzierter möglich gemacht werden (sog. „Integrationsförderung"). Auf der anderen Seite existiert mit den zahlreichen Änderungen im Asylrecht eine deutlich restriktive Tendenz[1]. Regelungen werden mit der Zielsetzung verschärft, Migration stärker steuern und kontrollieren zu können.

Exemplarisch für die Zerrissenheit stehen auf der einen Seite die Erweiterung der Liste sog. „sicherer Herkunftsstaaten", welche das Recht auf Asyl für Menschen aus diesen Ländern fast völlig aushebelt. Ebenfalls wird die Beseitigung von Abschiebehemmnissen stark forciert („Geordnete-Rückführung-Gesetz") und den betroffenen Menschen kann sogar im Zuge des Abschiebegesetzes die Inhaftierung in regulären Gefängnissen drohen.

Auf der anderen Seite wurden Integrationsangebote für Asylsuchende geöffnet und für Geduldete die Bleibemöglichkeiten verbessert. Die Differenzlinie, ob Geflüchtete auf liberalisierte Maßnahmen hoffen oder restriktive Maßnahmen fürchten müssen, erstreckt sich auf die Kategorie „Bleibeperspektive". Grundlage dafür ist das sog. Asylverfahrensbeschleunigungsgesetz (2015): Antragstellende aus Ländern mit hohen Schutzquoten haben eine ‚gute Bleibeperspektive'[2] und können schon während des Verfahrens an Integrationsmaßnahmen teilnehmen. Eine gewisse Dynamik und Realitätssinn zeigen sich darin, dass an einigen Förderangeboten auch Geduldete zugelassen werden. Häufig wurde deren Asylantrag zwar abgelehnt, aber aus rechtlichen oder tatsächlichen Gründen können sie nicht ausreisen. Von fast allen Integrationsangeboten ausgeschlossen werden Asylsuchende aus sogenannten „sicheren Herkunftsstaaten".

1 S. Auflistung der rechtlichen Änderungen im Bereich Flucht/Asyl seit Ende 2014: SVR 2019: 67 ff.

2 Das BAMF kategorisiert Länder mit „guter Bleibeperspektive: aus ihnen stellen viele einen Asylantrag und die Anerkennungsquote liegt bei über 50 Prozent. Seit 1.8.2019 fallen darunter nur noch Antragstellende aus Syrien und Eritrea, 2016 gehörten auch Irak, Iran, Somalia dazu.

3. Maßnahmen im Kontext von Flucht: Katalysator für Gesellschaft

Dass Flucht ein gesellschaftlicher Katalysator ist, zeigt sich nicht nur in den etlichen rechtlichen Änderungen sowie Anpassungen und Umstrukturierungen von Verwaltungsabläufen der letzten Jahre, sondern auch in verschiedenen Maßnahmen und Ideen. Diese haben häufig Individualisierungen, Flexibilisierungen sowie Unterstützungs- und besondere Fördermaßnahmen angestoßen, um die Teilhabe von Geflüchteten schneller, professioneller und sozial einbindend zu gestalten. Auch wenn in diesem Feld durchgängig immer noch etliche Optimierungsbedarfe identifiziert werden können und die (nicht-sicheren) Herkunftsstaaten über Zukunftschancen entscheiden, steht dies für ein anderes Verständnis von Integrationspolitik für Geflüchtete als vor 2014.

Erwachsene Geflüchtete sollen v.a. der Spracherwerb und Einstieg in den Arbeitsmarkt schnell ermöglicht werden. Kinder, Jugendliche und junge Erwachsene sollen vor allem zügig am Bildungs- und Ausbildungssystem teilhaben können. Etliche von den initiierten und umgesetzten Maßnahmen und personellen Expertisen werden schon seit geraumer Zeit als notwendig erachtet, um gesellschaftliche Anforderungen an Inklusion und Diversität auch für die Gesamtbevölkerung umsetzen zu können: (Sprach)Förderung, Diversity Management, Multiprofessionalität, Unterstützungsleistungen in Schule, Ausbildung, Unternehmen und Verwaltung.

Für den Arbeitsmarkt und die Berufsbildung inklusivere Strategien in der Integrationspolitik zu identifizieren, kann auch vor dem Hintergrund des Fachkräftemangels als Instrumentarium genutzt werden, um Deutschland als attraktives Einwanderungsland aufzustellen. Deutschland ist laut OECD-Studien nach den USA eines der beliebtesten Einwanderungsländer (OECD 2019), allerdings kann die deutsche Sprache für viele Zuwanderer*innen eine höhere Hürde darstellen als Englisch oder Französisch. D.h., auch aus volkswirtschaftlicher Perspektive können sprachinklusive Angebote im Ausbildungssystem und auf dem Arbeitsmarkt ökonomisch sinnvoll sein. Unterstützung findet dieser Ansatz vermehrt aus der Gesamtbevölkerung, welche ebenfalls sprachliche Hürden als zentrale Hindernisse für die Teilhabe erachtet, zugleich die positiven Effekte durch Zuwanderung für die Wirtschaft verstärkt anerkennt und daher einen schnellen Zugang zum Arbeitsmarkt vermehrt unterstützt (Kober/Kösemen 2019).

4. Sprache als zentraler Zugang zu Teilhabe

Sprache ist die zentrale Voraussetzung für Teilhabe. Insofern zeigt sich die Katalysatorfunktion in den verschiedenen Systemen zu einem beträchtlichen Teil in sprachsensiblen und sprachförderlichen Maßnahmen. Sprachkompetenz ist für die Inklusion in das Bildungssystem und in den Arbeitsmarkt entscheidend. Sprachkenntnisse erleichtern nicht nur überhaupt das Finden eines Beschäftigungsverhältnisses (Kosyakova/Sirries 2017), sondern korrelieren auch mit Löhnen (Brücker u.a. 2014). Sprachkenntnisse sind darüber hinaus für die soziale Teilhabe an Gesellschaft und Fragen von Zugehörigkeit entscheidend, sowohl aus Perspektive der Zugewanderten als auch aus Perspektive von Menschen ohne Zuwanderungsgeschichte. D.h., Zugehörigkeit wird in Deutschland verstärkt über erreichbare Merkmale wie Sprache definiert und nicht (mehr v.a.) über angeborene Merkmale wie deutsche Vorfahren. Hinsichtlich der Frage, was eigentlich „deutsch sei", zeichnet sich für Deutschland im Ganzen ein offeneres Deutungskonzept ab. Der Trend geht vermehrt zu Merkmalen, die erlern- und erreichbar sind wie deutsch sprechen zu können, so auch die Ansicht von 97 % der Bevölkerung. Als traditionelleres Konzept des „Deutsch-Seins" gelten deutsche Vorfahren, was aber nur 37,5 % der Befragten in Deutschland als wichtig erachten. (Lorenz/Müller 2017, 14f.; 18). Die Chancen, Gelegenheit zum Sprachgebrauch zu erhalten, werden durch das Leben in Gemeinschaftsunterkünften drastisch behindert. Hier sind soziale Kontakte kaum möglich. Diese bieten insbesondere Bildungseinrichtungen und Arbeitsgelegenheiten, aber auch kommunikative Alltagsbegegnungen in Familie und mit Freunden

Sprachförderung in den Integrationskursen: Herausforderungen als Anstöße zur Professionalisierung Sprachförderung von geflüchteten Menschen findet v.a. in den Integrationskursen statt. Die Notwendigkeit eines quantitativen und auch qualitativen Ausbaus wurde in den Jahren 2015/16 nicht nur in Hinblick auf die Sprachförderung besonders deutlich. Wie im gesamten deutschen Bildungssystem stellen der Umgang mit der Heterogenität von Teilnehmenden und die Gruppengröße eine große Herausforderung dar. Anforderungen an Differenzierung und Individualisierung (z.B. Förder- und Intensivkurse) sind v.a. in ländlichen Gebieten, in denen es sowieso nur wenige Angebote gibt, schwierig zu bewerkstelligen. Dazu kommen besondere Bedarfe wie Angebote für sogenannte Zweitschriftenlernende, die ein anderes Alphabet als das lateinische gelernt haben oder Kurse mit Kinderbetreuung. Frauen mit (kleinen) Kindern lassen sich als eine besonders benachteiligte Gruppe identifizieren. Integrations- und Bildungsangebote erreichen diese Gruppe schwieriger (Worbs/Baraulina 2017). Als Konsequenz daraus folgt häufig, dass nicht nur deren Sprachkompetenz in der Regel niedriger als die von Männern und von kinderlosen Frauen ist (Brücker u.a. 2019, 6–8). Häufiger als Männer verfügen geflüchtete Frauen über keine oder eine sehr geringe Bildung und waren im Herkunftsland seltener erwerbstätig (SVR 2019). Dies wirkt sich nicht nur ungünstig auf ihre eigenen Teilhabechancen aus, sondern vererbt auch die Bildungsbenachteiligung an die Kinder.

Der umfassende Ausbau der Integrationskurse war notwendig, aber deutlich sichtbar bleiben to do's, wenn die Kurse als Basisinstrumente der Integrationspolitik v.a. für den Spracherwerb fungieren sollen. Wenn lediglich nur etwa die Hälfte der Teilnehmenden den Integrationskurs mit dem Zielniveau B1 abschließt (Zahlen aus 2017: BAMF 2018, 12), müssen die didaktische Qualität der Kurse, die Professionalität der Dozierenden sowie die Möglichkeiten zur Differenzierung und die Breite des Angebotes in Angriff genommen werden.

5. Flucht und Bildung: früh und barrierefrei – am besten für alle

Die Teilhabe an Bildung ist für geflüchtete Kinder und Jugendliche eine zentrale gesellschaftliche Aufgabe, sowohl für Inklusionsprozesse in die Gesellschaft als auch aus menschen- und kinderrechtlicher Perspektive. Eine Rechtsexpertise des Deutschen Jugendinstituts (DJI) kommt zu dem Schluss, dass der Anspruch auf einen Betreuungsplatz ab dem Tag der Einreise gilt, unabhängig vom Aufenthaltsstatus und von der Art der Unterbringung (Meysen/Beckmann/González Méndez de Vigo 2016). Schließlich hat jedes Kind in Deutschland ein Recht auf Bildung und Schulbesuch aufgrund völker- und europarechtlicher Abkommen (UN-Kinderrechtskonvention, die Allgemeine Erklärung der Menschenrechte) sowie verfassungsrechtlich auf der Basis des Gleichheitsgrundsatzes in GG Art. 3. De facto erhielten viele häufig erst nach Verlassen der Erstunterkunft und mit der Verteilung auf Bundesländer einen Kita-Platz. Im Durchschnitt sind in den letzten Jahren von der Einreise bis zum ersten Schulbesuch sieben Monate vergangen (SVR 2019: 106). Es herrscht mittlerweile breiter Konsens, dass geflüchtete Kinder möglichst schnell eine Kita oder Schule besuchen sollten. Neben Erfüllen des Bildungsauftrages und der Chance auf Spracherwerb bieten der Kita- bzw. Schulbesuch geflüchteten Kindern im für die ganze Familie aufreibenden Asylverfahren eine gewisse Alltagsstruktur.

Die besondere Relevanz des Zugangs zu Bildung wird durch die Tatsache unterstrichen, dass etwa drei Viertel der Geflüchteten jünger als 30 Jahre sind. Entsprechend sind besonders viele Maßnahmen von der Kita, über die Schule bis hin zur Berufsausbildung und Hochschule in den Jahren 2015/16 angestoßen worden. El-Mafaalani und Massumi kritisieren allerdings, dass dies insgesamt bundesweit eher unkoordiniert und zum Teil eher improvisiert geschehen ist (2019). Dies verwundert wenig, da umfassende, evaluierte und bewährte Konzepte nicht existieren. Entsprechende wissenschaftliche Arbeiten zum Themenfeld Flucht und Bildung sind v.a. aktuell initiiert, wobei in der Bildungsforschung strittig ist, ob Flucht als eine eigenständige Forschungskategorie (z.B. in Abgrenzung zu Migration) fungieren solle, da diese mit spezifischen Problemlagen verbunden sei, die auf andere Migrationsformen nicht unbedingt zuträfen (El-Maraalani/Massumi 2019): besondere psychische Belastungen (durch Fluchtgründe, den Fluchtprozess sowie die prekäre Lage in Deutschland), rechtliche Besonderheiten (Illegalität, eingeschränkter Zugang zu/Ausschluss von Bildung usw.) sowie unter Umständen diskontinuierliche Bildungsbiographien (Ausfallzeiten aufgrund von Krieg, Flucht und Verfolgung sowie Wartezeiten in Deutschland).

5.1 Schule: Monolingualität als Teilhabehürde

Für die Institution Schule ist positiv zu konstatieren, dass trotz diverser organisatorischer Hürden 95 % der Kinder bis zwölf, die zwischen 2013 und 2016 eingereist waren, im Jahr 2016 zur Schule gingen (Gambaro u.a. 2017, 385). V.a. die Förderung von Deutschkenntnissen stellt eine basale Aufgabe dar. Dafür sind etliche Vorbereitungsklassen eingerichtet und verschiedene Konzeptionen umgesetzt worden. All dies wird im Wissenschafts- und Bildungsbereich kontrovers diskutiert, spricht aber zugleich für die Dynamik in dem Feld: Sind spezifische, getrennte Lerngruppen oder gemeinsame Beschulung im Regelunterricht für den Spracherwerb und Schulerfolg zielführender? (SVR-Forschungsbereich 2018, 10). Welches didaktische Modell der Zweitsprachförderung ist erfolgsversprechender? Hier wird unterschieden zwischen der Teilnahme am einsprachigen Unterricht ohne zusätzliche Förderung (submersives Modell), mit zusätzlicher Förderung (Modell der strukturierten Immersion) oder der Besuch von getrennten Vorbereitungsklassen, welche i.d.R. aber nur Sprachförderung leisten. Mit den so erworbenen Deutschkenntnissen werden allerdings kaum die fachsprachlichen und häufig schriftsprachlichen Anforderungen für den Unterricht in der Regelklasse erreicht. Es fehlen für adäquate Übergänge in die Regelklassen sowie für den Unterricht in den Regelklassen migrationssensible Konzepte, welche sprachbildend oder sogar mehrsprachig konzipiert sind, um die Integration von sprachlichem und fachlichem Lernen zu ermöglichen (SVR 2019). Schließlich ist die deutsche Schule immer noch monolingual-deutsch aufgestellt und reagiert kaum auf die Mehrsprachigkeit vieler Kinder und Jugendlicher im Schulunterricht. Schulen mit mehrsprachigen oder bilingualen Angeboten konzentrieren sich häufig auf Englisch, Französisch oder Spanisch, nicht auf z.B. Arabisch oder Türkisch. Dabei handelt es sich hier um wertvolle Ressourcen, die die Schüler*innen mitbringen, den Spracherwerb insgesamt professionalisieren könnten und auch eine gesellschaftliche Wertschätzung dieser Herkunftssprachen durch Bildungsangebote darstellen würden. Insofern wird es kaum geschafft, die Ressourcen und Kapitalien der migrierten Schüler*innen einzubinden, diese dort „abzuholen" und sozial in die Klassengemeinschaft zu integrieren (El-Mafaalani/Massumi 2019). Dabei sind gerade mit dem Besuch von Regelklassen die Zielsetzungen auf eine zügige soziale Teilhabe, das Unterbinden frühzeitiger Segregation sowie möglicher Stigmatisierungsgefühle verbunden. Insofern können Vorbereitungsklassen temporär z.B. auch als emotionaler Schutzraum für Lernende mit ähnlichen Erfahrungen fungieren.

Nicht zuletzt hängt der Erfolg insbesondere von den Kompetenzen der Lehrkräfte sowie der Lehrmaterialien ab (Esser 2016) und nicht allein von curricularen und schulorganisatorischen Vorgaben. Viele Lehrkräfte verweisen allerdings seit geraumer Zeit darauf, dass sie sich nicht gut für ihre Arbeit in migrationsbedingter Vielfalt ausgebildet fühlen (Vodafone Stiftung 2012). Insbesondere in den Jahren 2015/16 zeigte sich, dass fehlende personelle Ressourcen, Fluktuation und Heterogenität der Schüler*innen sowie fehlende didaktische Konzepte (z.B. Alphabetisierung in der Sekundarstufe) als besondere Herausforderungen wahrgenommen wurden. Das schnelle Hinzuziehen von externer Expertise an den Schulen wie z.B. durch Lehrkräfte für Deutsch als Fremdsprache oder Zweitsprache konnte hier sicherlich ad hoc unterstützen. Dabei handelt es sich um Berufsgruppen, die häufig unter prekären Bedingungen, selten in Regelstrukturen beschäftigt sind. Die Bedeutsamkeit ihrer Tätigkeit, auch für die Zukunft, wurde in den letzten Jahren offenkundig. Auch das enorme Engagement vieler Lehrkräfte trotz fehlender Ressourcen, hoher Belastung und fehlender Vorgaben muss an dieser Stelle unterstrichen werden.

Zusammenfassend zeigt sich, dass die Lehrkräftebildung nicht nur für geflüchtete Kinder, sondern insgesamt für die Herausforderungen von Vielfalt und Inklusion immer noch stärker professionalisiert werden muss. Auch bedarf es einer multiprofessionellen Aufstellung von Schule in Form von: Sozialarbeiter*innen, Psycholog*innen, außerschulische Träger, Lernräume.

5.2 Berufsbildung: pragmatische Flexibilisierung

Viele Geflüchtete sind zwischen 16–24 Jahren und somit im Alter für eine berufliche Ausbildung. Trotz hoher, individueller Bildungsaspirationen (Liebau/Siegert 2018), fehlen ihnen jedoch häufig die Voraussetzungen dafür: v.a. ausreichende Sprachkenntnisse und schulische Qualifikationen, die von Unternehmen oder Berufsschulen verlangt werden. Die Heterogenität formaler und non-formaler Bildung und Ausbildung findet hierbei wenig Berücksichtigung.

Prognosen lassen eine zunehmende Zahl von Bewerber*innen für die duale Ausbildung „im Kontext von Fluchtmigration" in den nächsten Jahren erwarten (SVR 2019). Nicht zuletzt auch vor dem Hintergrund des Fachkräftemangels sind etliche Maßnahmen zur Flexibilisierung sowie Angebote im Übergangssystem entstanden, um diesen jungen Menschen eine Berufsausbildung zu ermöglichen. Vor dem Hintergrund der sprachlichen und schulfachlichen Herausforderungen wie z.B. fehlende Kenntnisse in Mathematik müssen integrative Förderangebote während der Ausbildung noch stärker entwickelt und implementiert werden (Bethscheider/Neises 2017, 88) (s.a. Ausführungen zum Arbeitsmarkt).

Kritisch zu bewerten ist, dass sich die existierenden Programme v.a. auf diejenigen mit einer guten Bleibeperspektive konzentrieren. Diese habe afghanische Geflüchtete z.B. nicht, stellen allerdings die größte Gruppe unter Geflüchteten in der dualen Ausbildung dar (DIHK 2018, 4). Diese Zugangsbarriere ist nicht nur menschenrechtlich problematisch, sondern auch ökonomisch unklug, da die Betriebe, die afghanischen Geflüchteten Ausbildungsplätze zur Verfügung stellen, keine staatliche Unterstützung bei der Förderung von Deutschkenntnissen erhalten. Dass die Bundesagentur für Arbeit oft einer betrieblichen Ausbildung von Asylsuchenden zustimmen muss, stellt für etliche Unternehmen eine administrative Hürde dar und verzögert oder verhindert gar den Zugang zu Berufsausbildung. Eine größere Rechtssicherheit für Unternehmen und geduldete Geflüchtete soll die sog. 3+2-Regelung mit einer Ausbildungsduldung für die gesamte Dauer der Ausbildung sowie eine Aufenthaltserlaubnis zur Erwerbstätigkeit für zwei Jahre gewährleisten (Integrationsgesetz 2016). Zusammenfassend lässt sich sagen, dass das Ausbildungssystem auf die Realitäten reagiert und die Zugänge inklusiver zu gestalten sucht. Problematisch bleiben bürokratische Hürden wie unterschiedliche Auslegungen der Länder und die Exklusion Geflüchteter mit geringer Bleibeperspektive. Selbst wenn diese Menschen in ihre Herkunftsländer zurückkehren (müssen), könnte mit dem leichteren Zugang zu Ausbildung sozialer Desintegration entgegengetreten und aktiv „Entwicklungspolitik" durch Qualifizierung in Angriff genommen werden.

6. Bewegung am Arbeitsmarkt für Geflüchtete: Anerkennung, Qualifizierung, Begleitung

Die möglichst schnelle Aufnahme einer Tätigkeit am Arbeitsmarkt ist sowohl ökonomisch als auch für die gesellschaftliche Teilhabe von Geflüchteten sinnvoll. Frühe soziale Kontakte fördern den Spracherwerb, insbesondere auch den berufsspezifischen. Aufgrund der guten wirtschaftlichen Rahmenbedingungen hatten Asylsuchende im Verfahren einen vergleichsweise leichten Zugang zum Arbeitsmarkt. Aber auch hier stellt der Indikator „Bleibeperspektive" die Scheidelinie dar: Anerkannte Geflüchtete dürfen unbeschränkt arbeiten, Asylsuchende nach drei Monaten, nicht arbeiten dürfen Asylsuchende aus sicheren Herkunftsländern und diejenigen, die in einer Erstaufnahmeeinrichtung wohnen müssen. Da aber auch diese Menschen häufig in Deutschland bleiben, weil aus rechtlichen Gründen eine „Rückführung" nicht möglich ist, sind die negativen gesellschaftlichen Konsequenzen aufgrund der verwehrten Teilhabechancen absehbar.

Der Zugang zu (qualifizierten) Tätigkeiten stößt allerdings auf verschiedene Hürden: Obwohl die meisten erwachsenen Geflüchteten in ihren Herkunftsländern einer Berufstätigkeit nachgingen (Vallizadeh u.a. 2016, 64–66), lassen sich die Bildungsabschlüsse selten mit deutschen Abschlüssen vergleichen bzw. existieren keine formalen Berufsabschlüsse, weil es in den Herkunftsländern außerhalb von Universitäten kein formales Ausbildungssystem gibt. Das Bildungsniveau von Geflüchteten ist häufig im Durchschnitt niedriger ist als das der Bevölkerung in Deutschland (Schupp u.a. 2018, 25–32). Denn in vielen Herkunftsländern wie Syrien sind durch die bewaffneten Konflikte Bildungs- und Ausbildungsstrukturen zusammengebrochen. Flucht, Verfolgung und Wartezeiten in Deutschland führen schließlich zu weiteren diskontinuierlichen Bildungsbiographien. Aber selbst bei zu identifizierenden Abschlüssen sind ohne vergleichsweise hohe Sprachkompetenz oft nur unqualifizierte Tätigkeiten möglich und die vorhandenen Fähigkeiten können nicht voll eingebracht werden.

Lange Phasen der Unsicherheit wirken negativ auf die Motivation der Betroffenen, so dass berufliche Kompetenzen so zügig wie möglich anerkannt und Nachqualifizierungen in Form beruflicher Weiterbildung ermöglicht wurden. Formate berufsbezogener Sprachförderung wurden verstärkt in Regelangebote übernommen: berufsbezogener Sprachunterricht, Module zur beruflichen Qualifizierung, Praktika (Kosyakova/Sirries 2017, Vallizadeh u.a. 2016, 74–76). Praktika und „Schnuppertage" ermöglichen es, dass Unternehmen Geflüchtete kennenlernen und sich von deren Fähigkeiten überzeugen können. Dies trägt zum Abbau von Vorbehalten auf beiden Seiten bei, da solche Formate die Chancen von Bewerber*innen deutlich zu erhöhen scheinen. Mit diesen Ansätzen wird versucht, die Kluft zu schließen, welche hinsichtlich des Sprachniveaus mit Abschluss des Integrationskurses (B1) bleibt und welches für eine Ausbildung oder Erwerbstätigkeit benötigt wird (mindestens B2).

Besonders zielführend ist die Begleitung durch individuelle Berater*innen im Bewerbungsprozess, in Verwaltungsverfahren und bei der Vermittlung im Kontext von Kommunikationsproblemen. Solche Ansprechpersonen werden auch von den Unternehmen als Unterstützung empfunden. Nachbetreuungen können auch spätere berufliche (Weiter-)Qualifizierungen organisieren (Knapp u.a. 2017, 52–53). Dies ist auch für andere Personengruppen sinnvoll, um eine Rückkehr in die Arbeitslosigkeit zu verhindern. Für eine derart intensive, individuelle Begleitung müssen allerdings auch personelle Ressourcen für einen entsprechenden Betreuungsschlüssel zur Verfügung gestellt werden.

7. Fazit und bleibende Herausforderungen

Im Fluchtkontext sind viele rechtliche Änderungen und Unterstützungsmaßnahmen in Form von Projekten entwickelt und umgesetzt worden. Ebenfalls wurden Hürden minimiert und Zugänge niedrigschwelliger gestaltet. All dies erleichtert Geflüchteten und Zugewanderten die Teilhabe an Gesellschaftsstrukturen, kann volkswirtschaftlich positiv auf den Arbeitsmarkt wirken, Deutschland als modernes Einwanderungsland mit einer fortschrittlichen Integrationspolitik aufstellen und möglicherweise einer migrationsskeptischen Stimmung entgegenwirken.

Von etlichen gewonnenen Erkenntnissen und Maßnahmen profitieren darüber hinaus viele Menschen, die ebenfalls von Benachteiligung betroffenen sind und Unterstützungsbedarf benötigen – auch ohne Migrationsgeschichte in der Familie. In Zukunft kann nicht ad hoc immer wieder auf verschiedene Gruppen reagiert werden. Um unabhängig von Fluchtmigration und Herkunft Menschen individuell und inklusiv begleiten zu können, müssen existierende Strukturen im Kontext Arbeit und Bildung entsprechend der initiierten Prozesse der Multiprofessionalisierung und der Investitionen in Betreuungskapazitäten weiterentwickelt werden. Allerdings haben all die gestarteten Projekte eine beschränkte Laufzeit. Für ein nachhaltiges Angebot bedarf es einer dauerhaften Finanzierung und Regelstrukturen in Schulen, Kitas, Verwaltung, Jobcenter usw., Beratungs- und Unterstützungsangebote, wenn es um Rechte und Pflichte z.B. von Auszubildenden, Mieter*innen Arbeitnehmer*innen geht. Dynamik, Ideen, Expertisen und Projekte, die in den Jahren 2015/16 entstanden sind, können konstruktiv genutzt und ausgebaut werden. Ebenso kann auf identifizierte offene Handlungsfelder reagiert werden: Viele Institutionen haben sich das erste Mal mit Fragen von individueller Förderung, Diversität, Interkulturalität auseinandersetzen müssen. Diese Entwicklung kann sich auf die gesamte Professionalisierung hinsichtlich Inklusion und Vielfalt von Verwaltung, Behörden, Arbeit und Schule positiv auswirken.

Literatur

Achour, Sabine 2018: Die „Gespaltene Gesellschaft". Herausforderungen und Konsequenzen für die politische Bildung. In: Aus Politik und Zeitgeschichte. Politische Bildung. 68. Jahrgang, 13–14/2018, 26. März 2018, S. 40–46.

Bendel, Petra/Borkowski, Andrea 2016: Entwicklung der Integrationspolitik. In: Brinkmann, Heinz Ulrich/Sauer, Martina (Hg.): Einwanderungsgesellschaft Deutschland. Entwicklung und Stand der Integration, Wiesbaden, S. 99–116.

BAMF 2018: Bericht zur Integrationskursgeschäftsstatistik für das Jahr 2017. Abfragestand: 04.04.2018, Nürnberg.

Bethscheider, Monika/Neises, Frank 2017: Von Sprachund Integrationskursen zur Ausbildungsvorbereitung und beruflichen Qualifizierung von Flüchtlingen – Angebote und kommunale Steuerung. In: Granato, Mona/Neises, Frank (Hg.): Geflüchtete und berufliche Bildung, Bonn, S. 79–89.

Brücker 2014: Anerkannte Abschlüsse und Deutschkenntnisse lohnen sich. IAB-Kurzbericht 21.3/2014, Nürnberg.

DIHK 2018: Unternehmen bilden immer häufiger Geflüchtete aus. Pressemitteilung vom 14.03. 2018, Berlin.

El-Mafaalani, Aladin/Massumi, Mona 2019: Flucht und Bildung: frühkindliche, schulische, berufiche und non- formale Bildung. State-of-Research Papier 08a, Verbundprojekt ‚Flucht: Forschung und Transfer', Osnabrück: Institut für Migrationsforschung und Interkulturelle Studien (IMIS) der Universität Osnabrück/Bonn: Internationales Konversionszentrum Bonn (BICC).

Esser, Hartmut 2016: Bildungssysteme und ethnische Ungleichheiten. In: Diehl, Claudia/Hunkler, Christian/Kristen, Cornelia (Hg.): Ethnische Ungleichheiten im Bildungsverlauf. Mechanismen, Befunde, Debatten, Wiesbaden, S. 331–396.

Kosyakova, Yuliya/Sirries, Steffen 2017: Large-Scale Immigration and Labour Market Integration: First Lessons from the Recent Past in Germany, in: Intereconomics, 52:5, S. 263–269.

Gambaro u.a. 2017: Viele Kinder von Geflüchteten besuchen eine Kita oder Grundschule: Nachholbedarf bei den unter Dreijährigen und der Sprachförderung von Schulkindern. In: DIW Wochenbericht, 84: 19, S. 379–386.

Knapp u.a. 2017: Beratung und Vermittlung von Flüchtlingen. IAB-Forschungsbericht 5/2017, Nürnberg.

Liebau, Elisabeth/Siegert, Manuel 2018: Bildungsaspiration. In: Brücker, Herbert/Rother, Nina/Schupp, Jürgen (Hg.): IAB-BAMF-SOEP-Befragung von Geflüchteten 2016: Studiendesign, Feldergebnisse sowie Analysen zu schulischer wie beruflicher Qualifikation, Sprachkenntnissen sowie kognitiven Potenzialen. BAMF Forschungsbericht 30, korr. Fassung vom 20.02.2018, Berlin, S. 51–54.

Lorenz, Georg; Müller Tim 2017: Einstellungen von Lehrkräften zu Aspekten von Vielfalt: Deutschsein, Religionspolitik und Muslime. In: Berliner Institut für empirische Integrations- und Migrationsforschung (BIM) und Forschungsbereich beim Sachverständigenrat deutscher Stiftungen für Integration und Migration (SVR-Forschungsbereich). In Vielfalt im Klassenzimmer. Wie Lehrkräfte gute Leistung fördern können, Hg. Berlin: Sachverständigenrat deutscher Stiftungen für Integration und Migration. S. 10–23.

Meysen, Thomas/Beckmann, Janna/González Méndez de Vigo, Nerea 2016: Flüchtlingskinder und ihre Förderung in Tageseinrichtungen und Kindertagespflege. Rechtsexpertise im Auftrag des DJI, München.

OECD (2019), International Migration Outlook 2019, OECD Publishing, Paris, https://doi.org/10.1787/c3e35eec-en (Zugriff am 19.04.2020).

Sachverständigenrat deutscher Stiftungen für Integration und Migration (SVR) 2019: Bewegte Zeiten: Rückblick auf die Integrations- und Migrationspolitik der letzten Jahre. Jahresgutachten 2019. Berlin: SVR.

Schupp u.a. 2018: Bildung, Sprache und kognitive Potenziale. In: Brücker, Herbert/Rother, Nina/Schupp, Jürgen (Hg.): IAB-BAMF-SOEP-Befragung von Geflüchteten 2016: Studiendesign, Feldergebnisse sowie Analysen zu schulischer wie beruflicher Qualifikation, Sprachkenntnissen sowie kognitiven Potenzialen. BAMF Forschungsbericht 30, korr. Fassung vom 20.02.2018, Nürnberg, S. 25–61.

SVR-Forschungsbereich 2018: Schule als Sackgasse? Jugendliche Flüchtlinge an segregierten Schulen, Berlin.

Vodafone Stiftung Deutschland 2012: Lehre(r) in Zeiten der Bildungspanik. Eine Studie zum Prestige des Lehrerberufs und zur Situation an den Schulen in Deutschland. Düsseldorf, https://www.uni-heidelberg.de/md/journal/2012/07/allens- bach_studie_24042012.pdf (Zugriff am 17.02.2020).

Worbs, Susanne/Baraulina, Tatjana 2017: Geflüchtete Frauen in Deutschland: Sprache, Bildung und Arbeitsmarkt. BAMF-Kurzanalyse 1/2017, Nürnberg.

Vallizadeh u.a. 2016: Der Weg der Geflüchteten in den deutschen Arbeitsmarkt. In: Brücker, Herbert/Rother, Nina/Schupp, Jürgen (Hg.): IAB-BAMF-SOEP-Befragung von Geflüchteten: Überblick und erste Ergebnisse. IAB-Forschungsbericht 14, Nürnberg, S. 63–76.

PETER MASSING

Grenzen der Demokratie unter den Bedingungen äußerer und innerer Globalisierung

Vorbemerkungen

Demokratie und politische Bildung hängen eng zusammen. Sie haben historisch die gleichen Wurzeln, die Reeducation-Politik der Amerikaner. So schreibt die Amerikanische Erziehungskommission zur politischen Bildung: „Das einzige und beste Werkzeug, um noch im gegenwärtigen Geschlecht in Deutschland eine Demokratie zu errichten, ist die Erziehung“ und zur Demokratie heißt es: „Die Deutschen meinen, Demokratie sei eine Regierungsform, und das ist sie in der Tat zum Teil; aber selbst als Form ist sie nicht leicht vorzutäuschen, weil sie in viel höherem Maße eine Lebensform ist.“ (vgl. Kuhn u.a. 1993, 119). Um in der Form der repräsentativen Regierung wirksam zu werden, müsse die Demokratie ihren Geist der Gegenseitigkeit tief hineinsenken in die Familie, sie müsse den Spielplatz der Jugend durchdringen, hoch hinauf in die Kirche reichen und vor allem die Schule als Mittelpunkt wie die Speichen eines Rades prägen. Demokratie sei nicht ein Dogma, von dem einen als Formel aufgestellt, von anderen als Schema verehrt, sie sei der Geist der Menschlichkeit, der nirgendwo ungestraft vernachlässigt werden dürfe (vgl. ebda).

Die Notwendigkeit politischer Bildung wurde damit begründet, dass ihre wichtigste Aufgabe darin besteht, die freiheitlich demokratische Ordnung zu sichern und zu bewahren und damit, dass die Demokratie als politisches System einen Bürger voraussetzt, der an der Gestaltung des politischen Lebens tätigen Anteil nimmt. Seit dieser Zeit gehört die These, dass die Demokratie politische Bildung braucht, zum Standardrepertoire der professionellen politischen Bildung, ihrer Institutionen und Träger (vgl. dazu Massing 2011, 116 ff.). Dahinter steht die Frage, „wie die Bürger wieder stärker an die Demokratie, ihre Werte und den damit verknüpften Verantwortlichkeiten herangeführt werden können“ (Forndran 1993, 522). Nun ist die Demokratie als politische Ordnung nicht statisch, sondern dynamisch und politische Bildung ist immer im Zustand und in den Bewegungen der Demokratie verankert. Als reflexive Auseinandersetzung mit der Demokratie ist sie geradezu wie ein Seismograph dem Vibrieren der Demokratie und ihren Wandlungen selbst ausgesetzt und sie kann nur wirksam werden, wenn es ihr gelingt darauf zu reagieren. Von Anfang an war politische Bildung daher auch eingebunden in die mit der Demokratie verbundenen unterschiedlichen Krisendiskurse (vgl. dazu Merkel, 2018). Schienen die Dinge in den 1990er Jahren für die Demokratie nicht schlecht zu stehen, wandten sich die öffentlichen und wissenschaftlichen Demokratiediskurse seit der Jahrtausendwende eher pessimistischen Krisenszenarien zu. Diese neuen Debatten erfassten nun nahezu alle Aspekte demokratischen Regierens. Thematisiert wurde unter anderem die „überwältigende Vorherrschaft von Regierung und Ökonomie über eine sukzessive entleerte Volkssouveränität“ (Merkel 2018), die Gefährdung nationaler demokratischer Souveränität durch die fortschreitende Globalisierung oder der Einflussverlust partizipativer Organisationen und Institutionen wie Parteien und Parlamenten gegenüber Regierungen, Gerichten, Expertenkommissionen und internationalen Regimen.

Auch wenn man die These von der „Krise der Demokratie“ nicht teilt, lässt sich kaum leugnen, dass die liberale Demokratie in jüngster Zeit immer stärker durch die Vorstellung einer illiberalen Demokratie herausgefordert ist. Die Kontroversen zwischen beiden sind auch durch die Auseinandersetzung über die Rolle von Grenzen bedingt, die vor allem durch Migration und Fluchtbewegungen seit Mitte des Jahres 2015 in Europa wieder an Bedeutung gewonnen haben und die Demokratie unter Stress setzt. Um diese neuen Gefährdungen zu klären, gilt es folgende Fragen zu beantworten: Worin bestehen die Probleme, die sich aus der äußeren und inneren Globalisierung für demokratische Systeme westlicher Provenienz ergeben, in welchem Zusammenhang stehen Demokratie, Migration und Grenzen und welche Folgen entstehen daraus für die politische Bildung.

Probleme der Demokratie unter den Bedingungen äußerer Globalisierung

„Globalisierung ist ein Merkmal, das die Gesellschaft heute tiefgreifend prägt. Ein Netzwerk von wachsender Dichte hat den Partikularismus in allen Lebensformen aufgebrochen und treibt in rasantem Tempo weltweiten Austausch, Anpassungsprozesse und wechselseitige Beeinflussung im Bereich von Ökonomie, Politik und Gesellschaft voran.“ (Richter 1997, 173). Die Globalisierung hat sich mittlerweile zu einer Kohärenz verdichtet, die zum Erfahrungsgegenstand der Individuen in aller Welt geworden ist. Sieht man einmal von der Globalisierung der Ökonomie ab, welche die Steuerungsfähigkeit von Politik generell in Frage stellt und die ebenfalls unmittelbar demokratierelevant ist (vgl. dazu Massing

2009, 27ff.) wird die Demokratie auf der politischen Ebene durch Globalisierungsprozesse in eine grundlegende Reflexion ihrer sozialen, sachlichen, zeitlichen und räumlichen Bestandsbedingungen und -voraussetzungen hineingezogen (vgl. Klein/Schmalz-Bruns 1997, 13). Fragt man in diesem Zusammenhang nach den Grenzen der Demokratie, lautet eine gängige Antwort, dass die Grenzen der Demokratie mit den Grenzen des Nationalstaates zusammenfallen, denn die moderne Demokratie hat sich im Nationalstaat entwickelt und der Nationalstaat hat in der Demokratie seine moderne politische Gestalt gefunden (Brock 1998b, 271). Modere Demokratien werden vielfach als begrenzt und abgrenzbar vorgestellt, das heißt, sie werden weitgehend stabil in Bezug auf ihre territoriale, soziale, politische und kulturelle Konstitution angesehen (Geisen 2016, 63f.). Die zunehmende Auslagerung klassischer nationaler Regierungsfunktionen in internationale Regime bzw. im Fall der Europäischen Union sogar in transnationales Regieren allerdings lässt eine der wesentlichen und bisher als selbstverständlich vorausgesetzten Existenzbedingungen der Demokratie prekär werden: ihre Stabilisierung und Entfaltung in einem staatlich fixieren territorialen und gemeinschaftsbildenden wie -prägenden Rahmen (Massing 2002, 31). Bislang war der territoriale Nationalstaat die einzig bekannte politische Form, in der demokratische Rechte wie die klassischen bürgerlich-politischen Menschenrechte geschützt worden sind. Mit der Aushöhlung des Nationalstaates und der zunehmenden Auflösung seiner territorialen Grenzen, besteht die Gefahr, dass die Demokratie „ortlos" wird. Die Entgrenzung bewirkt vor allem, dass politische Gestaltungs- und Verantwortungsräume sowie ökonomische und ökologische Wirkungsräume auseinanderfallen. Politische Verantwortung ist immer schwieriger zu erkennen und demokratische Legitimation wird brüchig. „Wenn das Wahlvolk nicht mehr genau weiß, wer die eigentlich wichtigen Entscheidungen trifft und auf welcher Ebene diese getroffen werden, kann es seine Macht über die Regierung nicht mehr ausüben. Es kommt zu gravierenden Veränderungen im liberal-demokratischen Verständnis von Partizipation und Repräsentation, wenn die Allokation von Rechten und Pflichten, die Regeln der Partizipation bei Entscheidungen, die Mechanismen der Legitimation und Verantwortung nicht länger identisch sind" (Mahnkopf 1988, 66). Solange es nicht gelingt, dass internationale Leben nach der Idee der Demokratie zu gestalten, ist der Ort demokratischer Verantwortung immer weniger identifizierbar (Weidenfeld 1996, 10). Die politischen Gestaltungsräume von Staaten bestehen nur noch in der Art und Weise der Anpassung an die Globalisierung. Möglichkeiten, zu politisch tragfähigen Kosten die Globalisierung zu ignorieren oder aus der Globalisierung auszusteigen, bestehen nicht.

Probleme der Demokratie unter den Bedingungen innerer Globalisierung

Während die äußere Globalisierung die territorialen nationalstaatlichen Grenzen tendenziell auflöst, zumindest durchlässig macht, bewirkt die Globalisierung nach innen die Verfestigung bestehender Grenzen und den Aufbau von neuen Grenzen. In der Zeit nach dem Zweiten Weltkrieg hat in den westlichen Demokratien ein komplexes Geflecht von Öffentlichkeit, Mehrheitsregel, Repräsentationsregeln, Rechtsprechung und Parlamenten auf der einen und ein nationaler Wohlfahrtsstaat auf der anderen Seiten jene „institutionelle Infrastruktur gebildet, welches es unterlegenen Minderheiten ermöglichte, Mehrheitsvoten als Ausdruck kollektiver Selbstbestimmung zu verstehen“ (Scharpf 1999, 12). Dies trifft jedoch für eine erhebliche Minderheit von Personen nicht zu, die zwar in den Grenzen eines Nationalstaates leben, die entsprechenden staatsbürgerlichen Rechte aber nicht in Anspruch nehmen können. Dies gilt vor allem für Migrantinnen und Migranten sowie für Flüchtlinge. Sie leben unter Umständen über Jahre in den Aufnahmegesellschaften, sind aber in formeller Hinsicht nicht an den politischen Entscheidungsprozessen beteiligt, die ihr Leben beeinflussen. „In den Debatten um die Krise der Demokratie ist die prekäre Position dieser Personengruppe jedoch kaum Thema bzw. sie wird nicht als Ausdruck eines Demokratiedefizits diskutiert. Das Verhältnis von Migration und Demokratie kommt in der Regel nur als Integrations- oder Populismusproblem zur Sprache“ (Scherschel 2018, 125). In der aktuellen Diskussion des demokratischen Partizipationsproblems werden lediglich der Selbstausschluss der Mehrheitsbevölkerung von den Wahlen und der Aufschwung des Rechtspopulismus als Reaktion auf die jüngsten Fluchtmigrationen als Gefahr für die Demokratie diskutiert, nicht aber die Situation der Fluchtmigrant*innen selbst, deren Rechte eingeschränkt und die von politischen Partizipationsmöglichkeiten weitgehend ausgeschlossen sind (vgl. ebda). „Ihre fehlenden politischen Partizipationschancen werden in der Diskussion um die Herausforderungen der Demokratie nicht in vergleichbarer Weise als Demokratiedefizit wahrgenommen“ (ebda). Die damit verbundenen Herausforderungen für demokratische politische Ordnungen lassen sich auch als „Grenzen der Demokratie“ (Balibar) bezeichnen. Dabei sind Grenzen nicht nur in einem territorialen Sinne gemeint, sondern auch im Sinne von sozialen Grenzen, Grenzen in rechtlicher, hierarchischer, sprachlicher, mentaler und identitätsstiftender Hinsicht, die Menschengruppen voneinander abschließen und an denen die Demokratie haltmacht. Grenzen in diesem Sinne sind Symbole, die den Einschluss und Ausschluss einer Gesellschaft im praktischen Leben erlebbar werden lassen. Grenzen repräsentieren nicht nur die Trennung zwischen dem „Inneren" und dem „Äußerem", zwischen „Fremden" und „Eignem", sondern Grenzen werden auch im Binnenraum geschaffen u.a. als Gesetze oder soziopolitische Praktiken (Gebhardt 2017, 177). Aber auch die Mehrheitsbevölkerung, Bürgerinnen und Bürger mit voller Staatsbürgerschaft und den entsprechenden staatsbürgerlichen Rechten und formellen politischen Einflussmöglichkeiten und garantierten Partizipationschancen, ziehen sich hinter zum Teil selbst geschaffenen Grenzen zurück. Die Folgen sind eine wachsende Distanz zum politischen System, schwindende Bindungen an die Demokratie, Entsolidarisierung, Reduzierung des Sorgehorizonts auf die persönliche Betroffenheit, reduzierter Wirklichkeitssinn, geringes Urteilsvermögen, irrationale Vorurteile vor allem gegen Migrant*innen und Flüchtlingen und die Tendenz, Verschwörungstheorien anzuhängen. Diese Grenzen spalten die Gesellschaft und stellen die Demokratie in Frage.

Wie kann nun die Demokratie auf Gefährdungen durch Prozesse äußerer und innerer Globalisierung angemessen reagieren und sich durch Überschreitung der Grenzen wieder neu aktualisieren und stabilisieren.

Reaktionen auf die äußere Globalisierung

Eine Durchsicht der aktuellen demokratietheoretischen Diskurse im Zusammenhang der äußeren Globalisierung zeigt – jenseits aller Unterschiede im Einzelnen – im Wesentlichen folgende Wege. Am Ende des ersten Weges stehen Neuarrangements, Umgewichtungen und intelligente Kombination vorhandener institutioneller Formelemente im Sinne einer transstaatlichen Demokratie. Dazu gehören z.B. Überlegungen zu einer Enthierarchisierung und Entoligarchisierung des UN-Systems nach der Maxime: „that all nations – large and small, powerful and weak – should be able to make their views heard and to participate in decision-making (Boutros-Ghali, 1995 zit. in: Brock 1998a, 45). Konzepte eine Parlamentarisierung der internationalen Politik durch Schaffung oder Ausbau von Regionalparlamenten und einer demokratischen Transformation der UN-Generalversammlung (Czempiel 1994, 157). Vorgeschlagen wird unter anderem ein Weltparlament nach dem Vorbild des Europäischen Parlaments und anderes mehr. Die Grundidee dieser Vorschläge besteht darin, das Volk der Vereinten Nationen als Subjekt der Demokratie auf staatenübergreifender Ebene einzusetzen. Dazu gehört auch eine Erneuerung der Generalversammlung als Voraussetzung für eine Demokratisierung der UN durch eine zweite Kammer (Brock 1998a, 46 ff.). Ein weiterer Vorschlag sieht eine Lösung der Probleme in der Stärkung zivilgesellschaftlicher Präsenz an den Orten der internationalen Staatenpolitik und der Schaffung einer transstaatlichen demokratischen Öffentlichkeit. Ausgehend von der bereits erfolgten Einbeziehung von Nichtregierungsorganisationen (NROs) in den Weltkonferenzen der vergangenen Jahre z.B. durch die Beteiligung an Vorbereitungstreffen, durch die Erstellung nationaler Berichte, durch ihre Mitwirkung am Konferenzgeschehen und durch die Planung von Folgeaktivitäten, könnte ein ständiges Forum der Zivilgesellschaft einberufen werden, das „der internationalen Bürgergesellschaft direkten Zugang zum UN-System verschaffen und damit stetige Einflussmöglichkeiten eröffnen würde" (Bericht der Kommission für Weltordnungspolitik 1995, 287f.; Brock 1998a, 46; Massing 2009, 32). Während vor dem Hintergrund der komplexen Interdependenzstrukturen globaler Politik die Idee einer transnationale Weltdemokratie eher wenig erfolgreich erscheint, scheint die Formation einer transnationalen Bürger*innenschaft aussichtsreicher. Ein weiterer Vorschlag bezieht sich auf Möglichkeiten einer Erweiterung des Zugangs von Individuen zu internationalen Einrichtungen in Verbindung mit dem Ausbau der internationalen Gerichtsbarkeit und auf die Schaffung von politischen Partizipationsmöglichkeiten für Nicht-Staatsangehörige auf nationaler Ebene z.B. beim internationalen Schutz der Menschenrechte (Massing, ebda).

Reaktionen auf die innere Globalisierung

Die Demokratie beruht unter anderem auf dem Grundsatz, dass Entscheidungsprozesse in demokratischen Gesellschaften auf der politischen und sozialen Partizipation aller ihrer Gesellschaftsmitglieder beruhen. Dieser Grundsatz ist jedoch bezüglich der politischen Teilhabe von Menschen mit Migrationshintergrund nicht nur unzureichend eingelöst, sondern in seiner Umsetzung auch umstritten. „Dies gilt besonders für die rechtliche und faktische Gleichstellung von Eingewanderten in den Kerninstitutionen repräsentativer Demokratien, also in den Parlamenten, Parteien und bei Wahlen. Auch wenn die Forschungslage insgesamt unbefriedigend ist, kann für diese, direkte politische Partizipation in allen Bereichen auf allen Ebenen festgestellt werden, „dass von einer gleichberechtigten und proportionalen Beteiligung von Menschen mit Migrationshintergrund keine Rede sein kann" (Scherschel, 2018, 131). Formelle politische Beteiligungen an Wahlen auf allen Ebenen sind in der Regel (gelegentliche Ausnahmen bilden EU-Bürger*innen) an die deutsche Staatsbürgerschaft gebunden. Eingewanderte Personen aus Drittstaaten bleiben formal von politischen Prozessen so lange ausgeschlossen, bis sie die Staatsangehörigkeit am neuen Wohnort erhalten bzw. übernehmen (Eigenmann, Studer 2016, 83 f.). Im Zusammenhang von Migration und Demokratie stellt sich die zentrale Frage: Wer ist der „demos", von dem nach dem Grundgesetz alle Staatsgewalt ausgeht, und wer gehört nicht dazu? Wer repräsentiert die hier lebenden Menschen ohne Staatsbürgerschaft? Wo ganze Bevölkerungsteile vom politischen Willensbildungs- und Entscheidungsprozess ausgeschlossen sind, besteht ein erhebliches Legitimations- und Repräsentationsdefizit. Die Staatsbürgerschaft hat sich zu einer Grenze entwickelt, die am stärksten die Herstellung politischer Gleichheit und die Schaffung ihrer sozialen Voraussetzungen behindert. Die rechtlich-politische Integration ist dabei nicht das schwierigste Problem. Weit mehr Sprengstoff bergen emotionale Debatten über Zuwanderung und kulturelle Diversität, stereotype Zuschreibungen, gruppenbezogene Urteile und Vorurteile und die daraus resultierenden Konflikte auf der Ebene der politischen Kultur" (Pickel, Pickel 2018, 315).

Wenn vor diesem Hintergrund die Demokratisierung der Migrationsgesellschaft im 21. Jahrhundert die zentrale Aufgabe geworden ist (Geisen 2016, 67), dann stellt sich vor allem die Frage, welche Wege werden diskutiert und vorgeschlagen, um die rechtlichen, politischen und gesellschaftlichen Rahmenbedingungen zu schaffen, die die Repräsentation der Interessen von Migrantinnen und Migranten und ihre gleichberechtigte politisch-gesellschaftliche Teilhabe ermöglichen und gewährleisten (zum Folgenden vgl. Schmidt 2017). Ein erster Schritt wäre eine Beseitigung bestehender administrativer und rechtlicher Grenzen. Dazu würde u.a. eine höhere Einbürgerungsquote, die Abschaffung des bundesweiten Einbürgerungstest sowie eine generelle Anerkennung doppelter Staatsbürgerschaft gehören. Ein besonders wichtiger Schritt auf dem Weg der Demokratisierung könnte in der Entkoppelung politischer Partizipationsrechte von der Staatsbürgerschaft gesehen werden. Das heißt zentrale Partizipationsrechte wie das Wahlrecht werden an die Aufenthaltsdauer einer Person und nicht an ihre Staatsangehörigkeit geknüpft. Dazu gehört z.B. auch die Ausweitung des kommunalen Wahlrechts auf Drittstaatenangehörige. Eine weitere Möglichkeit wäre die Öffnung politischer Parteien sowie die Kompetenzausweitung und eine rechtlich bindende Mitbestimmung bestehender Gremien und die Möglichkeiten politscher Einflussnahme von Migrantenselbstorganisationen und Integrationsbeiräten.

Diese Demokratisierung der Demokratie, die Grenzen überschreitet oder destabilisiert und Ausschlussmechanismen in Frage stellt, ist im Wesentlichen Ergebnis politischer Entscheidungen. Welche Aufgaben politischer Bildung in diesem Zusammenhang zukommen, deren zentrales Merkmal nach wie vor die

Hinwendung zur kontroversen politischen Realität ist, ist damit noch nicht geklärt.

Aufgaben politischer Bildung

Die Aufgaben politischer Bildung werden in jüngster Zeit zunehmend in Bezug auf Kompetenzmodelle formuliert. Trotz unterschiedlicher Modelle ähneln sich die meisten in den zentralen Kompetenzen, die sie ausweisen. Diese finden sich auch im Kompetenzmodell „Politikkompetenz" von Detjen u.a. (2012). Insgesamt wird dieses Modell in vier Kompetenzdimensionen ausdifferenziert: Fachwissen, Politische Urteilsfähigkeit, Politische Handlungsfähigkeit sowie Politische Einstellungen und Motivation. Bezogen auf diese Kompetenzdimensionen hat politische Bildung Folgendes zu leisten: Im Hinblick auf die Dimension Fachwissen müssen im Zusammenhang mit äußerer Globalisierung, die Belastungen für die westlichen Demokratien als Staats- und Lebensform ebenso deutlich gemacht und kritisch reflektiert werden, wie die Versuche auf globaler Ebene demokratische Ordnungsstrukturen aufzubauen, die z.B. unter dem Stichwort „Konstitutionalisierung des Völkerrechts" (Christian Walter) diskutiert werden. Dazu gehören auch die Entwicklung politischer Legitimationsstrukturen vor allem auf der Ebene der Vereinten Nationen. Bezogen auf die innere Globalisierung geht es darum, das Fachwissen um die Grenzen der Demokratie sowie um Demokratiedefizite in der Migrationsgesellschaft zu erweitern, indem die nationalstaatlichen Begrenzungen von Demokratie und zugleich die Grenzen eines nationalstaatlich gefassten Verständnis von Demokratie und die damit verbundenen Ausschlussmechanismen thematisiert und kritisiert werden. Auf Grundlage dieses erweiterten konzeptuellen Fachwissens zu Prozessen der äußeren und inneren Globalisierung und ihrer Folgen für die Demokratie, muss politische Bildung den Einzelnen befähigen, auf internationaler Ebene und auf nationalstaatlicher Ebene diese Entwicklungen mit Hilfe eigener, begründeter wertbezogener und rationaler Maßstäbe wie z.B. Legitimität und Effizienz politisch zu beurteilen. Neben politischer Urteilsfähigkeit und der Sensibilität gegenüber den Grenzen der Demokratie im Sinne von Einstellungen, gehört auch – im Zusammenhang der inneren Globalisierung – die Vermittlung einer prinzipiellen Handlungsbereitschaft, die an dem Ziel der „Demokratisierung der Demokratie" orientiert ist sowie die Fähigkeit demokratische Normen und Werte zu verteidigen. Dazu zählt der Schutz von Minderheiten und das Einstehen für deren Gleichbehandlung und Gleichberechtigung in der Gesellschaft und im politischen System, indem demokratische Defizite und Ungleichbehandlungen öffentlich und offensiv diskutiert werden. Dies kann jedoch nur gelingen, wenn politische Bildung insgesamt gestärkt wird und schulischen und außerschulische politische Bildung eng zusammenarbeiten.

Literatur

Brock, Lothar 1998a: Verweltlichung der Demokratie. Aus der Verflechtungs- In die Entflechtungsfalle? In: Greven, Michael (Hg.): Demokratie – eine Kultur des Westens? 20. Wissenschaftlicher Kongress der DVPW, Opladen, S. 39–54.

Brock, Lothar 1998b: Die Grenzen der Demokratie: Selbstbestimmung im Kontext des globalen Strukturwandels und des sich wandelnden Verhältnisses von Staat und Markt. In: Kohler-Koch, Beate (Hg.): Regieren in entgrenzten Räumen, Wiesbaden, S. 271–292.

Czempiel, Ernst-Otto 1994: Die Reform der UNO. Möglichkeiten und Missverständnisse, München.

Darmstädter Apell 1995: Aufruf zur Reform der „Politischen Bildung" in der Schule. In: Politische Bildung Nr. 4, S. 143.

Detjen, Joachim/Massing, Peter/Richter, Dagmar/Weißeno, Georg 2012: Politikkompetenz. Ein Modell, Wiesbaden.

Eigenmann, Philipp/Geisen, Thomas/Studer, Tobias 2016: Migration und Minderheiten als Herausforderung in demokratischen Gesellschaften. In: Dies. (Hg.): Migration und Minderheiten in der Demokratie Politische Formen und soziale Grundlagen von Partizipation, Wiesbaden, S. 3–16.

Forndran, Erhard 1993: Demokratie in der Krise? In: Gegenwartskunde, Nr. 4, S. 495–525.

Gebhardt, Mareike 2017: Grenzverschiebungen. Überschreitung als demokratische Praxis. In: Förster, Annette/Lemke, Matthias (Hg.): Die Grenzen der Demokratie, Wiesbaden. S. 152–180.

Geisen, Thomas 2016: Nationalstaat, Fremdheit und Grenzen: Migration und Minderheiten als zentrale Herausforderung für die Demokratie im 21. Jahrhundert. In: Eigenmann, Philipp/Geisen, Thomas/Studer, Tobias (Hg.): Migration und Minderheiten in der Demokratie Politische Formen und soziale Grundlagen von Partizipation, Wiesbaden, S. 63–82.

Klein, Ansgar/Schmalz-Bruns, Rainer (Hg.) 1995: Politische Beteiligung und Bürgerengagement in Deutschland, Bonn.

Kommission für Weltordnungspolitik 1995: Nachbarn in einer Welt, Bonn.

Kuhn, Hans-Werner/Massing, Peter/Skuhr, Werner (Hg.) 1993: Politische Bildung in Deutschland. Entwicklung – Stand -Perspektiven. 2. Aufl., Opladen.

Mahnkopf, Birgit 1998: Probleme der Demokratie unter den Bedingungen ökonomischer Globalisierung und ökologischer Restriktionen. In: Greven, Michael (Hg.): Demokratie – eine Kultur des Westens? 20. Wissenschaftlicher Kongress der DVPW, Opladen, S. 55–79.

Massing, Peter 2002: Demokratietheoretische Grundlagen der politischen Bildung im Zeichen der Globalisierung. In: Butterwegge, Christoph/Hentges, Gudrun (Hg.): Politische Bildung und Globalisierung, Opladen, S. 25–44.

Massing, Peter 2009: Probleme der Demokratie und den Bedingungen der Globalisierung und der Entgrenzung des Nationalstaates. In: Overwien, Bernd/Rathenow, Hanns-Fred (Hg.): Globalisierung fordert politische Bildung, Opladen, S. 25–36.

Massing, Peter 2011: Theoretische und normative Grundlagen der politischen Bildung. In: Massing, Peter (Hg.): Politikdidaktik als Wissenschaft, Schwalbach/Ts., S. 113–187.

Merkel, Wolfgang 2018: Is Capitalism Compatible with Democracy? In: Merkel, Wolfgang/Kneip, Sascha (Hg.): Crisis and Democracy. Challenges in Turbulent Times, Cham, S. 253–271.

Eigenmann, Philipp/Studer, Tobias 2016: Demokratisierung und Migration: Soziales Handeln, Institutionalisierung und die Gefahr der Entdemokratisierung. In: Eigenmann, Philipp/Geisen, Thomas/Studer, Tobias (Hg.): Migration und Minderheiten in der Demokratie. Politische Formen und soziale Grundlagen von Partizipation, Wiesbaden, S. 83–106.

Pickel, Gert/Pickel, Susanne 2018: Migration als Gefahr für die politische Kultur? Kollektive Identitäten und Religionszugehörigkeit als Herausforderung demokratischer Gemeinschaften. In: Zeitschrift für vergleichende Politikwissenschaft, S. 297–320.

Richter, Emanuel 1997: Demokratie und Globalisierung. Das Modell einer Bürgergesellschaft im Weltsystem. In: Klein, Ansgar/Schmalz-Bruns, Rainer (Hg.): Politische Beteiligung und Bürgerengagement in Deutschland, Bonn, S. 173–202.

Scharpf, Fritz W. 1999: Regieren in Europa: effektiv und demokratisch, Frankfurt/M.

Scherschel, Karin 2018: An den Grenzen der Demokratie – Citizenship und Flucht, In: Berliner Journal für Soziologie, S. 123–149.

Schmidt, Sophia 2017: Demokratisierung durch Migration – Politische Integration braucht Veränderung, https://heimatkunde.boell.de/demokratisierung-durch-migration (Zugriff am 29.10. 2019).

Weidenfeld, Werner 1996: Demokratie am Wendepunkt. Die demokratische Frage als Projekt des 21. Jahrhunderts, Berlin.

THOMAS GILL

Demokratieförderung, politische Bildung und Prävention im Kontext von Flucht

Seit einigen Monaten wird in der politischen Bildung eine Diskussion über das Verhältnis von Präventionsansätzen zu politischer Bildung geführt (Zentralen der politischen Bildung, Schmidt, Hafeneger, Achour/Gill). Dabei geht es weniger um die Frage der Abgrenzung oder gar darum, welches der bessere Ansatz wäre, sondern vielmehr um begriffliche und konzeptionelle Klarheit und die Frage der Angemessenheit der jeweiligen Ansätze für die konkrete pädagogische Situation. Bereits die seit 2015 intensiv geführte Debatte über die Angebote für und mit Geflüchteten und auch für und mit der Aufnahmegesellschaft ist von der Frage des Verhältnisses von Prävention und politischer Bildung begleitet worden, allerdings ohne dass dies immer so klar benannt wurde.

1. „Der lange Sommer der Migration"

Die Zuwanderung von rd. 1,16 Mio. Geflüchteten innerhalb zweier Jahre erscheint einerseits angesichts einer Zahl von 150.000–200.000 jährlich in den Jahren zuvor und danach nicht ganz so dramatisch, wie es der öffentliche Diskurs nahelegte. Andererseits war die relativ kurzfristige Versorgung von über einer Million Neuankommender mit Wohnraum, Verpflegung, medizinischer Versorgung, Sprachkursen, Bildungsangeboten, Arbeit etc. eine Herausforderung, die ohne vielfältiges Engagement gerade auch durch zivilgesellschaftliche Akteure nicht leistbar gewesen wäre.

Asylerstanträge

2014	2015	2016	2017
173.072	441.899	722.370	198.317

(Quelle: Jahresbericht BAMF 2018)

Das Thema Flucht hat für über ein Jahr alle öffentlichen Debatten dominiert. Von 09/2015 bis 09/2016 wurde bei allen Umfragen Flucht mit über 70 % als das wichtigste politische Thema benannt, alle anderen Themen waren demgegenüber unbedeutend. Die Dauerdominanz eines Themas führte dazu, dass irgendwann an Familien- und Kneipentischen die Fronten geklärt waren und auch nicht durch einen Themenwechsel aufgebrochen werden konnten. Die Positionen waren nicht nur geklärt, sondern verhärteten sich auch, es kam zu einer bisher nie dagewesenen Polarisierung des politischen Diskurses, die zum Teil bis heute anhält. Zusätzlich angeheizt wurde die Debatte durch die Übergriffe an Silvester 2015 in Köln und die Berichterstattung darüber.

Das grundlegende Ergebnis für Deutschland im Rahmen der internationalen Studie „World Values Survey" (IAB-BAMF-SOEP-Befragung 2016) kann – bei aller Kritik im Einzelnen – nicht in Zweifel gezogen werden: Die Flüchtlinge, die nach Deutschland gekommen sind, unterscheiden sich in ihren politischen Einstellungen nur geringfügig von der deutschen Durchschnittsgesellschaft, aber ganz erheblich von der Durchschnittsgesellschaft ihrer Herkunftsländer. Jetzt kann man zu Recht die gleiche Einstellung wie die deutsche Durchschnittsgesellschaft mit einem Potenzial von 20 % der Demokratie- und Menschenrechtsfeinde durchaus beunruhigend finden, aber eine völlig neue Herausforderung für Prävention und politische Bildung bedeuten sie nicht.

2. Vom „Masterplan Integration und Sicherheit" zum …

Dies ist der zeitliche Hintergrund, vor dem der „Masterplan Integration und Sicherheit" (Masterplan 2016) als erstes Landeskonzept in Berlin Anfang 2016 erstellt wurde. Er enthält eine ganze Reihe von Innovationen in der Arbeit mit Geflüchteten. Unter anderem wird eine frühe Integration aller Geflüchteten in Sprach- und Wertekursen möglichst vom ersten Tag an angestrebt, in Ergänzung zu den Integrationskursen, die durch das Bundesamt für Migration und Flüchtlinge verantwortet werden und die an aufenthaltsrechtliche Bedingungen geknüpft sind.

Dass dabei nicht nur das Erlernen der deutschen Sprache als wichtige Voraussetzung für die Integration betont wird, sondern auch die Vermittlung von Werten, passt zu der vorherrschenden Dominanz der Sicherheitsperspektive im „Masterplan" von 2016. Im Laufe der letzten Jahre ist der Wertevermittlungsdiskurs immer wieder aufgekommen. Kurz gesprochen ist dieser durch drei Faktoren gekennzeichnet: 1. Es wird unterstellt, dass geklärt ist, was unter Werten zu verstehen ist und welche die richtigen sind, 2. beruht die Argumentationsfigur immer auf einer Wir/die Anderen-Dichotomie und 3. ist auch klar, wer auf der richtigen Seite steht, also wer was wem vermitteln muss und vermitteln kann. Keine der drei Annahmen ist richtig. Es ist überhaupt nicht klar, was richtig oder falsch ist, die letzten 20 Jahre des gesellschaftlichen Lebens in Deutschland sind durch zum Teil heftige Wertekonflikte gekennzeichnet. Zum Beispiel wurde erst 2003 beschlossen, dass die eigenen Kinder in der Familie nicht mehr geschlagen werden dürfen. Die Anerkennung, dass es mehr als zwei Geschlechter gibt, und die Gleichstellung von gleichgeschlechtlichen Ehen sind aktuelle Errungenschaften der Überwindung einer binären Kodierung (Foroutan 2019, S. 127 ff.). Die Gruppe der Geflüchteten ist mindestens so heterogen wie die Gruppe derer, die schon vor 2015 in Deutschland lebten. Ebenso scheint die Vorstellung, dass die Einen den Anderen etwas vermitteln müssten und könnten, zu einem Verständnis von Pädagogik zu gehören, das eigentlich obsolet ist. Ganz sicher ist es nicht der Beginn von produktiven Lernprozessen.

In der Diskussion zur Vorbereitung der „Berliner Sprach- und Wertekurse", zu der die Volkshochschulen eingeladen hatten, erwies sich die Unterscheidung zwischen Rollenerwartungen, Wertekonflikten und Menschenrechtsnormen als sinnvoll. Menschenrechte sind nicht verhandelbar. Aber es ist anzuerkennen, dass die wichtigsten Konventionen von fast allen Staaten der Welt ratifiziert wurden, und dass Geflüchtete auch aufgrund der Menschenrechtsverletzungen in ihren Herkunftsländern nach Deutschland gekommen sind. Rollenerwartungen zu kennen ist nützlich und schafft Verhaltenssicherheit. Die Weigerung, die Hand zu geben, ist vielleicht eine irritierende Verletzung der Konvention, aber noch lange keine Menschenrechtsverletzung (siehe auch Gill 2017b).

Angebote der politischen Bildung für und mit Geflüchteten können sehr gut an aktuellen Wertedebatten ansetzen. Diese fallen auch neu ankommenden Geflüchteten sehr schnell im Berliner Stadtbild auf. Unterschiedliche Lebenskonzepte und Wertehaltungen treffen in einer Großstadt wie Berlin in vielen Kontexten aufeinander. Die eigentliche Herausforderung lag darin, ein didaktisches Konzept zu entwickeln, das in Sprachkursen auf dem Sprachniveau A1 und A2 umgesetzt werden kann.

Entstanden ist in Zusammenarbeit zwischen den Berliner Volkshochschulen und dem Hueber-Verlag ein Lehrmaterial, das vor allem unterschiedliche Familienkonzepte, Rollenbilder, Geschlechterverhältnisse und sexuelle Orientierungen thematisiert, indem es die gesellschaftliche Vielfalt als Normalität präsentiert. Dies ist in Sprachlehrbüchern sonst nicht der Fall, was unter anderem an dem wirtschaftlichen Interesse der Verlage liegt, die Publikationen vor allem im (außereuropäischen) Ausland zu verkaufen. Die Besonderheit dieses Ansatzes ist es, Wertedebatten nicht ergänzend zu den Sprachkursen zu thematisieren, sondern als Gegenstand des Sprachlernens selbst (Büchsel 2018, Büchsel in diesem Band).

3. … „Gesamtkonzept Partizipation und Integration von Geflüchteten"

Mit dem Gesamtkonzept „Partizipation und Integration von Geflüchteten" (Gesamtkonzept 2018) hat das Land Berlin einen Bruch mit der bisherigen Tradition der Migrationspolitik vollzogen. Mit dem Konzept wurde die lange Bleibeperspektive von Geflüchteten anerkannt und daraus auch die Konsequenz gezogen, so schnell als möglich die Teilhabe in allen Lebensbereichen (Wohnen, Bildung, Arbeit, soziales Leben) zu realisieren und Sonderstrukturen abzubauen. Dies ist insofern bemerkenswert, da zum Zeitpunkt des Beschlusses Sonderstrukturen gerade noch im Aufbau begriffen waren. Darüber hinaus ist mit dem Konzept auch der Anspruch verbunden, die Perspektive der Betroffenen einzubeziehen und deren Kompetenzen (auch im Bereich der Berufsqualifikation) anzuerkennen. Dementsprechend ist Partizipation der Schlüsselbegriff des Konzepts und es wurden neben zivilgesellschaftlichen Akteuren auch Menschen mit Fluchterfahrung umfänglich bei der Erstellung einbezogen.

Im Kapitel Sicherheit und Demokratieförderung findet ein Perspektivenwechsel statt. Im Mittelpunkt des Unterkapitels Sicherheit steht die Gewährleistung der Sicherheit von Geflüchteten. Dementsprechend werden Maßnahmen zum Schutz von besonders vulnerablen Gruppen (Frauen, unbegleitete Minderjährige, LSBTIQ, ethnische und religiöse Minderheiten) festgeschrieben. Dabei geht es um Schutz sowohl im Heimsystem als auch in der Öffentlichkeit. Auch die Gruppenbezogene Menschenfeindlichkeit (GMF) in der Aufnahmegesellschaft findet Beachtung und mit dem Programm BENN (Berlin entwickelt neue Nachbarschaften, siehe Krüger in diesem Band) werden sozialräumliche Angebote rund um die Unterkünfte entwickelt, die die Begegnung zwischen Geflüchteten und Anwohnerschaft zum Ziel haben.

Darüber hinaus wurde auch eine Spezifizierung der Sicherheitsprävention angestrebt, weg von einer allgemeinen Prävention hin zu einer spezifischen, die an den Ressourcen der Angesprochenen ansetzt. Deutlich wird dies mit der Betonung der Bedeutung von Resilienz: Es geht um die Stärkung der Eigenkräfte und nicht um die Repression von außen. Damit verbunden ist die Suche von Antworten auf die Frage, warum Menschen mit Fluchterfahrung durch „Islamistinnen und Islamisten" ansprechbar sind. Ein wichtiger Ansatz dabei ist die Schulung von hauptamtlichen Mitarbeitenden in der Flüchtlingshilfe, die für dieses Phänomen sensibilisiert werden sollen, um dann ggf. die Geflüchteten an entsprechende „Deradikalisierungsangebote" weitervermitteln zu können.

4. Geflüchtete sind politische Subjekte

Am bemerkenswertesten ist, dass im Gesamtkonzept erstmals die Perspektive eingenommen wird, Geflüchtete als politische Subjekte anzusprechen. Damit sollen den politischen Erfahrungen, die diese in ihren Herkunftsländern erworben haben, ihren eigenen Werthaltungen und ihren spezifischen Interessen Geltung verschafft werden. „Politische Teilhabe gelingt dann, wenn Menschen als mündige Bürgerinnen und Bürger adressiert werden" (Gesamtkonzept, S. 148), heißt es gleich zu Beginn des Unterkapitels Demokratieförderung. Weiter wird argumentiert, dass es die beste Demokratieförderung sei, wenn Menschen demokratische Haltungen, Verhaltensweisen und Strukturen im Alltag erleben (können). Noch im Jahr 2017 kam der Partizipationsforscher Roland Roth zur Einschätzung, „dass politische Partizipation als eigene Integrationsarena für Zugewanderte erst noch zu entdecken bzw. auszugestalten ist," (Roth 2017, S. 71). Politik, Partizipation und politische Teilhabe waren vor 2016 definitiv kein relevantes Thema des Migrationsdiskurses in Deutschland.

Die partizipative Grundausrichtung des Politikfeldes Flucht und Migration hat auch Auswirkung auf das Verhältnis von Angeboten der politischen Teilhabe zu Angeboten der Prävention. Prävention alleine ist noch keine Demokratieförderung. Der Unterschied wird deutlich, wenn das Ziel politischer Bildung in den Blick genommen wird: Politische Mündigkeit. Bei aller Kontroverse, was darunter zu verstehen ist, herrscht Einigkeit, dass die Teilziele eigenständige Urteilsfähigkeit und politische Handlungsfähigkeit zentrale Bestandteile sind. Beide setzen wiederum die Vermittlung von Wissen über Fakten und Zusammenhänge voraus.

Aber nicht nur der Blick auf Geflüchtete verschiebt sich, auch im Kontext von Demokratieförderung wird die Aufnahmegesellschaft als Adressatin von Angeboten thematisiert. Dies geschieht einerseits mit der Absicht, die Voraussetzungen zu schaffen, damit die politische Partizipation Geflüchteter gelingen kann. Andererseits sollen Geflüchtete auch im Bereich Demokratieförderung in bestehende Angebote integriert werden, statt Sondersysteme zu schaffen. Dies ist die Perspektive der Inklusion: Alle Teilbereiche einer Gesellschaft sollen so weiterentwickelt werden, dass alle an ihnen gleichberechtigt teilhaben können (Gill 2017a).

Das Demokratie- und Politikverständnis, das hinter diesen Ausführungen zur Demokratieförderung im Gesamtkonzept steht, schließt an das Demokratie- und Pluralitätsverständnis an, wie es unter anderem in der postmigrantischen Theoriebildung beschrieben wird: „Pluralität gilt einerseits als empirische Beschreibung von Gesellschaft, andererseits als normativer Grundsatz, während sie gleichzeitig als Auslöser gesellschaftlicher Widersprüche und Krisen eingehegt werden soll. Migration stellt dabei zwar eine zentrale Quelle der Pluralität dar – aber dennoch nur eine neben vielen anderen" (Foroutan 2019, S. 31). Demokratie lebt von der Vielfalt der Perspektiven und Interessen, die in den politischen Diskurs eingebracht werden, auch wenn diese Vielfalt zugleich für die Demokratie eine permanente Herausforderung darstellt.

Auch wenn der Schwerpunkt der Betrachtung im Gesamtkonzept auf politische Prozesse gelegt wird, haben die Grundannahmen zugleich Auswirkungen auf das politische System. Dementsprechend wird die Öffnung des politischen Systems auf der kommunalen Ebene für Menschen ohne EU-Staatsbürgerschaft angemahnt und der Senat von Berlin verpflichtet sich selbst, eine Bundesratsinitiative zu prüfen, um das kommunale Wahlrecht auch für nicht EU-Staatsbürger zu gewähren.

5. Praktische Umsetzung

Im Gesamtkonzept werden insgesamt zwölf Handlungsansätze im Bereich der Demokratieförderung beschrieben. Bei deren Entwicklung konnte einerseits auf die Vielzahl der praktischen Erfahrungen der politischen Bildung für und mit Geflüchteten seit Herbst 2015 zurückgegriffen werden und andererseits auf Angebote der politischen Grundbildung, für die unterschiedlichsten sozialen Gruppen in Berlin, für die schon länger ein großer Bedarf besteht. Durchgängiges Prinzip ist der Ansatz, keine weiteren Sondersysteme für Geflüchtete entstehen zu lassen, sondern niedrigschwellige Angebote der politischen Bildung und der politischen Teilhabe generell inklusiv anzulegen. Eine wichtige Frage ist dabei der Zusammenhang von Sprache und politischer Teilhabe. Menschen mit geringer deutscher Schriftsprachkompetenz finden sich nicht nur in der Gruppe der Geflüchteten: Rund 12 % derer, die sich auf Deutsch verständigen können, scheitern an Buchstabe, Wort oder Satz und weitere 20 % an Texten, bezogen auf die Gesamtbevölkerung Deutschlands (Leo 2018). Partizipation ist auch didaktisches Gestaltungsprinzip der Angebote selbst. Menschen mit Fluchterfahrung sollen an der Gestaltung und Durchführung der Angebote so weit wie möglich beteiligt werden. Politische Bildung findet folglich nicht nur für, sondern vor allem auch mit Geflüchteten statt. Dies gelingt vor allem dann, wenn bestehende, bzw. im Entstehen begriffene Selbstorganisationen einbezogen und Geflüchtete selbst zu politischen Bildnerinnen und Bildnern qualifiziert werden. Die geplanten und inzwischen zum Teil schon implementierten Maßnahmen können hier nur kursorisch genannt werden:

- Die „Berliner Sprachkurse“ sollen durch ein Modul politischer Bildung ergänzt werden, welches von entsprechend qualifizierten Menschen mit Fluchterfahrung umgesetzt werden soll. Angestrebt wird, 10 % der Gesamtdauer der Kurse für die Bearbeitung der Fragen der Teilnehmenden selbst zu nutzen.
- Für unterschiedliche Gruppen von Geflüchteten sollen spezifische Angebote entwickelt oder verstetigt werden – wie zum Beispiel Mentoring-Projekte für weibliche Geflüchtete.
- Ein starkes Augenmerk wird auch auf Angebote für die „Aufnahmegesellschaft“ gelegt. Sowohl für Mitarbeitende aus Verwaltungen als auch für zivilgesellschaftliche Akteure sollen verstärkt Fortbildungen angeboten werden und ein Handbuch bzw. Index entstehen, welches Prozesse der Selbstreflexion und Weiterentwicklung der Institutionen anleitet.
- Um Sonderstrukturen zu überwinden, ist die Öffnung von Regelstrukturen für Geflüchtete geplant, zum Beispiel die Erwachsenenbildungsangebote der Volkshochschulen. Aber auch der umgekehrte Weg wird beschritten. So werden die ursprünglich als Sonderstrukturen für migrantische Eltern, bzw. ganz zu Beginn sogar nur für Mütter konzipierten Elternkurse künftig zum Regelangebot für alle Eltern weiterentwickelt.
- Angebote zur Begegnung von Politikerinnen und Politikern und Geflüchteten sollen zum gegenseitigen Verständnis und zur Erweiterung der Perspektiven auf beiden Seiten beitragen.

6. Herausforderungen und Perspektiven

Auch im Feld der politischen Teilhabe/politischen Bildung wirkt der „lange Sommer der Migration“ wie ein Katalysator, der (politische) Prozesse startet bzw. beschleunigt. (siehe den Beitrag von Achour in diesem Band). Dinge wurden möglich und mit Ressourcen ausgestattet, die vorher nicht durchgesetzt werden konnten, wie zum Beispiel Angebote von Deutsch als Fremdsprache an deutschen Schulen. Politische Teilhabe wird zunehmend zum Thema in der Migrationsarena. So fordern die sogenannten Integrationsbeiräte erweiterte Teilhaberechte und eine entsprechende Ausstattung, um diese auch realisieren zu können. Wie die vielfältigen Projekte, die seit 2015 entstanden sind, zeigen, ist das Know-how, um Partizipation, Demokratieförderung und politische Bildung umsetzen zu können, vorhanden. Die auf vielfältigen Wegen entstandenen Modellprojekte müssen jetzt in regelhafte, auf Dauer abgesicherte Angebotsstrukturen überführt werden, die dafür notwendigen Ressourcen scheinen im Prinzip zur Verfügung zu stehen.

Für eine Stadt wie Berlin ist in Bezug auf politische Teilhabe die Frage der politischen Rechte bedeutsam. Wenn von knapp 3,75 Mio. Einwohnerinnen und Einwohnern über 750.000 keinen deutschen Pass besitzen und davon wiederum 0,5 Mio. auch keinen Pass eines anderen EU-Landes, dann bedeutet dies, dass rund ein Achtel der Erwachsenen über kein Wahlrecht verfügen. International wird eine Debatte um das Recht, Rechte zu haben, geführt. Es geht dabei um die Frage der politischen Rechte auch ohne Staatsbürgerschaft. Dies verweist auch auf die Bedeutung des Menschenrechts für politische Teilhabe für die politische Bildung. Menschenrechte gelten für alle und immer.

Angebote der Prävention sind (nicht nur) in Berlin im Rahmen des Masterplans 2016 mit erheblichen Mitteln ausgestattet worden. Die finanzielle Absicherung von Angeboten der Demokratieförderung bzw. politischen Bildung in Folge des Gesamtkonzepts 2018 entwickelt sich demgegenüber erst langsam. Angebote der politischen Bildung im Kontext von Flucht werden noch immer umfänglich lediglich aus Sondermitteln des Bundes wie dem Bundesprogramm „Demokratie leben!" finanziert. Es ist an der Zeit, das Verhältnis von Prävention und Teilhabeförderung auch im Kontext von Flucht neu zu bestimmen. Politische Bildung wirkt zwar immer auch allgemeinpräventiv, sie ist aber gerade dann besonders effektiv, wenn sie Menschen nicht als Problemträgerinnen und Problemträger adressiert, sondern zur Mitgestaltung des demokratischen Gemeinwesens einlädt.

Konzepte der Prävention wurden in den letzten Jahren konzeptionell sehr weit gefasst. Hier muss es wieder zu einem sehr viel spezifischeren Verständnis von Prävention im Sinne einer Sekundärprävention kommen, also der Reaktion auf konkrete Problemlagen. Dazu gehört auch die Reflexion der Implikationen des Präventionsbegriffs. Der Politikwissenschaftler Michael Kohlstruck hat diese prägnant zusammengefasst: „Unmittelbar fällt der defensive und auch konservierende Charakter der Präventionsperspektive ins Auge: Prävention hat wenig mit Daseinsfreude, Kreativität und konstruktiver Gestaltung des Lebens zu tun, aus ihr spricht ein ängstliches Interesse an Sicherheit, bloßer Gesundheit, Kosteneffizienz und Nachhaltigkeit" (Kohlstruck 2014, S. 186).

Prävention ist folglich nicht per se schon Demokratieförderung. Mit ihr verbunden ist die einseitige problematische Adressierung der Zielgruppen als potentielle Gefährder. Zudem schafft sich Prävention selbst ihren Bedarf, letztlich kann fast alles zum Problem werden, das verhindert werden muss. Die Welt wird durch die „Problembrille" betrachtet. Prävention ist nicht auf die Zukunft, sondern auf Vergangenheit gerichtet, da Prävention immer nur gegen etwas gerichtet sein kann, was im Prinzip bereits bekannt ist. Dies ist kein Plädoyer gegen

Prävention, sondern der Hinweis, sich dieser Implikationen bewusst zu sein, wenn Angebote der Prävention entwickelt werden.

Die Sozialwissenschaftlerin Naika Foroutan hat darauf hingewiesen, dass in der postmigrantischen Gesellschaft entlang der Frage von Migration die generelle Hybridisierung und Pluralisierung von Gesellschaft – die sich nicht auf Migration beschränkt – verhandelt wird (vgl. Foroutan 2019, 160 ff.). Dementsprechend findet der erstarkende Rechtspopulismus in der Dramatisierung von Migration sein Mobilisierungsthema. Dies führt zu beunruhigend hohen Zustimmungswerten zu einer Politik, die auf Ausgrenzung und autoritäre Haltungen setzt. Diese kurzfristigen Mobilisierungserfolge dürfen aber nicht zu Fehlschlüssen führen. Wir haben es mit einem Potential von antidemokratischen und menschenrechtsfeindlichen Einstellungen zu tun, die seit Anfang der 80er Jahre bekannt sind und sich relativ stabil bei rund 20 % der Bevölkerung in immer neuen empirischen Studien zeigen. Wir müssen davon ausgehen, dass politische Einstellungen in der Familie tradiert werden, politische Bildung folglich von langen Prozessen ausgehen muss.

Angebote der Prävention, die sich ihrer spezifischen pädagogischen Reflexionspflichten und der Grenzen ihrer Reichweite bewusst sind, bleiben auch im Kontext von Flucht wichtig. Diese müssen aber ergänzt werden durch Angebote der politischen Bildung, die auf politische Teilhabe und auf die Gestaltung der Gesellschaft mit allen, die in ihr leben, abzielen. Wir bekommen aktuell vorgeführt, dass Zusammenleben und politische Gestaltung in einer sich ausdifferenzierenden, hybridisierenden und pluralisierenden Gesellschaft nicht von alleine funktioniert. Es bedarf der besonderen Anstrengungen und Angebote, die sich an Geflüchtete ebenso richten wie an jene, die schon länger hier leben.

Literatur

Achour, Sabine 2017: Muslimische Lernende zwischen Exklusion – Inklusion – Integration: Quo vadis politische Bildung. In: Achour, Sabine/Gill, Thomas (Hg.): Was politische Bildung alles sein kann. Einführung in die politische Bildung, Schwalbach/Ts., S. 21–33.

Achour, Sabine/Gill, Thomas 2019: „Liebe Teilnehmende, liebe Gefährderinnen und Gefährder, Extremismusprävention als politische Bildung?". In: Journal politische Bildung 2/2019, Frankfurt/M.

Büchsel, Almut 2018: Vielfalt LEBEN. Deutsch als Zweitsprache (A1,-A2), München.

Foroutan, Naika 2019: Die postmigrantische Gesellschaft. Ein Versprechen der pluralen Demokratie, Bielefeld.

Gesamtkonzept Partizipation und Integration Geflüchteter, Arbeitsdokument, 2018, https://www.berlin.de/lb/intmig/_assets/themen/fluechtlinge/fluechtlingspolitik/arbeitsdokument-zum-gesamtkonzept-integration-und-partizipation-gefluechteter_bf.pdf (Zugriff am 31.08.2019).

Gill, Thomas 2017: Inklusion als Menschenrecht und deren Bedeutung für die politische Bildung. In: Achour, Sabine/Gill, Thomas (Hg.): Was politische Bildung alles sein kann. Einführung in die politische Bildung, Schwalbach/Ts., S. 21–33.

Gill, Thomas 2017: Werthaltungen vermitteln? Politische Bildung im Kontext von Zuwanderung. In: Journal politische Bildung, 4/2017, Frankfurt/M.

Grotlüschen, Anke u.a.: LEO 2018 – Leben mit geringer Literalität, https://www.bmbf.de/files/2019-05-07%20leo-Presseheft_2019-Vers10.pdf (Zugriff am: 31.08.2019).

Hafeneger, Benno: Politische Bildung ist mehr als Prävention, in: Journal politische Bildung 2/2019, Frankfurt/M. 2019.

IAB-BAMF-SOEP-Befragung von Geflüchteten, Flucht, Ankunft in Deutschland und erste Schritte der Integration, IAB Kurzbericht 24/2016, http://doku.iab.de/kurzber/2016/kb2416.pdf, zuletzt abgerufen 31.08.2019.

Kohlstruck, Michael: Nachhaltige Prävention von Rechtsextremismus bei Jugendlichen in Schule und Jugendhilfe, in: Schubarth, Wilfried (Hg.): Nachhaltige Prävention von Kriminalität, Gewalt und Rechtsextremismus. Beiträge aus Wissenschaft und Praxis, Potsdam 2014, S. 183–199.

Masterplan Integration und Sicherheit, Langfassung, 2016, https://www.berlin.de/rbmskzl/aktuelles/politik-aktuell/2016/langfassung-masterplan-integration-und-sicherheit.pdf, zuletzt abgerufen 31.08.2019).

Roth, Roland: Politische Partizipation von Migrantinnen und Migranten, in: Groß, Torsten u.a. (Hg.): Engagierte Migranten. Teilhabe in der Bürgergesellschaft, Schwalbach/Ts. 2017, S. 61–74.

Schmidt, Sophie: Prävention oder politische Bildung? Kooperationen von Schule und außerschulischen Trägern politischer Bildung im Kontext von „Extremismusprävention“ und „Demokratieförderung“, in: Polis 2/2019, Frankfurt/M. 2019.

Zentralen der politischen Bildung: Diskussionspapier der Zentralen für politische Bildung zu den Planungen der Bundesregierung zur Ausweitung des Programms „Demokratie leben!“, zur Etablierung eines „Nationalen Präventionsprogramms gegen islamistischen Extremismus (NPP) und zur Schaffung eines Demokratiefördergesetzes, in: Außerschulische Bildung 2/2018, S. 84–85.

BERND OVERWIEN

Globales Lernen in Zeiten verstärkter Fluchtbewegungen

Wer heute globale Verhältnisse in den Bildungskontext bringt, kann das Thema Flucht und Asyl nicht außen vor lassen. Kriegerische Auseinandersetzungen treiben in vielen Teilen der Welt Menschen in die Flucht, ohne dass dies bei uns zur Kenntnis genommen wird, da ja die übergroße Zahl der Geflüchteten nicht in Europa oder auch Nordamerika zu finden ist, sondern in den Ländern selbst oder in Nachbarländern der jeweiligen Krisenregion unterkommt. Die bei uns sichtbaren Flüchtlinge sind als nur ein kleiner Teil weitweiter Wanderungsbewegungen, deren Gründe diskutiert werden müssen, um Lösungen zu finden. Ursachen der Flucht liegen nicht nur in gesellschaftlichen Gewaltsituationen. Wirtschaftliche Aussichtslosigkeit, Umweltverschmutzung und auch die spürbaren Folgen des Klimawandels treiben die Menschen aus ihrer gewohnten Umgebung heraus. Vielfach herrscht hier das Gefühl vor, dies alles habe mit „uns" nichts zu tun. Das Gegenteil ist der Fall. An einem regional begrenzten Beispiel kann verdeutlicht werden, dass aktuelle Konflikte mit europäischer Politik der Vergangenheit sehr viel zu tun haben. So schuf das damals zunächst geheime Sykes/Picot-Abkommen 1919, zwischen Frankreich und Großbritannien, die heutigen Grenzen im Nahen Osten und mithin die Grundlagen für aktuelle Krisen, bis hin zum Irak- und Syrienkonflikt und auch den Auseinandersetzungen zwischen Israel und Palästinensern. Sicher sind dort heute selbstständige Akteure am Werk, dennoch aber hört historische Verantwortung nicht einfach auf, was ja auch am Beispiel der deutsch-israelischen Beziehungen deutlich wird. Globales Lernen kann sich solchen und anderen historischen Gegebenheiten nicht entziehen und muss sie als Grundlagen mit einbeziehen. Darüber hinaus ist auch ganz konkrete Wirtschaftspolitik an Fluchtgründen nicht unbeteiligt, worauf noch zurückzukommen sein wird.

Im Folgenden soll kurz skizziert werden, was Globales Lernen ist, wer wie darüber diskutiert und welche Themen dort eine Rolle spielen und auch, welche Kritik es am Globalen Lernen hier und da gibt. Der Orientierungsrahmen für den Lernbereich globale Entwicklung spielt eine herausragende Rolle bei der Verbreitung der Ideen des Globalen Lernens als Teil einer Bildung für nachhaltige Entwicklung (BNE), deshalb wird auch dieser gewürdigt.

Globales Lernen ist zunächst ein Sammelbegriff für alle jene pädagogischen Ansätze in den deutschsprachigen Ländern, die sich auf den Prozess der Globalisierung beziehen und die diesen überwiegend in kritischer Weise diskutieren[1]. Grundsätzlich thematisiert Globales Lernen das Verhältnis zwischen dem Globalen Norden und Süden[2]. Die Teile der Erde sind ökonomisch und gesellschaftlich ja seit langer Zeit eng miteinander verbunden, wobei die Wirkungen des Kolonialismus bis heute spürbar sind und die inzwischen weltweit vernetzte Produktion vieler Konsumgüter weiterhin vor dem Hintergrund globaler Ungleichheit geschieht (Brand/Wissen 2017). Diskutiert werden im Globalen Lernen Fragen weltweiter Arbeitsmärkte genauso wie die nach gerechten Löhnen und den Auswirkungen der Rohstoffgewinnung auf die natürliche Umwelt. Nicht zuletzt geht es um die Folgen des westlichen Lebensstils mit seinem Ressourcenverbrauch, auf soziale Prozesse, bis hin zu den Folgen des Klimawandels, der eng damit verbunden ist (Lessenich 2016).

Globales Lernen insgesamt setzt sich mit Fragen globaler Gerechtigkeit und mit dem Erwerb der Fähigkeit auseinander, einen Perspektivenwechsel vorzunehmen, insbesondere auf Menschen in anderen Kontinenten. Es geht in allen Ansätzen um Kompetenzen für weltweite Veränderungsprozesse im Sinne globaler Gerechtigkeit. Fast alle neueren Beiträge beziehen sich auch auf Bildung für nachhaltige Entwicklung (BNE) und die Nachhaltigkeitsziele der Vereinten Nationen, wie sie zuletzt in den Sustainable Development Goals Ausdruck gefunden haben. Wenn es um weltweite Produktion und Handel und den Erhalt der Umwelt geht, müssen die geschichtlich zu verortenden Grundlagen mit diskutiert werden, wenn es um Begegnung zwischen Menschen verschiedenster Herkünfte geht, spielen auch interkulturelle Fragen und auch der Umgang mit Rassismus eine wichtige Rolle (Overwien 2019a).

Globales Lernen hat von Anfang an sowohl die globale soziale Ungleichheit wie auch interkulturelle Fragen aufgegriffen. Dass zunächst relativ wenig von antirassistischen Positionen gesprochen wurde, hat mit historischen Hintergründen zu tun. So gab es vor zwanzig Jahren im deutschsprachigen Raum noch ein verbreitetes, mit der Aufarbeitung der NS-Zeit verbundenes, Tabu. Rassismus durfte danach nicht als eine Haltung beschrieben werden, die auch in der Mitte der Gesellschaft zu Hause ist. Rassismus war als Begriff mit dem Terror der Na-

---

1 Zu Globalem Lernen in Europa und international: Forghani u.a. 2013, Christoforatou 2016

2 Die Begriffe Entwicklung- und Industrieländer werden zumeist nicht mehr genutzt, weil der zugrunde liegende Entwicklungsbegriff zu schillernd ist (Ziai 2010).

zis verbunden, Vorgänge der Gegenwart wurden allenfalls als ‚fremdenfeindlich' qualifiziert, bestenfalls wurde über Eurozentrismus diskutiert (Basu u.a. 1999, Terkessidis 2010, S. 85 f., Lang-Wojtasik 2017). Dies änderte sich nur langsam.

Die theoretischen Konzeptionen des Globalen Lernens haben sich in den 2000er Jahren stabilisiert. Sehr grundsätzlich hat sich Seitz (2002) mit Strukturen einer „Weltgesellschaft" auseinandergesetzt. Zwei Konzeptionen unterscheiden sich in ihrer Stellung zu normativen Setzungen und ihre Nähe zu politischem Handeln, beides wird etwa von Asbrand/Scheunpflug (2014) kritisch gesehen, während Selby/Rathenow (2003) eine notwendige weltweite gesellschaftliche Transformation in den Vordergrund rücken (Overwien/Rathenow 2009).

In den letzten Jahren kommt es auch zu Kritik am Globalen Lernen, vornehmlich von postkolonial inspirierten Kritiker*innen. Zwar wird mit Recht auf stereotype und undifferenzierte Darstellungen in Unterrichtsmaterialien insbesondere zum afrikanischen Kontinent hingewiesen. Die Kritik kommt aber zumeist sehr pauschal daher und thematisiert nicht, in welcher Weise sich die kritisierten Materialien auf Globales Lernen und BNE als Konzept beziehen oder ob sie lediglich mit dem Begriff hantieren (Bechtum/Overwien 2017). Es gibt viele Anbieter, die Unterrichtsmaterialien im Internet veröffentlichen, um damit auch für die eigene Organisation und Position zu werben. Dabei verwenden sie dann auch Begriffe wie Globales Lernen und Nachhaltigkeit. Den Kritiker*innen entgeht, dass es auch umfangreiche Materialien und Projekte gibt, die sich auf Theoriekonzepte beziehen und kritisch und selbstkritisch reflektieren (Emde u.a. 2017). Gleichwohl kann das Globale Lernen aus postkolonialen Beiträgen Impulse für eine verstärkte Einbeziehung rassismuskritischer Ansätze sowie für eine verstärkte Bewusstseinsarbeit zum eigenen Ethnozentrismus erhalten. Gleichzeitig bedarf aber auch die postkoloniale Perspektive einer Erweiterung. Beispielsweise nimmt die ökologisch-soziale Seite der Nachhaltigkeit in der Bildungspraxis Globalen Lernens mittlerweile einen zentralen Stellenwert ein, während postkoloniale Diskussionen die Überlebensprobleme einer Menschheit am möglichen Rande ihrer Existenz fast vollständig ausklammern (Bechtum/Overwien 2017).

Flucht und Fluchtursachen im Globalen Lernen

Bildung kann wichtige Zugänge zu komplexen gegenwärtigen und zukünftigen gesellschaftlichen Fragen ermöglichen. Dabei muss politische Bildung in Zeiten globaler Politikhorizonte wesentlich über Deutschland und Europa hinausschauen. Es geht um die heutige Variante, der von Klafki (2007) so bezeichneten epochaltypische Schlüsselprobleme, die mit Globalem Lernen erschlossen werden können. Dazu gehören der Klimawandel, aber auch die weltweiten Flucht und Migrationsbewegungen. Zwischen beiden Phänomenen gibt es enge Bezüge. So zeigt eine von der Hamburger Universität im Auftrag von Greenpeace durchgeführte Studie, dass auch der Klimawandel zu verstärkten Fluchtbewegungen führt. Zwar sind die Zusammenhänge komplex, dennoch kann aber davon ausgegangen werden, dass eine Reihe von plötzlich auftretenden Naturkatastrophen in ihrer Häufung und Stärke mit dem Klimawandel direkt zu tun haben. Die davon betroffenen Menschen lassen sich leichter erfassen, als die, die von eher schleichenden Veränderungen zur Flucht getrieben werden. Der Anstieg des Meeresspiegels ist hier genauso zu nennen, wie zunehmende Trockenheit und Dürre. Klima- und umweltbedingte Migration verstärken dabei bereits bekannte Trends. Die meisten Fluchtbewegungen finden in den Grenzen der jeweiligen Länder statt oder betreffen Nachbarländer. Der Begriff „Klimaflüchtlinge" wird in der Studie abgelehnt, weil Kausalbeziehungen zwischen Wetterereignissen und Klimawandel nur schwer nachweisbar sind (Greenpeace 2017, S. 6f.). Dennoch aber ist das Phänomen ernst zu nehmen, weil es Fluchtbewegungen verstärkt. Der Klimawandel muss auch aus dieser Perspektive als Phänomen ernster genommen und bekämpft werden.

In der Literatur wird bis heute einerseits zwischen Arbeits- und Fluchtmigration unterschieden. Andererseits löst sich diese Differenz immer mehr auf (Auernheimer 2015, S. 126f.). Die jeweiligen sozialen und ökologischen Verhältnisse in großen Teilen Afrikas oder in Mittel- und Südamerika verschlechtern sich auch durch Politikansätze der Industrieländer, was sich auf Fluchtursachen deutlich auswirkt. So hat die Subventionspolitik der USA und der Europäischen Union dramatische Folgen für afrikanische Bauern, beispielsweise bei der Baumwolle, nach wie vor beim Zucker, wenn auch kritische Diskussionen zu Verbesserungen führten, und beim Export von Geflügel (Raupp 2008). Der europäische (und russische und japanische), industriell betriebene Fischfang vor Westafrikas Küsten zerstört die Lebensgrundlage vieler Kleinbetriebe und damit vieler Familien (WWF 2008). Die Wirkungen europäischer Politik werden auch an den Folgen der wachstumsgetriebenen Rohstoffextraktion deutlich, bei der etwa in der Demokratischen Republik Kongo Erze für wichtige Elemente der Elektronikindustrie abgebaut werden, ohne, dass im Lande auch nur ein halbwegs gerechter Gegenwert bleibt. Im Gegenteil, es kommt zu massiven Landschaftszerstörungen und Umweltverschmutzungen, die wiederum eine Vertreibung der Bevölkerung zur Folge haben. Entsprechende Entwicklungen lassen sich auch in Kenia, Peru oder auf den Philippinen beobachten, wo ein

Schweizer Konzern Kupfer und Gold im Tagebau gewinnen will. Es ließen sich hier viele weitere Beispiele anfügen, etwa das der Textilarbeiterinnen in Kambodscha, die nun billiger produzieren, als zuvor die in China (Auernheimer 2015, S. 115 ff.). Alles das ist Folge eines ungebremsten Wachstums, verbunden mit einem Massenkonsum, der die ökologischen Grenzen der Erde auf verschiedene Weise deutlich sichtbar macht. Es hat allerdings wenig Sinn, moralisierend auf „unseren" Konsum hinzuweisen und ein schlechtes Gewissen durch die Welt zu tragen. Änderungen müssen auf verschiedenen politischen Ebenen erfolgen und eingefordert werden. Die Weltentwicklungsziele, auch unter dem Namen Sustainable Development Goals oder Agenda 2030 bekannt, zeigen Wege. Der von der UN-Generalversammlung verabschiedete Plan soll Lösungen bringen. Erstmals wurde hier ein Entwicklungspapier verabschiedet, das die Lösungen nicht mehr im Süden der Erde verortet, sondern den Kampf um eine Reduzierung der Armut, gegen den Klimawandel und den Verlust von Biodiversität als Aufgabe auch der Politik der Industrieländer sieht. Schwierig dabei ist, dass das vorherrschende Wachstumsmodell eine ständige Steigerung umwelt- und klimaschädlicher ökonomischer Entwicklungspfade in sich trägt. Es muss daran erinnert werden, dass die Industrieländer zu Beginn des Jahrtausends noch immer 60 % des weltweiten CO_2-Ausstoßes verantworten, was 11,7 Tonnen pro Kopf ausmacht. In den 54 Ländern Afrikas waren das gerade einmal 1,1 Tonnen pro Kopf (Deutsche Stiftung Weltbevölkerung 2007, S. 6 f.). Gleichzeitig sind die rohstoffreichen Länder des Südens in einer Abhängigkeitsfalle gefangen, erweist sich für sie der Rohstoffreichtum bei schwankenden Preisen oft eher als Fluch, statt als Segen, was Entwicklungen in Lateinamerika im letzten Jahrzehnt deutlich zeigen (Peters/Burchardt 2017, Peters u.a. 2017).

Aktuelle Entwicklungen

Schule muss dem Anspruch gerecht werden, die notwendigen Anhaltspunkte und Kriterien für ein globales Weltverständnisses zu liefern, beispielsweise vom atlantischen Dreieckshandel über deutsche Kolonialerfahrungen und ihre Folgen, bis hin zu den vielfach bis in die Kolonialzeit zurück verfolgbaren Krisen der Gegenwart und zur Verantwortung für die Ressourcen der Erde und deren Erhalt.

Seit zwanzig Jahren wird dies auch auf der Ebene der für die Gestaltung der schulischen Bildung wichtigen Kultusministerkonferenz diskutiert. Diese hat 2007 und 2016 dann in erweiterter Form ein Papier für die Schule vorgelegt, dass auch in der außerschulischen Bildung vielfach als handlungsleitend gesehen wird, immer auch mit kritischen Anfragen verbunden.

KMK und BMZ haben einen „Orientierungsrahmen für den Lernbereich globale Entwicklung“ erarbeiten lassen, der an Diskussionen des Globalen Lernens anschließt und sich am Leitbild nachhaltiger Entwicklung orientiert. Er enthält ein eigenes Kompetenzmodell, das in vielfacher Hinsicht dem der Bildung für nachhaltige Entwicklung (BNE) gleicht. Die dort formulierten Kompetenzen sind für Partizipation auch im globalen Rahmen höchst relevant. So geht es in der Struktur des Orientierungsrahmens „Erkennen, Bewerten, Handeln“ unter anderem um den Erwerb von Fähigkeiten zu „Perspektivenwechsel und Empathie“, zur „Solidarität und Mitverantwortung“, zur „Handlungsfähigkeit im globalen Wandel“ oder auch zur „Partizipation und Mitgestaltung“ (KMK/BMZ 2016). Der Orientierungsrahmen bezieht sich auf den überfachlichen und fächerverbindenden Unterricht und zeigt für fast alle Fächer der Schule, wie globale Fragen integriert werden können.

Der Orientierungsrahmen thematisiert auch internationale Fluchtbewegungen und zwar aus zwei Richtungen. Einerseits geht es um die Integration von geflüchteten Kindern in das Schulsystem, andererseits sollen aber auch die Fluchtgründe im Unterricht bearbeitet werden, beispielweise durch das Thema „Kinder auf der Flucht“ in der 4. Klasse im Unterricht der Grundschulen, integrations- und inklusionsbezogene Themen[3] im Deutschunterricht und auch im Politik- und Geographieunterricht (KMK/BMZ 2016, 120, 139, 219, 232). Zum Themenfeld gibt es inzwischen zahlreiche Unterrichtsmaterialien (Henkel in diesem Band und www.globaleslernen.de).

Zur Lösung politischer Zukunftsfragen bedarf es in der breiten Bevölkerung eines Bewusstseins über globale Interdependenzen, also über unsere Verstrickungen in weltweite politische Strukturen. Nur so kann auch platten Parolen begegnet werden. Nicht zuletzt lohnt sich auch, in diesem Zusammenhang positive Bilder einer möglichen Weltentwicklung mit zu diskutieren. Bekanntlich macht ein übergroßer Konsum nicht unbedingt glücklich und das Nachdenken über ein umweltgerechtes Wirtschaften kann auch Denkrichtungen eines selbstgenügsameren, suffizienteren Lebens öffnen, was keineswegs Askese heißen muss (Dallmer 2017, Paech 2017).

Die Schülerinnen und Schüler der Bewegung Fridays-for-Future machen auf die Dringlichkeit schnellen politischen Handelns aufmerksam. Sie knüpfen an Ängsten und Suchbewegungen an, die Jugendstudien schon seit Jahren zeigen (Overwien 2019b). Der Nationale Aktionsplan des UNESCO-Weltaktionsprogramms Bildung für nachhaltige Entwicklung zeigt, wie ein Bewusstseins-

3 Zum Zusammenhang von Globalem Lernen und Inklusion vgl. Böhme 2018

wandel in allen Teilen des Bildungssystems angegangen werden kann. Der o.g. Orientierungsrahmen hat dazu geführt, dass BNE und Globales Lernen in den Curricula der Bundesländer mehr und mehr verankert werden. Auch im Referendariat der Lehrkräftebildung und der Fort- und Weiterbildung vieler Bundesländer spielen die Themenfelder eine Rolle. Leider ist die Lehrkräftebildung der ersten universitären Phase von einem Systemansatz der Integration dessen, was auch Fridays-for-Future fordert und was auch im Nationalen Aktionsplan BNE steht, noch sehr weit entfernt.

Literatur

Adick, Christel 1992: Die Universalisierung der modernen Schule. Eine theoretische Problemskizze zur Erklärung der weltweiten Verbreitung der modernen Schule in den letzten 200 Jahren mit Fallstudien aus Westafrika. Paderborn.

Asbrand, Barbara/Scheunpflug, Annette 2014: Globales Lernen. In: Sander, Wolfgang (Hg.): Handbuch politische Bildung, Schwalbach, S. 401–412.

Auernheimer, Georg 2015: Dimensionen der Globalisierung. Eine Einführung. Schalbach/Ts.

Basu, Sanchita/Höhme-Serke, Evelyne/Macher, Maria (Hg.) 1999: Eurozentrismus: ¿Was gut ist, setzt sich durch?; Beiträge zur Kritik einer die Welt beherrschenden Denk- und Handlungsweise; Studienreformprojekt „Eurozentrismus in der Lehre". Beiträge zur Kritik einer die Welt beherrschenden Denk- und Handlungsweise. Frankfurt.

Bechtum, Alexandra/Overwien, Bernd 2017: Kann postkoloniale Kritik Schule machen? Über ihre Grenzen und Potentiale für (entwicklungs-) politische Bildungsarbeit. In: Burchardt, Hans-Jürgen; Peters, Stefan; Weinmann, Nico (Hg.): Entwicklungstheorie von heute – Entwicklungspolitik von morgen. Baden Baden, S. 59–84.

Böhme, Lars 2019: Politische Bildung für Schülerinnen und Schüler mit sonderpädagogischem Förderbedarf. Perspektiven Globalen Lernens an Förderzentren. Frankfurt.

Brand, Ulrich/Wissen, Markus 2017: Imperiale Lebensweise. Zur Ausbeutung von Mensch und Natur im globalen Kapitalismus. München.

Burchardt, Hans-Jürgen/Peters, Stefan/Weinmann, Nico (Hg.) 2017: Entwicklungstheorie von heute – Entwicklungspolitik von morgen. Baden Baden.

Christoforatou, Ellen (Hg.) 2016: Education in a Globalized World: Teaching Right Livelihood. Immenhausen.

Dallmer, Jochen 2017: Bruttonationalglück – ein neues globales Entwicklungsmodell? In: Emde, Oliver; Jakubczyk, Uwe; Kappes, Bernd; Overwien, Bernd (Hg.): Mit Bildung die Welt verändern? Globales Lernen für eine nachhaltige Entwicklung. Opladen, S. 55–65.

Deutsche Stiftung Weltbevölkerung (Hg.) 2007: DSW-Datenreport: Soziale und demographische Daten zur Weltbevölkerung 2007.- Hannover.

Emde u.a. (Hg.) 2017: Mit Bildung die Welt verändern? Globales Lernen für eine nachhaltige Entwicklung. Opladen.

Forghani u.a. (Hg.) 2013: Global Education in Europe: Policy. Practice and Theoretical Challenges. Münster.

Greenpeace Deutschland 2017: Klimawandel, Migration und Vertreibung. Die unterschätze Katastrophe. Eine Studie der Universität Hamburg im Auftrag von Greenpeace. Hamburg.

Klafki, Wolfgang 2007: Neue Studien zur Bildungstheorie und Didaktik. Zeitgemäße Allgemeinbildung und kritisch-konstruktive Didaktik. Weinheim.

KMK/BMZ 2016: Orientierungsrahmen für den Lernbereich Globale Entwicklung im Rahmen einer Bildung für nachhaltige Entwicklung, Berlin.

Lang-Wojtasik, Gregor 2017: Rassismus. In: Lang-Wojtasik, Gregor; Klemm, Ulrich (Hg.): Handlexikon Globales Lernen, Ulm, S. 329–324.

Lessenich, Stephan 2016: Neben uns die Sintflut. Die Externalisierungsgesellschaft und ihr Preis. München.

Nationale Plattform Bildung für nachhaltige Entwicklung 2017 (c/o BMBF): Natioanler Aktionsplan Bildung für nachhaltige Entwicklung. Berlin, https://www.bne-portal.de/sites/default/files/downloads/publikationen/Nationaler_Aktionsplan_Bildung_f%C3%BCr_nachhaltige_Entwicklung_neu.pdf (Zugriff am 29.07.2019)

Overwien, Bernd 2014: Umweltbildung und Bildung für nachhaltige Entwicklung. In: Sander, Wolfgang (Hg.): Handbuch politische Bildung. Schwalbach.

Overwien, Bernd 2019a: Globales Lernen und Rassismuskritik. In: Hafeneger, Benno; Unkelbach, Katharina; Widmaier, Benedikt (Hg.): Rassismuskritische politische Bildung. Frankfurt/M., S. 195–204.

Overwien, Bernd 2019b: Umwelt, Klimawandel, Globalisierung – Angst in der politischen Bildung? In: Besand, Anja; Overwien, Bernd; Zorn, Peter 2019: Politische Bildung mit Gefühl. Bonn: BpB, S. 304–318.

Overwien, Bernd/Rathenow, Hanns-Fred 2009: Globales Lernen in Deutschland. In: Overwien, Bernd; Rathenow, Hans-Fred (Hg.): Globalisierung fordert politische Bildung. Opladen, S. 107–134.

Paech, Nico 2017: Von der trügerischen Weltrettungssymbolik zur Postwachstumsökonomie. In: Emde u.a. (Hg.): Mit Bildung die Welt verändern? Globales Lernen für eine nachhaltige Entwicklung. Opladen, S. 133–146.

Peters, Stefan/Burchardt, Hans-Jürgen 2017: Umwelt und Entwicklung in globaler Perspektive. In: Peters, Stefan; Burchardt, Hans-Jürgen: Umwelt und Entwicklung in globaler Perspektive. Ressourcen – Konflikte – Degrowth, Frankfurt/New York, S. 7–32.

Raupp, Judith 2008: Tödliche Tomaten und billige Hähnchen. Süddeutsche Zeitung vom 18.04.2008.

Seitz, Klaus 2002: Bildung in der Weltgesellschaft. Gesellschaftstheoretische Grundlagen Globalen Lernens, Frankfurt/M.: Brandes & Apsel.

Selby, David/Rathenow, Hanns-Fred 2003: Globales Lernen: Praxishandbuch für die Sekundarstufe I und II. Berlin.

Terkessidis, Mark 2010: Interkultur. Frankfurt.

WWF 2008: Paella – Gemischte Armutsplatte aus Übersee, In: WWF: Fisch in Teufels Küche – WWF-Bericht über die weniger schmackhaften Nebenwirkungen der Fischerei, Frankfurt/M., S. 12.

Ziai, Aram 2010: Zur Kritik des Entwicklungsdiskurses. In: APuZ, Heft 10, S. 28.

CLAUDIA LOHRENSCHEIT

Menschenrechte verteidigen: Perspektivwechsel für Solidarität und Inklusion

*„Das Leben in diesem Heim erinnert an ein Gefängnis, das keiner verlassen kann. Wir alle haben sehr viel Angst, hier zu leben. (…) Abends haben wir Angst, alleine ins Bad oder auf die Toilette zu gehen. Die Sozialarbeiter*innen im Heim trafen die Entscheidung, einen Zaun um das Heimgelände herum bauen zu lassen. Sie denken, damit wären unsere Probleme gelöst. Sie unternehmen alles, damit wir uns wegen unserer Probleme nicht beschweren, damit das Heim nicht geschlossen wird und sie ihre Arbeit nicht verlieren. Wir wollen, dass uns geholfen wird, von diesem schrecklichen Ort wegzuziehen. Wir brauchen eine menschenwürdige Unterbringung. (…) Wie können Menschen sich integrieren, wenn sie 24 Stunden am Tag im Wald sind? Wie kann man Deutsch lernen, wenn wir keine Deutschen zu Gesicht bekommen und nicht hören, wie sie sprechen? Wie kann man so unmenschlich und gefühllos zu Menschen sein? Warum wirst du als Mensch zweiter Klasse behandelt, wenn du aus einem anderen Land kommst?“*[1]

Dieser Ausschnitt aus einem offenen Brief von Bewohner*innen der Flüchtlingsunterkunft in Hohenleipisch, Brandenburg, zeigt exemplarisch, was auch unzählige andere Beispiele aktuell belegen: Wie kaum ein anderes Thema, verweist die gesellschaftliche Auseinandersetzung mit Flucht und Asyl auf klaffende Lücken beim Verständnis und beim Schutz der Menschenrechte. Dabei sprechen die Frauen gleich eine ganze Reihe von Rechten an, die ihnen verwehrt bleiben, wie das Recht auf Schutz vor Gewalt und ein Leben in Sicherheit, das Recht auf menschenwürdige Unterkunft oder das Recht auf gesellschaftliche Teilhabe und Mobilität. Sie fühlen sich als Menschen „zweiter Klasse“ behandelt, und analysieren exakt die doppelten Standards, die Menschenrechte teilen,

1 Aus der Gemeinschaftsunterkunft verschwand am 7. April 2019 die 32 Jahre alte Kenianerin Rita Ojunge, Mutter zweier Kinder, deren sterbliche Überreste erst zwei Monate später in der direkten Umgebung des Lagers gefunden wurden. Ihr Tod gab den ausschlaggebenden Anlass für den Offenen Brief der Bewohner*innen. Der vollständige Text kann nachgelesen werden bei Women in Exile (17. Juli 2019); siehe: https://www.women-in-exile.net/offener-brief-von-bewohnerinnen-der-fluechtlingsunterkunft-in-hohenleipisch/ (letzter Zugriff am 29.08.2019)

und nur denen vollumfänglich gewährleisten, die eine „Eintrittskarte" vorlegen können in Form eines gesicherten Aufenthaltsstatus oder – besser – der Anerkennung als Staatsbürger*innen. *Women in Exile*, eine feministische Selbstvertretungsorganisation geflüchteter Frauen, die diesen offenen Brief geteilt hat, setzt dagegen die „Utopie einer gerechten Gesellschaft ohne Ausgrenzung und Diskriminierung, mit gleichen Rechten für alle Menschen, egal, woher sie kommen und wohin sie gehen".[2] Diese Utopie steht auch im Zentrum des folgenden Artikels, der politische Bildung und Menschenrechtsbildung als wesentliche Elemente der Realisierung und Durchsetzung von Menschenrechten diskutiert – für Geflüchtete, für Alteingesessene und Neubürger*innen – und für alle Menschen. Dabei kommen drei Perspektiven zur Sprache: die Aufklärung über Menschenrechte, das Empowerment für geflüchtete Menschen und Neubürger*innen sowie die Entschiedenheit gegen *Othering* und Menschenfeindlichkeit und im Fazit – nicht zuletzt – die Lobbyarbeit für politische Bildung, Menschenrechtsbildung und Soziale Arbeit.

1. Aufklärung über Menschenrechte

Für das Leben und Lernen in pluralen, multikulturellen Migrationsgesellschaften kommt der Menschenrechtsbildung (MRB) aufgrund ihrer völkerrechtlichen Verankerung und ihres expliziten Rechtsbezugs eine zentrale Rolle zu. Menschenrechte sind zuerst universelle Rechte, sie stehen jedem Menschen unabhängig von Staatsangehörigkeit, sozialem Status, Geschlecht, Alter, Behinderung etc. allein aufgrund des Menschseins zu. Sie dienen als international gültige Rechtsnormen dazu, die politische Praxis der Staaten weltweit am Maßstab universeller Rechte zu messen. Auf ihrer Grundlage können Menschen überall auf der Welt ihre Rechte artikulieren und einfordern, auch wenn sie etwa keine Staatsbürgerschaft des Landes vorweisen, in dem sie leben oder aufgrund verschiedener Merkmale verfolgt oder diskriminiert werden (Lohrenscheit 2018)[3]. Menschenrechte sind weiterhin – und dies ist insbesondere für die politische Bildung relevant – nicht ‚a-kulturell', jedoch ‚über-kulturell', d.h. die Menschenrechte schützen nicht den partikularen Ausdruck einer bestimmten Kultur, sondern das Recht auf die freie Entfaltung der Persönlichkeit und die kulturelle

2 Women in Exile, Selbstverständnis (Über uns); siehe: https://www.women-in-exile.net/ueber-uns/ (29.8.2919)

3 Lohrenscheit, Claudia (2018): Menschenrechtsbildung; in: Gogolin, Ingrid. et al (Hrsg.): Handbuch Interkulturelle Pädagogik. Bad Heilbrunn, S. 247–250

Selbstbestimmung, solange diese nicht die Rechte anderer verletzt. Somit stehen die Menschenrechte an sich schon für die Freisetzung und den Ausdruck von kultureller Diversität und Pluralität. Diese emanzipatorische Ausrichtung der Menschenrechte (vgl. Bielefeldt 2007)[4] hat dabei immer auch ihre Durchsetzung gerade für benachteiligte gesellschaftliche Gruppen oder solche, die „aus der Norm fallen" im Blick. Die Durchsetzung ihrer Rechte gilt hier als Gradmesser für die tatsächliche Realisierung des Freiheits- und Gleichheitsanspruchs der Menschenrechte insgesamt. Beim Thema Flucht und Asyl meint dies sowohl die mangelnde Anerkennung und Durchsetzung der Menschenrechte der Geflüchteten, als auch das fehlende Bekenntnis zu Menschenwürde und Menschenrechten breiter gesellschaftlicher Gruppen, sei es in der Politik, in der Gesetzgebung, in Bildung und Sozialer Arbeit oder auch in den Familien und Nachbarschaften.

Aufklärung über Menschenrechte heißt in diesem Zusammenhang den Maßstab der Menschenrechte zu nutzen, um sowohl die rechtlichen Rahmenbedingungen wie auch die politische Praxis daran zu messen und zu beurteilen, so wie dies von den zahlreichen solidarischen Organisationen und Bewegungen für und mit Geflüchteten längst getan wird. Hier geht es schlichtweg darum zu informieren, aber auch zu skandalisieren über die unzähligen, gravierenden Menschenrechtsverletzungen die Menschen auf der Flucht erleiden – an den Grenzen der Festung Europas; auf den Schiffen der privaten Seenotretter*innen, denen die Häfen verschlossen bleiben; in rechtswidrigen Abschiebegefängnissen; in den Lagern auf den griechischen Inseln genauso wie in den euphemistisch Anker-Zentren genannten Lagern in Bayern und anderswo, wo Geflüchtete unter menschenunwürdigen Bedingungen verharren und in Angst und teils extremer Armut leben müssen. Politische Bildung und Menschenrechtsbildung können hier Verbündete und Katalysatoren sein, um ein differenziertes Bild zu schaffen und Gegeninformation zu liefern.

Aufklärung über Menschenrechte heißt weiterhin, auch die Brüche und Widersprüchlichkeiten in den Menschenrechten zu artikulieren, die bis heute ein *unvollendetes Menschheitsprojekt* sind. Dies wird gerade beim Recht auf Asyl deutlich, das ja nicht das Recht auf Gewährung eines Flüchtlingsstatus, sondern das Recht, um Asyl zu ersuchen beinhaltet, und dabei für die Anerkennung spezifische Verfolgungsgründe definiert (Verfolgung aufgrund von Rassismus, Religion, Nationalität, Zugehörigkeit zu einer bestimmten sozialen Gruppe oder der politischen Überzeugung), und andere nicht anerkennt (wie etwa Armut,

---

4 Bielefeldt, Heiner (2007): Menschenrechte in der Einwanderungsgesellschaft. Plädoyer für einen aufgeklärten Multikulturalismus. Bielefeld

Krankheit oder miserable Lebensbedingungen). Nichtsdestotrotz ist die Genfer Flüchtlingskonvention (GFK), die 2019 ihren 68. Geburtstag begeht, ein Meilenstein und setzt bis heute internationale Maßstäbe, um Schutzsuchende in Sicherheit zu bringen.[5] Sie definiert, wer ein Flüchtling ist, und daher internationalen Schutz beanspruchen kann; sie begründet, dass jedes Gesuch in einem fairen Verfahren geprüft werden muss, und sie begründet das Verbot der Rückweisung an der Grenze oder die Abschiebung in Länder, in denen das Leben und die Freiheit der Person bedroht ist (Non-Refoulement: Art. 33, GFK). Damit zählt sie zu den „hervorragendsten Errungenschaften des 20. Jahrhunderts" wie es Sadako Ogata (zit. nach Gatrell 2016; S. 25), die ehemalige UN-Hochkommissarin für Flüchtlinge formulierte, denn sie etabliert als Prinzip, dass die internationale Staatengemeinschaft *gemeinsam* die Verantwortung für Geflüchtete trägt, und hierfür solidarisch kooperieren soll. „Voraussetzung für die internationale Kooperation … ist das kollektive Handeln von Staaten. Bis eine angemessene und dauerhafte Lösung für sie gefunden ist, und Flüchtlinge aufhören, Flüchtlinge zu sein (…) –, ist es notwendig, sie entsprechend international anerkannter grundlegender Mindestanforderungen zu behandeln" (ebenda).[6] Solche Mindestanforderungen beinhalten die Anerkennung und Gewährleistung von Menschenrechten sowie der Verpflichtung zur Hilfeleistung, wobei aber „trotz internationaler Verträge in erster Linie weiterhin Staaten mit großen Ermessensspielräumen über die Aufnahme von Migrantinnen und Migranten und den Status jener entscheiden, die als schutzberechtigte Flüchtlinge anerkannt werden" (Oltmer 2016; S. 20).[7]

Die Genfer Flüchtlingskonvention bildet auch die Grundlage des europäischen Flüchtlingsrechts. Doch das europäische Asylsystem versagt, was vor allem an den EU-Außengrenzen und an der be- und verhinderten Seenotrettung deutlich wird. Die mangelnde europäische Solidarität genauso wie die unzähligen asylpolitischen Gesetzesänderungen in der Bundesrepublik Deutschland entziehen dem Menschenrecht auf Asyl Schritt für Schritt die Grundlagen. Eine Verschärfung jagt die nächste: allein im Jahr 2019 wurden acht Gesetze und

5 Der zunächst auf bestimmte europäische Länder begrenzte Wirkungsbereich der GFK wurde mit dem Protokoll über die Rechtsstellung der Flüchtlinge von 1967 international erweitert. Doch ein globaler Schutzraum für geflüchtete Menschen existiert bis heute nicht, denn nicht alle Staaten der Welt haben die GFK ratifiziert.

6 Gatrell, Peter (2016): 65 Jahre Genfer Flüchtlingskonvention. In: APuZ 66. Jahrgang · 26–27/2016 · 27. Juni 2016; S. 25–32

7 Oltmer, Jochen (2016): Kleine Globalgeschichte der Flucht im 20. Jahrhundert. In: APuZ 66. Jahrgang · 26–27/2016 · 27. Juni 2016; S. 18–25

Verordnungen im Rahmen des sog. Migrationspakets verabschiedet, welche die Rechte Geflüchteter weiter einschränken. Ein Fokus liegt dabei auf dem Abschiebegesetz („Geordnete-Rückführung-Gesetz"), welches härtere Regeln zur Durchsetzung von Abschiebungen vorsieht, u.a. auch die Inhaftierung in regulären Gefängnissen, ohne dass eine Evaluation bisheriger Regelungen erfolgt wäre. Diese Stereotypisierung und Kriminalisierung wirkt vielfach auf die Gesellschaft und ihre Institutionen zurück, wie es exemplarisch am Beispiel der Abschiebungshaft deutlich wird: Der Anwalt Peter Fahlbusch, der seit 2001 mehr als 1.700 Menschen in Abschiebungshaft vertreten hat, stellt massenhaften Rechtsbruch fest: „Über die ganzen Jahre hinweg waren nach den hier vorliegenden, rechtskräftigen Entscheidungen immer etwa 50 % der Haftentscheidungen rechtswidrig. Die Hälfte der Menschen, die ich vertreten habe, saß zu Unrecht in Haft: manche monatelang, manche „nur" einen Tag, im Durchschnitt jede*r knapp vier Wochen" (Pro Asyl 2019).[8] Doch dieser Justizskandal führt nicht etwa zu einer Überprüfung der Gesetzgebung und Praxis oder zu einem Moratorium, sondern wird weitestgehend ignoriert. Aufklärung über Menschenrechte muss deshalb auch Aufklärung über die Rechtsstaatlichkeit bedeuten, denn es geht auch darum, „wie wir unsere Verfassung leben", denn „wenn solche Einschränkungen erst einmal im System sind, dann wird das irgendwann auch andere Rechtsbereiche und Menschen betreffen, die sich das heute gar nicht vorstellen können. Dann sagt man zum Beispiel: Ein weiteres Rechtsmittel? Braucht es nicht, hat sich doch schon im Asylrecht bewährt. Auch deshalb müssen wir da ein Auge darauf haben, weil es uns irgendwann vielleicht selbst trifft" (ebenda).

2. Empowerment für geflüchtete Menschen und Neubürger*innen

Menschenrechtsbildung ist selbst ein Menschenrecht. Sie wird seit der Verabschiedung der Allgemeinen Erklärung der Menschenrechte der Vereinten Nationen (1948) durch alle zentralen internationalen Menschenrechtsverträge und ihre jeweiligen Überwachungsorgane stetig weiter entwickelt, und von den zuständigen Regierungsorganen der Staaten eingefordert. Hierbei nehmen die internationalen Fachausschüsse zu Menschen- und Kinderrechten, Gender-/Frauenrechten, Antirassismus, Behinderung und dem Schutz vor Folter etc. eine zen-

8 Peter Fahlbusch erhielt 2019 den Menschenrechtspreis von Pro Asyl. Interview mit Peter Fahlbusch: Rechtswidrige Abschiebungshaft: „Es geht um uns. Darum, wie wir unsere Verfassung leben" (27.06.2019); siehe: https://www.proasyl.de/hintergrund/rechtswidrige-abschiebungshaft-es-geht-um-uns-darum-wie-wir-unsere-verfassung-leben/ (letzter Zugriff am 30.08.2019)

trale Rolle ein. Ohne hier ins Detail gehen zu können, lässt die Vielfalt der über die Fachausschüsse angesprochenen Themen und Zielgruppen erkennen, welche unterschiedlichen Adressatengruppen und Lernerfordernisse zu beachten sind, neben dem Personal im Bildungsbereich z.B. auch diejenigen, die in den Heil- und Pflegeberufen, bei der Polizei oder im Strafvollzug tätig sind. Hierzu sollten zwingend auch alle Berufsgruppen gehören, die mit geflüchteten Menschen im Asylprozess, in den Unterkünften, in Bildungs- und Betreuungseinrichtungen etc. arbeiten oder für deren Schutz sorgen sollen (z.B. in Form von Wach- und Sicherheitsdienstleistungen). Die in dem Beispiel oben von den Bewohner*innen der Flüchtlingsunterkunft in Hohenleipisch, Brandenburg angesprochene mangelnde Unterstützung durch die Sozialarbeiter*innen zeigt deutlich das fehlende Verständnis für eine solidarische, menschenrechtsorientierte Praxis der Sozialen Arbeit und degradiert diese zum Erfüllungsgehilfen für staatliche Repression und Missachtung der Achtungs-, Schutz- und Gewährleistungspflichten gegenüber den Rechten der Geflüchteten. Nivedita Prasad (2018) kritisiert dieses Handeln als „mandatswidrig“ und setzt ihr das Mandat einer rassismuskritischen, professionellen und menschenrechtsorientierten Arbeit entgegen, dass auch der politischen Bildung gut zu Gesicht steht.[9] Dies gilt auch für die Aufgaben und Ziele der Sozialen Arbeit mit Geflüchteten, an denen sich auch politische Bildung und Menschenrechtsbildung orientieren können wie etwa die vollständige Anerkennung jeder Person, unabhängig von ihrem rechtlichen Status, die Realisierung der vollen und gleichen gesellschaftlichen Teilhabe, die Förderung von Beziehungen und die Verringerung sozialer Distanz zur Umgebung, die Förderung von Engagement und Vernetzung und nicht zuletzt die (selbst-)kritische Auseinandersetzung mit Rassismus, Diskriminierung und Machtverhältnissen auf allen Handlungsebenen (vgl. Positionspapier Soziale Arbeit mit Geflüchteten 2016; S. 5 f.).[10]

Menschenrechtsbildung ist darüber hinaus kein isoliert zu betrachtendes Recht, sondern interdependent verwoben mit allen anderen Rechten, wie sie z.B. in der Kinderrechtskonvention verankert sind (Kindeswohl, Diskriminierungsfreiheit, Recht auf Gehör/Teilhabe) oder in der Frauenrechtskonvention (z.B. das Recht auf sexuelle Selbstbestbestimmung, das Diskriminierungsverbot auf-

---

9 Prasad, Nivedita (Hrsg.): Soziale Arbeit mit Geflüchteten. Rassismuskritisch, Professionell, Menschenrechtsorientiert. (Opladen, Berlin, Toronto) 2018.

10 Initiative Hochschullehrender zur Sozialen Arbeit in Gemeinschaftsunterkünften (Hrsg.): Positionspapier Soziale Arbeit mit Geflüchteten in Gemeinschaftsunterkünften – professionelle Standards und sozialpolitische Basis (Berlin 2016); siehe: http://www.fluechtlings sozialarbeit.de/ (letzter Zugriff am 27.08.2019)

grund der geschlechtlichen Identität und der sexuellen Orientierung) oder in der Behindertenrechtskonvention (z.B. das Recht auf inklusive Bildung, Barrierefreiheit, assistierte Autonomie). Diese Perspektive ist auch deswegen wichtig, weil geflüchtete Menschen keine homogene oder geschlossene Gruppe sind, sondern sie sind zuallererst Kinder und Jugendliche oder Frauen und Männer oder Mütter und Väter, Freund*innen, Verwandte etc. – wie jeder andere Mensch auch. Etwa ein Drittel aller Geflüchteten in Deutschland sind laut UNICEF unter 18 Jahre alt; d.h. für sie müssen die Bestimmungen der UN-Kinderrechtskonvention gelten; auch der Anteil der Frauen unter den Geflüchteten steigt stetig und lag 2018 bei 42 Prozent[11] – hier muss die Frauenrechtskonvention zur Anwendung kommen; mit Blick auf Behinderungen oder Beeinträchtigungen gehen Schätzungen davon aus, dass etwa 15 Prozent aller Geflüchteten beeinträchtigt sind, eine Zahl, die vermutlich massiv ansteigt, wenn auch Traumatisierungen miteinbezogen werden.[12]

Neben einer an formale und völkerrechtliche Kriterien angelehnten Definition und Verankerung der Menschenrechtsbildung, muss die Perspektive um die zivilgesellschaftliche Dimension erweitert werden. Denn Menschenrechtsbildung ist weit mehr als eine pädagogische Disziplin oder Querschnittsaufgabe. Sie charakterisiert sich auch durch ihre starke Verbindung zu sozialen, politischen und emanzipatorischen Bewegungen. Wesentlich ist hier jedoch nicht die definitorische Klarheit oder Eindeutigkeit, sondern vielmehr wie Menschenrechtsbildung praktisch als Empowerment genutzt wird, um sich die eigenen Lebensverhältnisse machtvoll anzueignen und sie zu verbessern. In diesem Sinne existiert eine Praxis der Menschenrechtsbildung auch ohne formale oder völkerrechtliche Vorgaben überall dort, wo sich Menschen zusammenschließen und lernen, Unrechtserfahrungen zu artikulieren und sich für ihre Menschenrechte solidarisch mit anderen einzusetzen. So gelang es der großen Solidaritätsbewegung für Geflüchtete, die sich mit dem „Summer of Migration" (2015) entwickelte, über Jahre hinweg vielerorts Unterstützung und Beistand zu organisieren, gerade wo die staatlichen Strukturen versagten, und erfolgreich für soziale Inklusion und gegen die Diffamierung und Diskriminierung von Flüchtlingen zu streiten. Dabei wurde immer wieder auch kritisch auf die Gefahren des Paternalismus hingewiesen, und stattdessen die Selbstbestimmung der Geflüchteten in

11 Vgl. Phineo (Hrsg., 2018): Expertise. Geflüchtete Frauen in Deutschland stärken. (F)Empowerment.

12 Siehe: Monitoring-Stelle UN-Behindertenrechtskonvention (2018): Geflüchtete Menschen mit Behinderungen. Handlungsnotwendigkeiten für eine bedarfsgerechte Aufnahme in Deutschland. Berlin

den Mittelpunkt gestellt (vgl. Schmelz 2018).[13] Empowerment hat in diesem Zusammenhang nichts mit einem sozial-technischen Verständnis zu tun, und ist auch keine Methode, die in der politischen Bildung oder der Sozialen Arbeit zur Anwendung gebracht wird. Vielmehr geht es darum, solidarische Räume zu kreieren für und mit Neubürger*innen, die nicht mehr länger auf den Flüchtlingsstatus reduziert werden. Und es geht darum, auf den Menschenrechten zu beharren und sie zu verteidigen, denn andernfalls riskiert die Gesellschaft letztlich ihre eigenen Ansprüche auf Freiheit, Gleichheit und Achtung der Menschenwürde zu verlieren.

3. Entschieden gegen *Othering* und Menschenfeindlichkeit

Auf dem Rücken von Geflüchteten und Migrant*innen, und scheinbar als Reaktion auf gestiegene Flüchtlingszahlen, haben sich spätestens seit dem „Summer of Migration“ nationalistische, rechtsextreme und menschenfeindliche Positionen massive öffentliche Präsenz verschafft – bis hinein in die Parlamente. Dem voraus ging überdies eine über Jahrzehnte stabile rechtsextreme Szene, die – ignoriert von Strafverfolgungsbehörden und zum Teil unterstützt von Verfassungsschutzorgangen – in der NSU-Mordserie gipfelte. Rassismus und Menschenfeindlichkeit sind daher feste Bestandteile der deutschen Gesellschaft. Sie konstruieren das Bild des Fremden, des Anderen, schüren Ängste und Gewalt bis hin zum Mord. Dass diese Erkenntnis nicht neu ist, zeigt ein mehr als 50 Jahre alter Text von Theodor W. Adorno, der 2019 erstmals veröffentlicht wurde. Adorno hielt 1967 an der Wiener Universität einen Vortrag über „Aspekte des neuen Rechtsradikalismus“[14], in dem er begründet, dass die Voraussetzungen faschistischer Bewegungen nach wie vor bestehen. Dafür analysiert er ein ganzes Bündel von Bedingungen, die hier nicht im Detail diskutiert werden können, von denen aber viele bis heute ihre Gültigkeit nicht verloren haben wie etwa „eine immerwährende Angst der Deutschen, um ihre nationale Identität“, einen

---

13 Schmelz, Andrea (2018): (Un)Welcoming Refugee Politics in Germany: Challenges for Civil Society and Social Work; In: Schmelz, Andrea/Lohrenscheit, Claudia (Hrsg.): Together for Justice and Peace – International Social Work Education, Gender and the Global Goals for Sustainable Development. Oldenburg 2018

14 Adorno, Theodor W. (2019): Aspekte des neuen Rechtsradikalismus. Berlin. Wie der Historiker Peter Weiß im Nachwort erläutert, dienten Adornos Ausführungen u.a. dazu, dem österreichischem Auditorium den Aufstieg der 1964 gegründeten rechtsextremen NPD zu erklären, die nur vier Jahre später, 1968 bereits in sieben Landesparlamenten in Westdeutschland vertreten war.

„pathischen Nationalismus", der sich dadurch auszeichnet, dass er das Nationalbewusstsein überbewertet, an dass er gleichzeitig selbst nicht mehr recht glauben kann, und eine vor 50 Jahren noch eher verdeckt auftretende, heute offen antidemokratische, antisemitische (und zunehmend auch antimuslimische) Bewegung, von der viele paradoxerweise glauben, „mit dieser Bewegung, die die Freiheit abschaffen will, gleichsam wieder in den Besitz der Freiheit, der freien Entscheidungsmöglichkeit, der Spontanität zu gelangen" (Adorno 2019, S. 14f. und S. 40f.). Den Boden hierfür sieht er auch in den kapitalistischen Bedingungen: in der herrschenden Konzentration des Kapitals, das permanent Menschen hervorbringt, die sich bereits als „potentiell überflüssig", als potentiell Arbeitslose und „Deklassierte" sehen, und um ihre Privilegien fürchten.

Menschenrechte an dieser Stelle zu verteidigen, und für Solidarität und Inklusion zu streiten, heißt nicht zu moralisieren. Adorno sieht in seinem Essay einen der aussichtsreichen Ansatzpunkte, um Gegenwirkung und „Entgiftung" zu erreichen darin, die rechtsextreme Gesinnung, den autoritären Charakter selbst zum zentralen Problem zu machen, und die propagandistischen „Tricks" und die Lügen zu entlarven. Dabei glaubt er unermüdlich, und gegen die Resignation, an die Kraft der Vernunft (ebenda S. 52f.). Diesen Glauben teilt noch immer die Mehrheit der Gesellschaft wie Tausende es etwa bei den Demonstrationen der *Bewegung #Unteilbar* in Berlin 2018 bewiesen, und in Dresden 2019 oder bei der *Bewegung der Vielen*, die vor allem die Aktiven der Kunst- und Kulturschaffenden versammelt. Dafür braucht es dauerhaft eine starke Lobby für politische Bildung, Menschenrechtsbildung und Soziale Arbeit. Gerade jetzt, wo allerorts kulturelle Institutionen und die politische Bildung/Menschenrechtsbildung immer stärker „unter Beschuss" geraten, wenn etwa Meldeplattformen zur Denunziation von Lehrkräften eingerichtet werden[15] oder Theater und Kulturinstitutionen in ihrer freien Gestaltung bedroht sind –; gerade wenn die Grundwerte der politischen Bildung – wie etwa das Neutralitätsgebot – in ihr antidemokratisches Gegenteil verkehrt werden sollen, braucht es Solidarität und Verbündete, die sich gemeinsam organisieren, und das Bekenntnis zur politischen Bildung auch von der Politik einfordern. Dies darf nicht nur ein „Lippenbekenntnis" sein, sondern muss sich in konkreten Zahlen und Strukturen wiederfinden.

15 Klein, Susanne: KMK verurteilt „organisierte Denunziation" durch AfD. In: Süddeutsche Zeitung vom 12.10.2018; https://www.sueddeutsche.de/bildung/schule-kmk-verurteilt-organisierte-denunziation-durch-afd-1.4168151 (letzter Zugriff am 11.9.2019

THOMAS GILL

Inklusive politische Bildung in einer globalen Welt

Im Folgenden wird zunächst in groben Zügen ein menschenrechtlicher Begriff von Inklusion vorgestellt, danach ein menschenrechtlich fundierter Ansatz der inklusiven politischen Bildung vorgeschlagen und abschließen diskutiert, welche Bedeutung dieser für eine politische Bildung im Kontext von Flucht hat.

Die ab September 2015 bis Mitte 2016 andauernde deutlich erhöhte Zuwanderung von Geflüchteten und die damit verbundenen gesellschaftspolitischen Debatten und die zivilgesellschaftlichen Mobilisierungen stellen einen Bruch in der deutschen Nachkriegsgeschichte dar. Nicht weil der Umfang der Zuwanderung Deutschland vor ein grundlegendes Problem gestellt hat, sondern weil es nach September 2015 kein Zurück mehr bei der Erkenntnis gibt, dass wir in einer globalen Welt leben und dies erhebliche Auswirkungen auf Politik (siehe den Artikel von Peter Massing in diesem Band), Gesellschaft und unser alltägliches Zusammenleben hat. Wir sind gefordert, uns individuell und kollektiv auf neue Rahmenbedingungen unseres Zusammenlebens einzustellen. Dies stellt insbesondere pädagogische Handlungsfelder wie die politische Bildung vor neue Herausforderungen. Neben der Frage nach der Neugestaltung von gesellschaftlichen und politischen Strukturen und Prozessen stellt sich vor allem die Frage nach den individuellen Fähigkeiten und Kompetenzen, die wir benötigen, um diese Herausforderungen bewältigen zu können.

Die Katalysatorenwirkung des langen Sommers der Migration (siehe den Artikel von Sabine Achour in diesem Band) hat zugleich auch Ressourcen mobilisiert, die eine reale Chance bieten, diese Herausforderungen anzunehmen. Dies wird der politischen Bildung aber nur gelingen, wenn sie sich auch konzeptionell auf die globale Welt einstellt (siehe auch den Artikel von Bernd Overwien in diesem Band).

Ich habe bereits in der Vergangenheit den Vorschlag unterbreitet, dass die politische Bildung in dem Konzept der Inklusion einen solchen Ansatz finden kann (Gill 2017).

Das Spezifische des Inklusionsbegriffs für die politische Bildung liegt darin, dass dieser nicht ein weiteres sozialwissenschaftliches oder didaktisches Konzept darstellt, sondern vielmehr seine besondere Bedeutung der Herkunft aus dem internationalen Menschenrechtsdiskurs verdankt. Inklusion ist folglich auch im Kontext von politischer Bildung als menschenrechtlicher Begriff zu lesen. Dies hat weitreichende Konsequenzen, unter anderem, dass sich die politische Bildung mit den Ansätzen der Menschenrechte und der Menschenrechtsbildung auseinandersetzen muss (siehe den Artikel von Claudia Lohrenscheit in diesem Band).

Bisher hat sich die politische Bildung einem menschenrechtlichen Verständnis von Inklusion weitgehend verweigert (Gill, ebenda). Ein Grund dürfte darin liegen, dass es für die politische Bildung in Deutschland eher die Ausnahme darstellt, sich in einem internationalen Kontext zu verorten. Die singuläre Rolle, die die deutsche politische Bildung im internationalen Diskurs spielt, ist so gesehen Chance und Hemmnis zugleich. Chance, weil trotz aller Leerstellen, Unterausstattung und Versäumnissen die politische Bildung ein anerkanntes eigenständiges Handlungsfeld in Deutschland ist. Hemmnis, weil die Betonung der besonderen Rolle manchmal eben dazu führt, internationale Bezüge zu vernachlässigen.

1. Der menschenrechtliche Begriff der Inklusion

Der Begriff der Inklusion als Menschenrecht geht im Wesentlichen auf die im Jahr 2009 beschlossene UN-Behindertenrechtskonvention zurück, auch wenn die offizielle deutsche Übersetzung den Begriff noch immer nicht verwendet, weshalb im Folgenden auf eine frühe Version der Schattenübersetzung Bezug genommen wird (UN-BRK Schattenübersetzung). Zwei bereits in der Präambel der UN-BRK genannte Grundlagen sind für deren Verständnis zentral: 1. Die UN-BRK ist kein Sonderrecht für Behinderte, sondern eine Präzisierung der Menschenrechte aus der Perspektive von Menschen mit Behinderung. Diese Rechte gelten folglich für alle Menschen und können nur unter Einbezug der Betroffen umgesetzt werden („nicht ohne uns über uns", so der Leitspruch der Behindertenrechtsbewegung). Und 2. wird Behinderung als soziales Verhältnis verstanden – ich bin nicht behindert, sondern werde behindert. Im Mittelpunkt stehen folglich nicht individuelle „Abweichungen" von einer vorgegebenen Norm wie im deutschen Behindertenrecht, sondern die gesellschaftlichen Barrieren, die abgebaut werden sollen. Dementsprechend dekliniert die UN-BRK sämtliche Lebensbereiche durch und legt jeweils die Maßstäbe fest, „um die volle, wirksame, gleichberechtigte Teilhabe" (Schattenübersetzung) durchzusetzen. Es geht um Veränderungsprozesse, die in den jeweiligen gesellschaftlichen Feldern wie Arbeit, Bildung, Wohnen, Politik etc. umzusetzen sind.

Beate Rudolf, die Direktorin des Deutschen Instituts für Menschenrechte, hat herausgearbeitet, wie sich über die UN-Konventionen ein Menschenrecht auf Teilhabe entwickelt hat (Rudolf 2017). Dieses bezieht sich explizit auch auf ein Recht auf politische Teilhabe. Für die Vertragsstaaten bedeutet dies weitreichende Verpflichtungen: Sie müssen selbst dieses Recht achten, sie müssen vor der Verletzung durch Dritte schützen, sie müssen die Voraussetzungen wie z.B. Bildung gewährleisten und sie müssen besondere Maßnahmen zur Durchsetzung vornehmen. Die Bezeichnung „affirmative action" in den englischen Originaltexten trifft es besser als die in Deutschland gebräuchliche Bezeichnung der positiven Diskriminierung. Diese staatliche Verpflichtung ist umfassend zu verstehen, sie gilt zum Beispiel auch bezogen auf das Handeln von Lehrkräften im Unterricht oder auf zivilgesellschaftliche Akteure, die mit staatlicher Förderung Projekte durchführen.

Heiner Bielefeldt hat in einer ersten Interpretation des Innovativen Gehaltes der UN-BRK auf zwei wichtige menschenrechtliche Neuerungen hingewiesen (Bielefeldt 2009). Die englische Originalüberschrift von Artikel 19 macht es besonders deutlich: „Living independently and being included in the community", „individuelle Autonomie und soziale Inklusion gehören unauflöslich zusammen" (Bielefeldt 2009, S. 11). Dieses Konzept der „freiheitlichen Inklusion" (Bielefeldt, ebenda) geht auf die Kämpfe der Behindertenrechtsbewegung zurück, anerkannter Teil der Gemeinschaft zu sein, damit meine individuelle Würde anerkannt wird und damit meine individuelle Freiheit und Autonomie. Was aus der Sicht der Behindertenrechtsbewegung eine zentrale Forderung ist, die Eingang in die UN-BRK gefunden hat, entwickelt als allgemeines Menschenrecht eine erhebliche Wirkungsmacht. Nur wenn das Menschenrecht auf Teilhabe in allen Lebensbereichen umgesetzt wird, auch im Bereich der Politik, kann der Kern der Menschenrechte, die Anerkennung und Achtung der individuellen Würde, umgesetzt werden. Als Menschenrecht ist dies nicht nur ein moralischer Appell sondern geltendes Recht und staatliche Verpflichtung.

Erstmals, so Bielefeld, ist menschliche Vielfalt, Diversität, mit der UN-BRK menschenrechtlich anerkannt. Auch dieser Gedanke stammt von der Behindertenrechtsbewegung, die politisch nur Wirkungsmacht erlangen konnte, in dem sie die große Unterschiedlichkeit der Menschen, die mit Behinderung leben, gegenseitig anerkannt hat. Als menschenrechtliches Prinzip ist die Anerkennung von menschlicher Vielfalt als Norm sehr bedeutsam, da sie den ohnehin in den Menschenrechten angelegten Diskriminierungsschutz positiv wendet und eine aktive Anerkennung als Bereicherung menschlichen (Zusammen-)Lebens fordert.

Das breite Verständnis von Politik (Artikel 29) und Bildung (Artikel 24) der UN-BRK sind für die politische Bildung gut anschlussfähig. Politik bezieht sich nicht nur auf das politische System (Artikel 29, Absatz 1), sondern auch auf das Politische in allen gesellschaftlichen Bereichen (Artikel 29, Absatz 2). Bildung ist nach der UN-BRK eine zentrale Strategie zur Durchsetzung der Menschenrechte, so heißt es gleich zu Beginn des Artikels 24: „Die Vertragsstaaten (gewährleisten) ein inklusives Bildungssystem auf allen Ebenen und lebenslanges Lernen mit dem Ziel, die menschlichen Möglichkeiten sowie das Bewusstsein der Würde und das Selbstwertgefühl der Menschen voll zur Entfaltung zu bringen und die Achtung vor der Menschenrechten, den Grundfreiheiten und der menschlichen Vielfalt zu stärken" (Schattenübersetzung). Ergänzt wird diese ohnehin schon weitreichende Perspektive noch durch Artikel 8 „Bewusstseinsbildung". Dieser legt fest, dass in der gesamten Gesellschaft, in allen Lebensbereichen inklusive der Ebene der Familien, „die Achtung ihrer Rechte und ihrer Würde" gefördert werden sollen, und dass „Klischees, Vorurteile und schädliche Praktiken" „zu bekämpfen" (Schattenübersetzung) sind. Dies sind sehr weitreichende Forderungen, zumal dafür „sofortige, wirksame und geeignete Maßnahmen zu ergreifen" sind (Schattenübersetzung).

Inklusion als menschenrechtliches Konzept ist Zielbeschreibung und Prozess zugleich. Inklusion ist nicht ohne Reflexion der daraus entstehenden Widersprüchlichkeiten zu haben. Jürgen Habermas hat vorgeschlagen, die Menschenrechte als realistische Utopie zu verstehen, da sie nicht „die sozialutopischen Bilder eines kollektiven Glücks vorgaukeln, sondern das ideale Ziel einer gerechten Gesellschaft in der Institution der Verfassungsstaaten selbst verankern". Wobei allerdings mit „dieser überschießenden Idee der Gerechtigkeit eine Spannung in die politische und gesellschaftliche Realität einzieht" (Habermas 2010). Diese Spannung kann nicht aufgelöst werden, sondern muss politisch gestaltet und pädagogisch begleitet werden. Globale Weltgesellschaft ist eben kein Reich der Glückseligkeit, sondern ständige demokratische und menschenrechtliche Gestaltungsaufgabe, auf die Menschen unter anderem durch politische Bildung vorbereitet sein müssen.

2. Inklusive politische Bildung

Inklusive politische Bildung ist mehr als ein weiteres didaktisches Konzept. Inklusion als aktive Einbeziehung, als Menschenrecht auf Teilhabe und auf Abbau von Barrieren fordert von der politischen Bildung einen Paradigmenwechsel. Politische Bildung mit allen bedeutet nicht weniger als das Grundverständnis politischer Bildung und die Rahmensetzung ihrer Praxis kritisch zu durchleuchten und alle darin eingeschriebenen einstellungs-, struktur- und verhaltensbedingten Barrieren abzubauen. Die für andere Handlungsfelder wie Schule oder die kommunale Ebene entwickelten Indexe für Inklusion (Booth/Ainscow 2017, Montagstiftung) weisen dabei die Richtung: Es geht um grundlegende Organisationsentwicklungsprozesse, die Haltungen, Strukturen und Prozesse detailliert analysieren, um diese zu verändern.

David Jahr hat im Anschluss an Mai-Anh Boger drei mögliche konzeptionelle Perspektiven für eine inklusive politische Bildung herausgearbeitet (Jahr 2019). Für die bestehende politische Bildung konstatiert er, dass die Perspektive der Stärkung von Empowerment und Normalisierung leicht aufzugreifen ist. „Der Standpunkt entwirft eine genuin praktisch-politische Stoßrichtung. Boger bezeichnet die Räume der E-N-Perspektive als „Räume der politischen Bildung, die uns dazu erziehen, uns selbst als politische Wesen, als ‚Bürgerinnen und Bürger' zu erfahren" (Jahr 2019, S. 23). Dies ist anschlussfähig an einen Begriff politischer Mündigkeit, der dem Ziel „des Einbezugs in die gesellschaftliche Normalität der demokratischen Ordnung verbunden" (Jahr ebenda) ist. Die Perspektive der Dekonstruktion macht demgegenüber deutlich, dass die Gefahr groß ist, „Adressierungen, Etikettierungen und Kategorisierungen" in bester Empowermentabsicht zu reproduzieren. „Man entkommt der Dialektik nicht: Benennt man im Sinne von Empowerment und Normalisierung eine vulnerable Zielgruppe und Instrumente zur Erreichung ihrer Integration in eine gesellschaftliche Normalität kann genau diese Fokussierung zur gesellschaftlichen Exklusion jener Gruppe führen" (Jahr 2019, S. 25). Die Gegenposition lässt sich prägnant mit der Formel „Es ist normal, verschieden zu sein" (Boger zitiert nach Jahr, ebenda) zusammenfassen. Aus dieser Perspektive muss eine inklusive politische Bildung immer eine politische Bildung für alle in ihrer Unterschiedlichkeit sein. Einer inklusiven politischen Bildung ist damit die Erkenntnis eingeschrieben, eben nicht unreflektiert und unkritisch in Bestehendes integrieren zu wollen, sondern vielmehr auch die Kritik an strukturellen Barrieren in das eigene Konzept einzubeziehen. Eine wichtige Ergänzung ist es, anzuerkennen, „dass es völlig in Ordnung ist, nicht normal zu sein" (Boger zitiert nach Jahr, S. 27) und „dass es aus diskriminierungstheoretischer Sicht legitim sein kann, sich dieser Normalisierung zu verweigern" (ebenda). Für die politische Bildung hat dies zwei wichtige Konsequenzen: Erstens bleibt politische Mündigkeit dem Eigensinn der Menschen verbunden, politische Mündigkeit bedeutet demnach auch die Nicht-Beteiligung und die Nicht-Integration in bestehende politische Strukturen. Und zweitens können didaktische Konzepte nicht für andere, sondern nur mit diesen entwickelt werden. Die Frage, „welche besondere politische Bildung Menschen mit besonderen Bedürfnissen brauchen, um Chancen zu haben, am gemeinsamen politischen Lerngegenstand teilhaben zu können“ (Jahr 2019, S. 28), kann nur gemeinsam mit diesen beantwortet werden. Zugespitzt heißt dies, wir brauchen folglich nicht nur eine andere politische Bildung, sondern auch andere politische Bildner*innen, die andere Perspektiven in die politische Bildung einbringen (können). Letztendlich machen die Überlegungen von Jahr auch deutlich, dass eine widerspruchsfreie, inklusive politische Bildung nicht möglich ist. Sie unterliegt dem generellen Dilemma von Inklusion, Zielperspektive und Umsetzungsprozess zugleich zu sein.

Diese Herausforderung wird dadurch noch gesteigert, dass sich politische Bildung zugleich Erwartungshaltungen von außen ausgesetzt sieht, wie zum Beispiel die starke Betonung von Präventionsanforderungen, die den Ansprüchen einer inklusiven politischen Bildung zuwiderlaufen (siehe hierzu Achour/Gill 2019).

Die folgenden Abschnitte zu Haltung, Strukturen und Prozessen orientieren sich an dem Vorschlag des Indexes für Inklusion (Booth/Ainscow 2017), ohne diesen vollständig zu übernehmen. Anders als bei dem Index geht es nicht um die Überprüfung der eigenen Praxis, sondern um die konzeptionellen Grundlagen einer inklusiven politischen Bildung. Entwickelt wurden die Fragestellungen im Rahmen eines inklusiven Organisationsentwicklungsprozesses einer Bildungsstätte (siehe Gill 2014 und Reich 2014).

Haltung

In den Inklusionsdiskussionen wird immer schnell darauf verwiesen, dass es mit der Inklusion zu schwierig ist, weil diese so teuer sei. Ein wesentlicher Beitrag zur Inklusion kostet aber so gut wie kein Geld: Unsere Haltung im Prozess der Inklusion. Ich selbst als politischer Bildner bin herausgefordert, meine Haltung zu überprüfen, was damit beginnt, zu reflektieren, wie ich mit anderen Menschen interagiere. Haben alle die gleiche Chance, von mir Respekt und Wohlwollen entgegengebracht zu bekommen? Sind alle gleich willkommen und können sich auch willkommen fühlen? Lege ich mir Rechenschaft darüber ab, ob es mir nicht nur um Respekt und Willkommen, sondern auch um die Anerkennung der Würde des Anderen geht? Was meint dabei Würde, was Anerkennung? Inklusion ist so verstanden auch eine Aufforderung, über mein Menschenbild nachzudenken und im pädagogischen Kontext für mich zu klären, ob ich dazu in der Lage bin, den gegenüber nicht zum Objekt des Lernprozesses zu machen, sondern seinen Subjektstatus anzuerkennen. Welches ist dann aber meine Rolle im pädagogischen Prozess? Kann ich damit leben, nur Initiator und Begleiter eines Prozesses zu sein, der aber im Wesentlichen der Bildungsprozess des Lernenden ist?

Dies führt zu der Frage, inwieweit grundlegende Menschenrechte in den pädagogischen Beziehungen geachtet werden. Die Potsdamer Erziehungswissenschaftlerin Annedore Prengel kommt nach langjährigen Studien zu pädagogischen Interaktionen zu der Einschätzung, dass ein Viertel der Interaktionen als verletzend zu deuten sind, davon sechs Prozent als schwer verletzend (Prengel, 2016, S. 155). Sie betont, dass „das Gelingen Inklusiver Pädagogik (...) stark davon abhängig (ist), in welchem Maße es erreicht werden kann, (...) auch Lehrer-Schüler- und Schüler-Schüler-Interaktionen anerkennend zu gestalten" (Prengel, 2016, S. 159).

Oft ist in diesem Zusammenhang dann von einem Dialog auf Augenhöhe die Rede. Dies ist ein Missverständnis. Dialog meint gerade den Austausch zwischen zwei Ungleichen. Dialog muss folglich unter Berücksichtigung der Machtasymmetrien erfolgen. Das falsche Bild der Augenhöhe, meist von den Mächtigeren geäußert, macht die Machtasymmetrie unsichtbar. Den weniger Mächtigen wird so aber die Chance genommen, die Differenz zu thematisieren. Es würde statt der behaupteten Augenhöhe um einen fair geführten Dialog gehen, der die vorhandenen Machtasymmetrien berücksichtigt, thematisiert und da wo möglich, Strategien der Überwindung dieser diskutiert.

Pädagogische Institutionen sind darauf angewiesen, dass die dort handelnden Personen eine gemeinsame Philosophie der Inklusion entwickeln. Es reicht eben nicht, wenn einzelne Pädagoginnen und Pädagogen es zu ihrem persönlichen Anliegen machen. Gleichwohl ist die individuelle Verantwortung für das Gelingen von Inklusion zu reflektieren.

Viele der aufgeworfenen Fragen werden auch im Zusammenhang anderer pädagogischer Konzepte diskutiert und es wurden dabei didaktische Ansätze entwickelt, wie zum Beispiel in intersektionalen, antirassistischen, und Diversity-Konzepten. Der entscheidende Unterschied besteht darin, dass Inklusion und damit auch eine inklusive Pädagogik eine menschenrechtliche Verpflichtung ist. Es darf eben nicht von meinem guten Willen abhängen, ob ich als Pädagogin oder Pädagoge meine Machtposition reflektiere und mich um Anerkennung in pädagogischen Beziehungen bemühe. Mein Gegenüber hat ein Recht darauf.

Strukturen

Ein menschenrechtlicher Begriff von Inklusion bezieht sich jeweils auf verschiedene gesellschaftliche Teilbereiche. Dies gibt die Richtung für eine inklusive

Entwicklung vor. In den jeweiligen Teilbereichen sind bezogen auf die einzelnen Institutionen spezifische Organisationsentwicklungsprozesse zu implementieren. Alle Bereiche der Organisationen sind danach zu überprüfen, wie sie im Lichte des Anspruchs von Inklusion weiter zu entwickeln sind. Im Sinne von Organisationsentwicklungsprozessen ist Inklusion sowohl als Leitungsaufgabe als auch als buttom up-Prozess zu gestalten.

Zwei Grundprinzipien kommen bei der Weiterentwicklung von Strukturen zum Tragen. Zum einen ist es der Anspruch, bestehende Sonderstrukturen abzubauen und gleichzeitig Regelangebote zu verändern, bzw. nicht der Gefahr zu unterliegen, unter dem Label von Inklusion neue Sonderstrukturen entstehen zu lassen. Zweites Grundprinzip ist der Abbau von (Zugangs-)Barrieren, materielle ebenso wie solche durch Einstellungen und Verhaltensweisen geschaffene. Die angenommene Heterogenität der Menschen muss dabei zur Grundlage allen Handelns und aller Strukturen werden. Dies bedeutet für die einzelnen Institutionen die Durchführung eines Organisationsentwicklungsprozesses, der sämtliche Teilbereiche einer Organisation im Detail und in der Wechselwirkung betrachtet und unter dem Anspruch von Inklusion Veränderungsprozesse einleitet. Der OE-Prozess einer Bildungsstätte hat gezeigt, dass alle Teilbereiche relevant sind: Vom Leitbild über die internen Strukturen, die Gestaltung des Ankommens, das Personal, die räumliche Gestaltung, die didaktischen Konzepte, die Außenbeziehungen, der Rahmen der Bildungsarbeit wie z.B. Verpflegung, Freizeitbereich etc. Als Ergebnis eines zweijährigen Prozesses entstand in dem konkreten Beispiel ein Maßnahmenkatalog mit 120 Einzelaktivitäten, der ein Handlungsprogramm für 5–10 Jahren definiert. Mit dessen Umsetzung ist dann aber noch nicht Inklusion hergestellt, sondern nur das umgesetzt, was von den in den Jahren 2012–2014 handelnden Personen erkannt wurde (siehe die Artikel von Gill und Reich zu diesem Prozess in der JBS Kurt Löwenstein).

Gerade bei der Veränderung von Strukturen ist es wichtig, von einem breiten Verständnis von Heterogenität auszugehen, damit nicht der Abbau von Barrieren an der einen Stelle zur Verfestigung von Ausgrenzung an der anderen Stelle führt. Aus der Intersektionalitätsforschung wissen wir, dass die Verschränkung von verschiedenen Ausgrenzungsformen keine Addition ist, sondern auch zu neuen Formen der Diskriminierung und Ausgrenzung führen kann. Dies ist bei allen Schritten eines Organisationsentwicklungsprozesses jeweils mitzureflektieren.

Praxis

Inklusion heißt ganz wesentlich auch, sich selbst nicht – bewusst oder meist eher unbewusst – als Norm zu setzen. Dazu müssen die eigene machtvolle Position reflektiert-, die Rechte der Anderen anerkannt- und die pädagogischen Settings so gestaltet werden, dass die Bildner*innen selbst Teil des Lernprozesses werden.

Wenn wir die Wertschätzung von Unterschiedlichkeit als Bereicherung zum Ausgangspunkt der didaktischen Konzepte nehmen, wird die Anlage des Lernprozesses als gemeinsamer Prozess aller an ihm Beteiligten zum gemeinsamen Anliegen. Alle Beteiligten haben so die Chance, neue Erkenntnisse zu gewinnen, weil Menschen mit verschiedenen Erfahrungen und Sichtweisen Eigenes zum Lernprozess beitragen können.

Die Rolle der Bildner*innen verändert sich grundlegend, von der Vermittlung hin zur Lernbegleitung. Die Teilnehmenden an dem Lernprozess werden vom Objekt pädagogischer Bemühungen zum Subjekt ihres Lernprozesses. Im Prinzip geht es um eine konsequente Ausweitung von peer to peer-Ansätzen hin zu einem Verständnis von Lernen als gemeinsamer Prozess.

Dies setzt eine ganz andere Offenheit gegenüber dem Lernprozess voraus. Fehlerfreundlichkeit und gemeinsame Reflexion der Praxis müssen dieser inhärent sein. Daher ist die Implementierung von Inklusion in die Praxis der politischen Bildung auch ganz wesentlich als gemeinsamer „Such- und Lernprozess" aus der Praxis heraus zu begreifen.

Inklusion verweist auch auf inhaltlicher Ebene auf die Frage der Menschenrechte. Dies bedeutet, dass sich politische Bildung auch mit der Weiterentwicklung der Ansätze der Menschenrechtsbildung nach dem UN-Beschluss zur Menschenrechtsbildung im Jahr 2011 auseinandersetzen muss und daraus Anregungen ziehen kann (siehe auch den Artikel von Lohrenscheit in diesem Band).

2. Was heißt inklusive politische Bildung für den Kontext von Flucht

Laura Rind-Menzel hat sich als Erste der Frage gewidmet, welche Bedeutung die spezifische Sichtweise der inklusiven politischen Bildung im Kontext von Flucht hat, in dem sie erste, im Jahr 2015 veröffentlichte „Ankommensbroschüren" für Geflüchtete aus der Perspektive der Inklusion einer Kritik unterzogen hat (Rind-Menzel 2019, S. 131 ff). Die Ergebnisse, die sie präsentiert, sind zum Teil erschreckend. Sie stellt sich abschließend die Frage, was die Grundlagen einer „inklusiv orientierten Ankommenbroschüre" sein müssten und nennt dafür fünf Kriterien, die auch für eine inklusive politische Bildung im Kontext von Flucht generell Gültigkeit beanspruchen können:

1. Die direkte, freundliche, zugewandte, wertschätzende persönliche Ansprache.
2. Die Umkehrung des Blicks, d.h. nicht aus einer aufnehmenden Perspektive zu sprechen sondern die Bedürfnisse und Interessen der Ankommenden zum Ausgangspunkt zu nehmen.
3. Die Weitervermittlung an, bzw. die Einbeziehung von Menschen, die selbst über Fluchterfahrung verfügen, um so die Dichotomie von „wir" und „ihr" zumindest punktuell zu durchbrechen.
4. Keine falsche Homogenisierung der Aufnahmegesellschaft zu betreiben, sondern stattdessen auch Werte, Gepflogenheiten und Regeln so kontrovers dazustellen wie sie es in der gesellschaftlichen Realität auch sind.
5. „Bewusstsein dafür schaffen, dass die eigene Sichtweise nur eine von Vielen ist" (Rind-Menzel, S. 145).

Diese Liste sollte noch um einige weitere wichtige Kriterien ergänzt werden. Die Angebote müssen nicht für, sondern mit Menschen mit Fluchterfahrung entwickelt werden. Sie sind gleichberechtigte (Ko-)Produzent*innen im Bildungsprozess – unter Anerkennung der Unterschiede. Dies gilt aber nur für Angebote, die aus guten Gründen explizit für Menschen mit Fluchterfahrung sinnvoll sind. Generell sollten Angebote der politischen Bildung so im Alltagskontext verankert werden, dass sie für alle offen sind. Dies setzt die Reflexion der Wechselwirkung zwischen Aufnahmegesellschaft und Menschen mit Fluchterfahrung voraus. Dementsprechend kann es auch sinnvoll sein, spezielle Angebote explizit für die Aufnahmegesellschaft zu konzipieren. Angebote für vielfältige Gruppen bieten die Chance, dass sich aus ihnen vielfältige neue Perspektiven entwickeln können. Politische Bildung in den Lebenswelten zu verankern, bedeutet die Umkehrung der Vermittlungsrichtung, weg von Komm-Strukturen und hin zu Ansätzen einer „aufsuchenden politischen Bildung" (siehe auch Gill/Witzel 2019).

Eine politische Bildung im Kontext von Flucht, muss Geflüchtete immer als politische Subjekte und Rechtsträger anerkennen. Diese verfügen über eigene Werthaltungen, oft auch über politische Erfahrung in ihren Herkunftsländern und insbesondere aufgrund ihrer besonderen Lage über spezifische Interessen. Eine politische Bildung, die dies nicht anerkennt, steht in Gefahr, indoktrinierend zu wirken. Geflüchtete als politische Subjekte anzuerkennen, hat nicht nur Auswirkungen auf die pädagogische Situation selbst, sondern auch auf deren Rahmen. Die Zuwanderung von Geflüchteten hat nach 2015 zu einer Beschleunigung gesellschaftlicher Prozesse geführt. Auch das Verhältnis von horizontaler (Modus: Ausgrenzung) zu vertikaler (Modus: Ausbeutung) Ungleichheit, d.h. Fragen von Gleichheit und Differenz, sind in Bewegung geraten. Parallel hat sich eine neue Debatte über Allianzen und verbindende Solidarität entwickelt, in die sich auch die politische Bildung einordnen muss. Ein erster Schritt kann eine veränderte Sicht auf problematische Einstellungen und Verhaltensweisen darstellen. Eine gemeinsame Perspektive ergibt sich dann, wenn diese nicht als individuelles Defizit verstanden werden, sondern als Barriere für die gemeinsame Entwicklung aller.

In den Grenzbereich von Demokratie und Menschenrechte gerät politische Bildung, wenn sie konsequent das Menschenrecht auf politische Teilhabe als Auftrag einer inklusiven politischen Bildung im Kontext von Flucht begreift. Die Anerkennung als gleiche und freie Rechtssubjekte als Voraussetzung für eine freiheitliche Gesellschaftsordnung wird durch Staatsbürgerschaft eingeschränkt. Die Formel Hannah Ahrends, „das Recht Rechte zu haben", verweist auf eine Perspektive, die Migration als Normalfall betrachtet, den Menschenrechten eine politisch-kritische Funktion zuspricht, Demokratie als unabgegoltenes Projekt begreift und sich auf die Suche nach neuen Formen der Solidarität begibt. „Bei solidarischen Beziehungen geht es nicht darum autonome Individuen oder Kollektive aufrechtzuerhalten, sondern aus der Relation unterschiedlicher Perspektiven und Positionen neue Räume der Freiheit zu schaffen, in denen Erfahrungen und Visionen artikuliert, Grenzen markiert und wieder aufgehoben sowie politische und juridische Ziele gesetzt werden können" (Maffeis, 2019, S. 38).

Eine inklusive politische Bildung thematisiert gerade auch im Kontext von Flucht die offenen Fragen der politischen Bildung. Dies macht diese sicher nicht unbedingt einfacher, aber vielleicht weniger paternalistisch und ausgrenzend und dichter dran an den aktuellen spannenden politischen Debatten über die Zukunft von Menschenrechten und Demokratie.

Literatur

Achour, Sabine/Gill, Thomas 2019: „Liebe Teilnehmende, liebe Gefährderinnen und Gefährder, Extremismusprävention als politische Bildung?". In: Journal für politische Bildung Nr. 2 (2019).

Bielefeldt, Heiner 2009: Zum Innovationspotenzial der UN-Behindertenrechtskonvention, www.institut-fuer-menschenrechte.de/fileadmin/user_upload/Publikationen/Essay/essay_zum_innovationspotenzial_der_un_behindertenrechtskonvention_auflage3.pdf (Zugriff am 14.01.17).

Booth, Tony/Ainscow, Mel 2017: Index für Inklusion. Ein Leitfaden für Schulentwicklung, Basel.

Gill, Thomas 2014: Inklusion in der außerschulischen politischen Jugendbildung. Ein Werkstattbericht. In: Journal für politische Bildung Nr. 3 (2014).

Gill, Thomas 2017: Inklusion als Menschenrecht und deren Bedeutung für die politische Bildung. In: Achour, Sabine/Gill, Thomas (Hg.): Was politische Bildung alles sein kann. Einführung in die politische Bildung, Schwalbach/Ts., S. 21–33.

Gill, Thomas/Witzel, Anja: Politik? Nicht ohne mich! Politische Teilhabe als Menschenrecht. In: Badel, Steffi/Schüle, Lea Melina (Hg.): Arbeitsplatzorientierte Grundbildung in der Pflegehilfe. Erfahrungen und Erkenntnisse aus Forschung und Praxis, Bielefeld, S. 145–154.

Habermas, Jürgen 2010: Das Konzept der Menschenwürde und die realistische Utopie der Menschenrechte. In: Deutsche Zeitschrift für Philosophie, Band 58, Heft 3, S. 343–358 (2010).

Jahr, David 2019: Zur (Re-)Politisierung der Inklusiionstheorie. Umgang mit unausweichlichen Widersprüchen in der inklusiven politischen Bildung. In: Hölzel, Tina/Jahr, David (Hg.): Konturen einer inklusiven politischen Bildung. Konzeptionelle und empirische Zugänge, Wiesbaden, S. 17–33.

Maffeis, Stefania 2019: Migration als Menschenrecht? Theoretische und Politische Debatten in Europa, https://www.rosalux.de/fileadmin/rls_uploads/pdfs/Analysen/Analysen56_Migration_als_Menschenrecht_2teAufl.pdf (Zugriff am 15.04.2020).

Montag Stiftung Jugend und Gesellschaft (Hg.) kein Jahrgang: Arbeitsbuch – Kommunaler Index für Inklusion, https://www.kmk-pad.org/fileadmin/Dateien/download/VERANSTAL TUNGSDOKU/Inklusion2012/KommunenundInklusion_Arbeitsbuch_web.pdf (Zugriff am 12.01.2020).

Prengel, Annedore 2016: Pädagogische Beziehungen im Lichte der Kinderrechte. In: Krappmann, Lothar/Petry Christian (Hg.): Worauf Kinder und Jugendliche ein Recht haben. Kinderrechte, Demokratie und Schule: Ein Manifest, Schwalbach, S. 149–161.

Reich, Christine 2015: Qualitätsprozess Inklusion in der Jugendbildungsstätte Kurt Löwenstein. In: Außerschulische Bildung Nr. 1, S. 34–36 (2015).

Rind-Menzel, Laura 2019: Zur Darstellung und Ansprache von zugewanderten Menschen in Ankommensbroschüren. In: Hölzel, Tina/Jahr, David (Hg.): Konturen einer inklusiven politischen Bildung. Konzeptionelle und empirische Zugänge, Wiesbaden, S. 131–147.

Rudolf, Beate 2017: Teilhabe als Menschenrecht – eine grundlegende Betrachtung. In: Diehl, Elke (Hg.): Teilhabe für alle?! Lebensrealitäten zwischen Diskriminierung und Partizipation, Bonn, S. 13–42.

UN-Behindertenrechtskonvention: Schattenübersetzung, https://www.behindertenrechtskonvention.info/schattenuebersetzung-3678/ (Zugriff am 22.05.2018).

REBECCA ARBTER, INA BIELENBERG

Vom „für" zum „mit"

Ein Blick auf die außerschulische politische Bildung mit geflüchteten Menschen

Die Veränderungen, die das Jahr 2015 nach sich gezogen hat, haben ihre Spuren auch in der non-formalen politischen Bildung hinterlassen. Welche Entwicklungen sich hinsichtlich Themen und Inhalten, Trägerstruktur und Förderpolitik rückblickend nachvollziehen lassen und welche davon sich etabliert haben, zeichnet dieser Beitrag nach, ohne dabei einen Anspruch auf Vollständigkeit zu erheben.

Die Anfänge

Die Bilder aus dem Sommer 2015 haben das kollektive Gedächtnis geprägt: Kleine Kinder und Jugendliche, Männer und Frauen, ganze Familien fliehen aus Syrien und anderen Ländern und suchen in Deutschland Schutz und Hilfe. Nach der Ankunft der Menschen stand deren Erstversorgung im Vordergrund. Dringend und rasch mussten Unterkunftsmöglichkeiten gefunden werden. Idealerweise boten sich dafür Einrichtungen an, die bereits über eine Infrastruktur für Übernachtung und Verpflegung verfügten und diese nicht erst mühsam aufbauen mussten. Für unbegleitete minderjährige Geflüchtete wurde die Bildungsstätte, wie zum Beispiel Haus Neuland in Bielefeld oder das LidiceHaus in Bremen, die erste vorübergehende Heimstatt.

Andere Einrichtungen und Träger der politischen Bildung wiederum befanden sich in unmittelbarer Nachbarschaft von neu eingerichteten Unterkünften der Flüchtlingshilfe. Durch die räumliche Nähe entstand schnell ein direkter Kontakt. Als Träger der politischen Bildung Angebote für diese Zielgruppe zu schaffen war daher eine logische Konsequenz. Zusätzlich wurde die Motivation, sich im Ankommensprozess zu engagieren, auch von dem Wunsch getragen, als Träger von Bildung und Jugendarbeit einen Beitrag zur Integration geflüchteter Menschen in Deutschland zu leisten. Diese Motivation drückte sich Anfang 2016 auch in einer beeindruckenden Zahl aus: Ende 2015 schrieb die Bundeszentrale für politische Bildung (bpb) ein Sonderprogramm zum Themenschwerpunkt „Flucht und Geflüchtete“ aus. Über 650 Anträge gingen daraufhin bei der bpb ein und machten Sonderschichten der zuständigen Fachabteilung notwendig. Gefördert werden konnten aufgrund der begrenzten Finanzmittel leider nur ein Bruchteil der Vorhaben, die sichtbar gewordene Bereitschaft zum Engagement auf Seiten der Träger war jedoch beeindruckend (vgl. bpb 2016).

Darüber hinaus traten Träger der Flüchtlingshilfe und kommunale Verwaltungen auf der Suche nach Angeboten für Geflüchtete an die Träger außerschulischer politischer Bildung heran. Bereits bestehende und etablierte Kooperationen und gute Erfahrungen in der Zusammenarbeit spielten dabei häufig eine wichtige Rolle. Zu dieser Zeit begannen viele politische Bildner*innen sich auch privat in der Flüchtlingshilfe zu engagieren, so dass auch über diesen Weg Bedarfe für Angebote deutlich wurden und Kontakte geknüpft werden konnten.

Es kann rückblickend nur eingeschränkt von einer systematischen und durch Förderprogramme angestoßenen Entwicklung von Angeboten der außerschulischen politischen Bildung für Geflüchtete gesprochen werden. Die meisten Seminare, Projekte und Maßnahmen wurden zunächst entlang von lokalen Bedarfen entwickelt. Größere Modellprojekte der politischen Bildung begannen erst nach dem „Sommer der Migration“ mit der Verfügbarkeit entsprechend langfristiger und gut ausgestatteter Förderprogramme. Das Bundesprogramm „Demokratie leben!“ erweiterte beispielsweise ab 2017 seinen Förderbereich „Zusammenleben in der Einwanderungsgesellschaft“ um die Aspekte des Empowerments zur demokratischen Teilhabe und die Konfliktbearbeitung in der Einwanderungsgesellschaft (vgl. Demokratie Leben 2017).

Politische Bildung für Geflüchtete: Formate, Inhalte, Zielgruppenerreichung

In die eingangs beschriebene hohe Motivation der Träger mischte sich zumindest in der Anfangszeit auch Unsicherheit. Viele Akteure in den Einrichtungen der politischen Bildung waren gerne bereit, Angebote zu konzipieren, wussten aber nicht so recht, wie und was sie anbieten sollten. Für den Arbeitskreis deutscher Bildungsstätten, ein bundeszentraler Träger politischer Bildung, war dies z.B. Anlass, sich mit dem Informations- und Dokumentationszentrum für Antirassismusarbeit einen neuen Kooperationspartner zu suchen, um mit der so gebündelten Kompetenz entsprechende Fortbildungsangebote anzubieten.

Zwischen 2015 und 2017 waren viele der Angebote, die Träger der non-formalen politischen Bildung für die Zielgruppe Geflüchtete konzipierten, Formate der Begegnung, der gemeinsamen Freizeitgestaltung, des Sprachlernens oder

der Wissensvermittlung. Neben alltagspragmatischen Fragestellungen zum Leben in Deutschland standen auch Fragen rund um das Asylverfahren, um das Bleiberecht oder das Arbeitsrecht im Mittelpunkt. Hier hatten Formate teilweise Beratungscharakter und wurden daher häufig zusammen mit Expert*innen aus der Flüchtlingshilfe, der Rechts- oder Sozialberatung umgesetzt. Diese neu entwickelten Angebote deckten so teilweise auch Bedarfe, die aufgrund einer an manchen Orten temporär bestehenden „Verwaltungs- und Infrastrukturkrise" nicht mehr durch bereits bestehende Strukturen und Träger geleistet werden konnten (vgl. bpb 2015).

Parallel zu diesen Angeboten fanden aber auch erste Formate mit dem Fokus auf Teilhabe, Demokratiekompetenz und Selbstwirksamkeitserfahrung statt. Einige Träger der politischen Bildung konnten dabei auf ihre Erfahrungen aus vergangenen Phasen mit hoher Fluchtmigration wie z.B. in den 1990er Jahren als Folge der Jugoslawienkriege zurückgreifen. Als hilfreich und nutzbar erwiesen sich zudem Erfahrungen in der internationalen und interkulturellen Bildungsarbeit. Darüber hinaus ist die Arbeit mit diversen und vermeintlich schwer erreichbaren Zielgruppen ohnehin ein Schwerpunkt vieler Träger. Insbesondere in der Jugendbildung in städtischen Kontexten sind heterogene Gruppen von Jugendlichen mit und ohne Migrationshintergrund die Normalität. Sich auf Gruppen diverser Teilnehmer*innen einzustellen und sich ihren Bedürfnissen anzupassen, ist eine der Schlüsselkompetenzen der außerschulischen politischen Bildung (vgl. Toyka-Seid 2017). Diese wurde auch bei der Arbeit mit Geflüchteten genutzt, erforderte in der Umsetzung teilweise aber eine noch höhere Flexibilität als in der Regelarbeit aufgrund der hohen Fluktuation der Teilnehmenden, der notwendig längeren Phasen des Vertrauensaufbaus, der Sprachbarrieren, etc.

Waren die Geflüchteten nicht in der Bildungsstätte selbst untergebracht, war die aufsuchende Arbeit in den Unterkünften die wichtigste Voraussetzung für eine erfolgreiche Bildungsarbeit. Schnell stellte sich dabei aber heraus, dass die politischen Bildner*innen mit Herausforderungen und Bedürfnissen wie der Bitte um Unterstützung beim Antragsverfahren, Fragen nach Beratungsangeboten und Arbeitsvermittlung sowie Ängsten, Traumatisierungen und einem hohen Grad an Unsicherheit konfrontiert wurden, die ihre professionellen Kompetenzen überstiegen. Zugleich wurde deutlich, dass das Wissen um rechtliche Rahmenbedingungen (Welche Rechte und Pflichten haben Asylbewerber*innen? Was ist Residenzpflicht? Wer darf an Exkursionen teilnehmen?) für eine gelingende Bildungsarbeit wichtig waren, um geeignete Angebote zu konzipieren. Die Träger selbst entwickelten hierfür, teils in Zusammenarbeit mit Flüchtlingsräten und anderen Expert*innen, Qualifizierungsangebote, an denen auch ehrenamtliche Flüchtlingshelfer*innen und Sozialarbeiter*innen teilnahmen.

Eine weitere große Hürde für die Umsetzung von Angeboten der außerschulischen Bildung waren die fehlenden Sprachkenntnisse der Teilnehmer*innen. Wie kann gemeinsam ein Bildungsprozess in Gang gesetzt werden, wenn weder Deutsch- noch Englischkenntnisse als gemeinsame Basis gegeben sind, sondern gleich mehrere verschiedene Sprachen und Dialekte im Seminar versammelt sind? Viele Akteur*innen der politischen Bildung entwickelten Zugänge über kreative Methoden aus den Bereichen Theaterpädagogik, Medienpädagogik, Spiel und Gestaltung. Diese Methoden eigneten sich in besonderer Weise für die Ansprache geflüchteter Menschen, da sie auf Kreativität und Gestaltung setzten, den ganzen Menschen ansprachen und damit gerade für Personen mit geringen Sprachkenntnissen geeignet waren. Im Laufe der Zeit dann waren zunehmend Geflüchtete mit Deutschkenntnissen in den Angeboten anwesend, so dass sich diese Herausforderung nach und nach verringerte, auch wenn sie bis heute bei der Konzeption neuer Angebote nicht völlig zu ignorieren ist.

Perspektivwechsel: vom „für" zum „mit"

Für die erfolgreiche Umsetzung von Angeboten der politischen Bildung waren Phasen des gemeinsamen Kennenlernens und des Vertrauensaufbaus unerlässlich. Diese dauerten häufig länger als in der Arbeit mit anderen Zielgruppen. Vor dem Hintergrund der häufig prekären Ausnahmesituation, in der sich Geflüchtete bei ihrer Ankunft im Aufnahmeland befinden, ist dies wenig verwunderlich. Das Konzept des Besuches von außerschulischen Lernorten und Bildungsstätten musste oft erst vermittelt und dann von den Teilnehmenden selbst erlebt werden, um diesem etwas abgewinnen- und es als sinnhaft und bereichernd erfahren zu können. Häufig zeigte sich nach erster Skepsis jedoch eine hohe Motivation und Interesse der Teilnehmenden. Angebote zur Freizeitgestaltung und Begegnung bildeten so den Einstieg für die inhaltliche Weiterentwicklung von Maßnahmen. Die Konzeption von Ferienfreizeiten und Wochenenden folgte zumeist nachdem schon Vertrauen aufgebaut wurde und das inhaltliche Arbeiten sukzessive an Relevanz gewinnen konnte.

Entsprechend eines teilnehmendenorientierten und bedarfsgerechten Vorgehens wurde früh begonnen, Teilnehmende als Sprachmittler*innen und Co-Teamende einzusetzen. Hier zeigte sich, dass Formate der Peer-Education, die häufig aus der Not geboren waren, für Zugang und Vertrauensaufbau zugleich wichtig und erfolgreich waren. Einher gingen mit diesen ersten Erfahrungen aber auch Fragen nach möglicher Entlohnung von hospitierenden und co-teamenden Geflüchteten, die noch im Asylverfahren waren oder Sozialleistungen bezogen. Als Reaktion hierauf wurden Handreichungen erarbeitet, die zu verschiedenen Punkten in der Arbeit im Feld Hilfestellungen gaben. Darin werden u.a. Fragen zur Entlohnung und der Residenzpflicht beantwortet (vgl. DBJR 2015; Landesjugendring NRW 2017).

Nach und nach wurden auch Angebote zur Qualifizierung von vor allem jungen Geflüchteten zu Gruppenleiter*innen (Juleica) und Teamer*innen der politischen Bildung aufgebaut, so z.B. in der Europäischen Jugendbildungs- und Jugendbegegnungsstätte Weimar, durch die Friedrich-Ebert-Stiftung oder im Modellprojekt „Empowered by Democracy“ eines Trägerverbundes auf Bundesebene. Aufbau und Inhalte der Qualifikationen waren dabei sehr verschieden, ebenso die Herangehensweise bei der Konzeption und Umsetzung. Sie reichten von „fertigen“ Qualifizierungsangeboten für Geflüchtete über die gemeinsame Entwicklung von Fortbildungen bis hin zum Einbezug und zur Weiterbildung des gesamten (nicht nur pädagogischen) Personals von Trägern zum Thema Flucht. Das Bemühen der Träger war groß, Teilhabe möglichst von Beginn an umzusetzen. Ehrlicherweise muss man sagen, dass dies nicht immer gelungen ist, auch wenn der Anspruch und der Wille vorhanden waren.

Die gemeinsame Konzeption von Angeboten war auch mit einem Lernprozess für die Träger verbunden und schuf eine hohe Sensibilität, die half, mögliche Fallstricke zu vermeiden: Wie werden mehr Frauen erreicht? Was sollte hinsichtlich Essensauswahl und Gebetszeiten beachtet werden? Wie unterschieden sich Bildungssysteme und Funktionen einzelner staatlicher Stellen im Herkunftsland und in Deutschland? Wie vermittelt man die Idee von politischer Bildung?

Weiterhin ist bis heute die Fluktuation der Teilnehmenden eine Herausforderung für die Umsetzung von Angeboten der politischen Bildung. Zu Beginn war es Teilnehmenden häufig aufgrund von Terminen in Behörden und familiären Verpflichtungen oder Traumatisierungen und ihren Folgen nicht möglich, in mehrtägigen Angeboten vollumfänglich präsent zu sein. Später stellten Sprach- und Integrationskurse sowie Lohnarbeit die größten Herausforderungen für ganz- und mehrtägige Teilnahme dar. In den angebotenen Formaten musste daher flexibel auf die schwankende Teilnehmendenzahl reagiert werden. Fortwährend bleibt auch das Dilemma, dass aufgrund von eingeschränkten Bürgerrechten (kein Wahlrecht, Residenzpflicht) und gesellschaftlicher Machthierarchien eine umfassende Teilhabe von- und Austausch mit Geflüchteten auf Augenhöhe kaum möglich sind (vgl. Wrasse 2018).

Strukturelle Weiterentwicklung

Zeitgleich mit dem Bestreben der Träger wurden in relativ kurzer Zeit neue Förderangebote geschaffen, die zumindest teilweise niedrigschwellig zugänglich waren und Gelder für kurzfristig geplante Angebote bereitstellten. Mehrjährige Modellprojektförderungen führten dazu, dass eine Vielzahl unterschiedlicher und längerfristig angelegter Angebote für und mit jungen Geflüchteten erprobt werden konnten. Diese Fördermittel hatten insbesondere auch zum Ziel, Angebote zu fördern, die durch oder unter Beteiligung von Migrant*innen- und Geflüchtetenselbstorganisationen umgesetzt wurden. Die explizite Nennung dieser Organisationen und ihre Einbeziehung als ein Förderkriterium für ein erfolgreiches Projekt markieren auch auf Seiten der Fördergeber ein Umdenken. Die Zielformulierung „Empowerment von Neuzugewanderten“ und „interkulturelle Öffnung von Organisationen“ finden sich seither in den meisten Ausschreibungen wieder.

In diesem „Sommer der Migration“ gründeten sich, auch dank finanzieller Förderung, neue Träger und Initiativen, und Migrant*innenorganisationen, die bereits länger bestanden, rückten in den Fokus der Aufmerksamkeit und wurden zu begehrten Kooperationspartnern. Als Mittler von Sprache und Kultur waren sie für die Umsetzung von Bildungsangeboten, aber auch in der Flüchtlingshilfe und im Ehrenamt sehr gefragt. Die überwiegend ehrenamtlichen Strukturen dieser Organisationen waren oft kaum bis gar nicht in der Lage, dem Ansturm an Anfragen gerecht zu werden. Nach und nach führten die Zusammenarbeit und der Zugang zu Fördermitteln jedoch auch zur Stabilisierung und Professionalisierung von Strukturen. Auch die Dachverbände *Bundesverband Netzwerke von Migrantenorganisationen e. V.* (NeMO) und die *Neuen Deutschen Organisationen* (NDO) konnten ihre Strukturen weiter auf- und ausbauen und mit hauptamtlichem Personal verstetigen. Im Rahmen von „Demokratie leben!“ förderte das BMFSFJ ab 2015 z.B. ein Vorhaben der *Türkischen Gemeinde in Deutschland e. V. (TGD)*, das sich dem Empowerment von Migrant*innenorganisationen widmete. Die TGD als etablierte und bundesweit aktive Organisation begleitete in diesem Projekt Migrant*innenorganisationen dabei, Strukturen aufzubauen und durch Coaching und Vernetzung „eine erfolgreiche Einbindung in- und Teilhabe an politischen und gesellschaftlichen Prozessen“ zu erreichen (vgl. Demokratie leben 2017a).

Das Jahr 2015 hat somit nicht nur im Feld der non-formalen Bildung die Strukturentwicklung verstärkt und beschleunigt. Es bleibt jedoch weiterhin abzuwarten, welche dieser Organisationen sich auch nach dem Ende von Förderprogrammen zum Strukturaufbau dauerhaft etablieren können. Wünschenswert für die Diversität und Qualität der Trägerlandschaft wäre dies allemal.

Auch Geflüchtetenselbstorganisationen wie „Jugendliche Ohne Grenzen" erhielten enormen Zuspruch und sind bis heute als Kooperationspartner sehr gefragt. Viele dieser Initiativen entstanden bereits vor 2015 mit dem Ziel, sich für politische Forderungen einzusetzen, um die Lebensbedingungen von Geflüchteten zu verbessern, wie zum Beispiel die Abschaffung der Residenzpflicht oder die Schaffung von Schutzräumen für geflüchtete Frauen in Unterkünften (Women in Exile) (vgl. Jakob 2016).

Durch das Interesse an politischen Fragen und Themen war die Zusammenarbeit mit Trägern der außerschulischen politischen Bildung naheliegend. Gleichzeitig stellte dies die politischen Bildner*innen vor das Dilemma, die nicht immer klaren Grenzen zwischen Bildungsformat und politischem Aktivismus wahren zu müssen. Andererseits zeigten die oft untereinander gut vernetzten Geflüchtetenselbstorganisationen, wie Mitsprache und Teilhabe auch ohne formelle Zugänge zu demokratischer Beteiligung möglich sind. In der Arbeit mit Menschen mit Fluchterfahrung sind dies wertvolle Beispiele, die empowernd wirken können.

Neben den Migrant*innenorganisationen und Initiativen von Geflüchteten waren auch die Flüchtlingsräte in den Bundesländern gefragte Expertengremien. Auch viele Träger politischer Bildung arbeiteten mit ihnen zusammen. Nicht unerwähnt bleiben dürfen an dieser Stelle die Kooperationen mit Einrichtungen und Trägern der sozialen Arbeit wie Wohlfahrtsverbände oder Jugendmigrationsdienste. Bei der Anbahnung und Umsetzung von Angeboten für Geflüchtete waren sie Schlüsselakteure. Ohne diese Zusammenarbeit wären die Träger politischer Bildung nicht im selben Maße erfolgreich bei der Konzeption von Angeboten und dem Erreichen von Geflüchteten gewesen. Ob sich diese Zusammenarbeit zukünftig fortsetzen und etablieren lässt, kann aktuell noch nicht beurteilt werden. Der starke Rückgang von Fluchtmigration und die mittlerweile überwiegend dezentrale Unterbringung von Geflüchteten wird vermutlich die Suche nach neuen Kooperationspartnern zum Erreichen der Zielgruppe notwendig machen.

Stand und Ausblick

Der Rückblick auf die Jahre 2015 bis heute zeigt eindrucksvoll, wie sich die politische Bildung und ihre Träger und Einrichtungen entwickelt haben. Aus den ersten Suchbewegungen und Angeboten für junge Geflüchtete sind hoch entwickelte, qualitativ herausragende Projekte politischer Bildung geworden. Die politische Bildungsarbeit mit Geflüchteten hat sich ausdifferenziert, erweitert, ist neue Wege gegangen und hat viele neue Teilnehmende erreichen können (Toyka Seid 2019). Das breite Angebot, das heute existiert, reicht vom professionellen Filmprojekt mit unbegleiteten minderjährigen Flüchtlingen über eine Seminarreihe für geflüchtete Frauen zu Fragen von Ökonomie und Verbraucherschutz bis hin zur Integration junger Geflüchteter in die Strukturen politischer Bildung durch Ausbildung zur Teamerin/zum Teamer. Das Thema „Flucht und Geflüchtete“ ist von den Trägern überwiegend in ihre Regelarbeit und -strukturen übernommen worden. Die Träger politischer Bildung haben in sehr kurzer Zeit sehr viel geleistet, sie haben im Hinblick auf ihr Angebot und die neue Zielgruppe Flexibilität, Phantasie und Innovationsfreude bewiesen. Und sie haben aus einem Angebot „für“ ein Angebot „mit“ Geflüchteten gemacht und damit einen Beitrag für ein respektvolles und demokratisches Miteinander geleistet. Diese Entwicklung belegt auch eine Erkenntnis, die nicht neu ist, aber immer mal wieder hervorgehoben werden muss: Es gibt keinen Grund, mit welcher Zielgruppe auch immer, von den erreichten Qualitätsstandards politischer Bildung abzuweichen. Teilnehmendenorientierung, Stärkenorientierung, Empowerment, Partizipation und Geschlechtergerechtigkeit sind immer Grundlagen politischer Bildung – auch mit Geflüchteten.

Auf der strukturellen Ebene hat es ebenfalls einen Entwicklungsschub gegeben. Viele Träger und viele Einrichtungen haben ihr Angebot erweitert und ausgebaut, neue Träger konnten sich etablieren, Migrant*innenorganisationen und Geflüchteteninitiativen sind zu wichtigen Partnern geworden. Aber gerade Letztere sind oft noch immer auf zeitlich befristete Projektförderung und auf ehrenamtliches Engagement angewiesen, um weiterarbeiten zu können.

Dass in Deutschland keine „Flüchtlingswelle“ angekommen ist, sondern Menschen, die über Erfahrungen und Wissen, über Stärken und Kompetenzen verfügen, hat die politische Bildung bereichert, innovativer gemacht und fachlich weiterentwickelt. Die Zusammenarbeit mit anderen Professionen, insbesondere mit der sozialen Arbeit, hat sich als Mehrwert entpuppt. Trotz unterschiedlicher Perspektiven und Aufgaben war und sind das Erkunden von Überschneidungsfeldern für beide Seiten bereichernd.

Parallel zur Weiterentwicklung der politischen Bildung hat sich auch die politische Rahmung der Arbeit der Träger verschoben. Im Kontext einer gesellschaftlichen und politischen Tendenz hin zu mehr Sicherheit und zu nationaler und europäischer Abschottung lässt sich auch mit Blick auf zugewanderte Menschen ein Perspektivenwechsel erkennen. Mehr und mehr hat sich der Fokus von

Förderprogrammen auf den Bereich der Prävention verschoben, gerade auch vor dem Hintergrund der Anwerbung junger Menschen für den IS und unter dem Eindruck von Terroranschlägen, zum Beispiel in Frankreich und Deutschland.

Die Förderung unter dem Aspekt der Prävention bleibt nicht folgenlos für die politische Bildung. Die Handlungslogiken von Präventions- und Bildungsarbeit unterscheiden sich erheblich. Prävention folgt einer Verhinderungslogik, sie will Probleme, Gefahren und Gefährdungen, die für den einzelnen und/oder für die Gesellschaft allgemein als bedrohlich wahrgenommen werden, verhindern. Politische Bildung will dagegen ermöglichen. Sie ist stärkenorientiert und will Menschen befähigen, sich einzubringen und zur Weiterentwicklung der Demokratie beizutragen. Im Mittelpunkt stehen nicht Fragen öffentlicher Sicherheit, sondern die Interessen, Fragen und Lebenswelten der Teilnehmenden.

Die Erfahrung von Teilhabe und von Selbstwirksamkeit und die Aneignung von Wissen sind wichtige Voraussetzungen für die gemeinsame Gestaltung eines friedlichen und demokratischen Miteinanders. Die Freiräume für die politische Bildung müssen daher unbedingt erhalten bleiben, um Themen, Methoden und Formate frei wählen und einsetzen zu können, um Etikettierung und Stigmatisierung von Teilnehmenden zu verhindern, um Demokratiebildung als Selbstaneignung zu ermöglichen und nicht durch eine verengte Demokratieerziehung zu ersetzen.

Literatur

Bundeszentrale für politische Bildung (bpb) 2015: Deutschland: Verwaltungs- und Infrastrukturkrise, https://www.bpb.de/gesellschaft/migration/kurzdossiers/217376/verwaltungs-und-infrastrukturkrise (Zugriff am 06.09.2019).

Bundeszentrale für politische Bildung (bpb) 2016: Modellprojekte politischer Bildung zu Flucht und Asyl, https://www.bpb.de/partner/akquisos/222380/modellprojekte (Zugriff am 06.09.2019).

Demokratie leben 2017: Weiterentwicklung von „Demokratie leben!“, https://www.demokratie-leben.de/zusatzseiten/zusatzseiten-newsletter/juli-2017/weiterentwicklung-von-demokratie-leben.html (Zugriff am 06.09.2019).

Demokratie leben 2017a: Förderung der Strukturentwicklung zum bundeszentralen Träger Türkische Gemeinde in Deutschland e.V., https://www.demokratie-leben.de/programmpartner/foerderung-der-strukturentwicklung-zum-bundeszentralen-traeger/tuerkische-gemeinde-in-deutschland-e-v.html (Zugriff am 06.09.2019).

Deutscher Bundesjugendring (DBJR) (Hg.) 2015: Jugendverbandsarbeit mit jungen Geflüchteten, https://www.sportjugend.nrw/fileadmin/sportjugend/media/Vielfalt/Integration/DBJR-AH-junge_gefluechtete.pdf (Zugriff am 14.04.2020).

Jakob, Christian 2016: Die Bleibenden: Wie Flüchtlinge Deutschland seit 20 Jahren verändern, Berlin.

Landesjugendring NRW (Hg.) 2017: Jugendverbandsarbeit mit jungen Geflüchteten 2016–2017, https://www.ljr-nrw.de/wp-content/uploads/2018/11/JuGe_2017_Brosch%C3%BCre_Jugendverbandsarbeit-mit-jungen-Gefl%C3%BCchteten_Webversion.pdf (Zugriff am 06.09.2019).

Toyka-Seid, Christiane 2017: Außerschulische politische Bildung mit jungen Geflüchteten: Erfahrungen, Themen, Bedarfe, https://empowered-by-democracy.de/wp-content/uploads/2018/03/Au%C3%9Ferschulische-politische-Bildung-mit-jungen-Gefl%C3%BCchteten_mittel.pdf (Zugriff am 06.09.2019).

Toyka-Seid, Christiane 2019: Zwei Jahre „Empowered by Democracy" – Jugendliche berichten „… doch dann hat es mich gepackt, ich habe politisches Interesse entwickelt", https://empowered-by-democracy.de/materialien/ (Zugriff am 17.09.2019).

Wrasse, Erik 2018: Schizophren, realitätsfern und unglaubwürdig? Integrationspolitik und die Herausforderung für die politische Bildung. In: Außerschulische Bildung. Zeitschrift der politischen Jugend- und Erwachsenenbildung 01/2018.

INGO JUCHLER

Fluchtpunkt Berlin – über die Zeiten hinweg

1. Einführung

Berlin war und ist über die Zeiten hinweg ein Zufluchtsort für Menschen, die aus unterschiedlichen Gründen ihre Heimat verlassen mussten – Juden, Hugenotten, Böhmen, Russen etc. Die Geflüchteten wurden in der Stadt an der Spree mal mehr und mal weniger willkommen geheißen. Die erste umfänglichere Ansiedelung von Geflüchteten in der Doppelstadt Berlin-Kölln erfolgte im Nachgang des Dreißigjährigen Krieges: Aufgrund der Kriegszüge durch die brandenburgischen Territorien und zeitgleich stattfindenden Ausbrüchen von Seuchen wie der Pest, war die Bevölkerung der Residenzstadt auf unter 7.000 Personen zurückgegangen. Handel und Gewerbe lagen darnieder (vgl. Escher 1987, 344 ff.). Vor diesem Hintergrund erlaubte Kurfürst Friedrich Wilhelm zunächst aus Wien ausgewiesenen Juden und dann französischen Glaubensflüchtlingen die Ansiedlung in Berlin und Brandenburg. Von der Aufnahme der aus Wien vertriebenen Juden versprach sich der Kurfürst insbesondere, dass diese vor dem Hintergrund ihrer Handelsbeziehungen die eingebrochene Ein- und Ausfuhr von Waren wieder anstoßen würden. So konnten die ehemals Wiener Juden auf der Grundlage des brandenburgischen Niederlassungsedikts im Jahre 1671 die jüdische Gemeinde in Berlin neu gründen.

Neben den hugenottischen Glaubensflüchtlingen im 17. und 18. Jahrhundert gelangten im 19. Jahrhundert auch Franzosen nach Berlin, die vor den revolutionären Umbrüchen in ihrer Heimat flohen. So etwa die Familie des Grafen Louis Marie de Chamissot, die sich 1796 in Berlin niederließ. Der Sohn des Grafen, der sich später Adelbert von Chamisso nennen sollte, besuchte hier das von Hugenotten gegründete Französische Gymnasium und wurde späterhin ein bekannter Dichter und Naturforscher. Gleichfalls aus politischen Gründen flohen etwa ein Jahrhundert später russische Sozialdemokraten und Anarchisten vor den Repressionsmaßnahmen der autokratisch regierenden Zaren Alexander III. und Nikolaus II. nach Berlin. In der Folge der Russischen Revolution 1917 und der Ermordung Zar Nikolaus II. durch die Bolschewiki gelangten sodann hunderttausende Menschen nach Berlin, die vor den Verheerungen des russischen Bürgerkriegs flohen.

Ende des 19. Jahrhunderts suchten wiederum viele Juden in Berlin Zuflucht. Sie flohen aus Angst vor Pogromen während der Regentschaft der Zaren Alexander III. und Nikolaus II. aus Russland sowie aufgrund zunehmender repressiver Maßnahmen gegen die Glaubensgemeinschaft aus Rumänien und Galizien. Diese Menschen, vielfach pejorativ als „Ostjuden" bezeichnet, ließen sich vornehmlich im Scheunenviertel nieder. Den in der Bevölkerung allgemein wie auch im akademischen Milieu zunehmend verbreiteten Antisemitismus brachte der an der Friedrich-Wilhelms-Universität lehrende Historiker und Reichstagsabgeordnete Heinrich von Treitschke 1879 in einem Aufsatz in den *Preußischen Jahrbüchern* zum Ausdruck: „Die Juden sind unser Unglück!" (Treitschke 1879, 575) Der Historiker löste damit den Berliner Antisemitismusstreit aus. Von 1927 an diente Treitschkes Satz der von Julius Streicher herausgegebenen antisemitischen Wochenzeitung *Der Stürmer* als Motto.

Im Folgenden wird Berlin als Fluchtpunkt exemplarisch für hugenottische und böhmische Glaubensflüchtlinge, für die Brüder Grimm und für russische Emigranten nach der Oktoberrevolution vorgestellt. Der Ausblick weist kursorisch auf weitere Fluchtbewegungen nach Berlin im 20. Jahrhundert hin.

2. Hugenottische Refugiés – „die französische Colonie in Berlin"

In Frankreich löste die Reformation über ein Jahrhundert lang gewaltsame Konflikte zwischen Katholiken und Angehörigen der reformierten Kirchen aus. Nachdem Heinrich IV. diese Auseinandersetzungen im Edikt von Nantes 1598 vorerst beendet, den Katholizismus zur Staatsreligion erklärt und den reformierten Hugenotten die Ausübung ihrer Religion zugebilligt hatte, widerrief Ludwig XIV. im Edikt von Fontainebleau im Oktober 1685 für die französischen Reformierten die Religionsfreiheit. Die Hugenotten wurden nun massiv verfolgt. Vor diesem Hintergrund erließ Kurfürst Friedrich Wilhelm etwa zwei Wochen später das Edikt von Potsdam. In diesem Toleranzedikt – zunächst in französischer Sprache in Frankreich verbreitet – wurde den aus Glaubensgründen verfolgten Hugenotten die Ansiedelung in Brandenburg angeboten. Etwa 20.000 französische Reformierte nahmen dieses Angebot an und wanderten in die Mark aus, etwa 6.000 von ihnen ließen sich in Berlin nieder. Auch andere deutsche Landesfürsten gaben den Hugenotten eine Zuflucht, etwa in Hessen, der Pfalz, Baden und Württemberg. Während etwa 95 Prozent der Brandenburger lutherisch waren, blieb das „reformierte Bekenntnis im wesentlichen Hof- und Beamtenreligion" (Fischer 2010, 21), dem auch Kurfürst Friedrich Wilhelm angehörte. Er musste das Toleranzedikt im eigenen Land machtpolitisch durchsetzen, auch weil die Ansiedelung der französischen Glaubensflüchtlinge mit zahlreichen Privilegien verbunden war. So beinhaltete das Edikt von Potsdam „Rechte, Privilegia und andere Wolthaten", etwa die Gewährung der vollen Bürgerrechte, die Niederlassungsfreiheit, mietfreies Wohnen, staatliche Kredite für Gewerbetreibende und die Aufnahme in die Zünfte. Die Hugenotten konnten in der Folge eigene Kirchen und Schulen einrichten und betreiben sowie ihre Rechtsprechung selbst ausüben.

Doch die großzügige Aufnahme der hugenottischen Glaubensflüchtlinge war nicht allein durch mitfühlende Anteilnahme und religiöse Toleranz motiviert. Vielmehr brachten die Refugiés vielerlei Fertigkeiten in Gewerbe, Handwerk und Bildung mit, die in der immer noch vom Dreißigjährigen Krieg gezeichneten Mark dringend benötigt wurden. So erkannten denn auch der Prediger Henri Tollin und der Jurist Richard Béringuier 1891 in ihrer Schrift *Die französische Colonie in Berlin*: „Die Aufnahme der Refugiés durch den Kurfürsten Friedrich Wilhelm war ein Akt großherzigen Mitleids für seine bedrängten Glaubensgenossen. Doch tut es dieser Tat keinen Abbruch, wenn wir darin auch [...] eine weise Maßregel volkswirtschaftlicher Politik erkennen." (zitiert nach Fischer 2010, 36) Die Einwanderungspolitik des Großen Kurfürsten trug Früchte im Berliner Handwerk und Gewerbe, im Bildungsbereich und in der brandenburgischen Landwirtschaft: Die Hugenotten brachten Fertigkeiten in vielen Gewerken mit und gaben diese Kenntnisse an die Einheimischen weiter – ob als Drucker, Büchsenmacher und Glaser, als Goldschmied und Schlosser, als Bauer oder Gärtner. Die französischen Kaufleute waren für ihre Zuverlässigkeit bekannt, und mancher Refugié richtete auch eine Manufaktur ein. Vor diesem Hintergrund resümiert der einstige Kammerherr und Zeremonienmeister Friedrichs II., Karl Ludwig von Pöllnitz: „Wir haben ihnen unsere Manufakturen zu danken, und sie gaben uns die erste Idee vom Handel, den wir vorher nicht kannten. Berlin verdankt ihnen seine Polizei, einen Teil seiner gepflasterten Straßen und seine Wochenmärkte. Sie haben Überfluss und Wohlstand eingeführt und diese Stadt zu einer der schönsten in Europa gemacht. Durch sie kam Geschmack an Künsten und Wissenschaften zu uns. Sie milderten unsere rauen Sitten, sie setzten uns in den Stand, uns mit den aufgeklärtesten Nationen zu vergleichen, so dass, wenn unsere Väter ihnen Gutes erzeigt haben, wir dafür hinlänglich belohnt worden sind." (zitiert nach Fischer 2010, 44)

Im Laufe der Jahre verloren die Hugenotten die Hoffnung auf Rückkehr in ihre einstige Heimat. Wirtschaftlich ohnehin bereits integriert, begannen sie sich zusehends in Berlin und Brandenburg zu assimilieren, heirateten vielfach in einheimische Familien ein und übernahmen mehr und mehr die deutsche Spra-

Französische Friedrichstadtkirche und Französischer Dom
Quelle: Ingo Juchler

che – nicht ohne diese mit vielen französischen Ausdrücken und Redewendungen zu bereichern. In Berlin zeugen zahlreiche Erinnerungsorte von der Aufnahme der Glaubensflüchtlinge – die Französische Friedrichstadtkirche und der Französische Dom auf dem Gendarmenmarkt, die Französische Straße, der Ortsteil Französisch Buchholz und der Französische Friedhof. Auf diesem Friedhof in der Oranienburger Vorstadt befinden sich noch heute die Gräber zahlreicher Persönlichkeiten hugenottischer Abstammung wie etwa von Frédéric Ancillon, Erzieher von Friedrich Wilhelm IV. und preußischer Außenminister, Daniel Chodowiecki, Kupferstecher, Grafiker und Mitglied der Preußischen Akademie der Künste sowie Ludwig Devrient, Schauspieler und erster Träger des Iffland-Rings. Einer klugen Geschäftsidee der Refugiés Esaias Dortu und Martin Thomassin war es im Übrigen zu verdanken, dass sich im Tiergarten im März 1848 Liberale und Demokraten versammeln und revolutionäre Forderungen an König Friedrich Wilhelm IV. entwickeln konnten: Nachdem Friedrich II., selbst kein Freund der Jagd, den vormals für die Jagd bei Hofe reservierten Tiergarten für die Bevölkerung geöffnet hatte, erhielten Dortu und Thomassin 1745 die Erlaubnis für den Ausschank von Erfrischungsgetränken in Zelten. Aus den Zelten wurden im Verlauf der Jahre Gaststätten entlang der inzwischen angelegten Straße In den Zelten. Diese wurde zu einem zentralen Schauplatz für die revolutionäre Entwicklung in Berlin: Die hier ansässigen Gaststätten waren von dem in der Stadt geltenden Versammlungsverbot nicht betroffen und boten deshalb vom 6. März an den öffentlichen Raum für politische Debatten und zum Verfassen einer Petition an den König: In der *Adresse der Jugend* wurden u.a. Presse-, Rede- und Versammlungsfreiheit, die Amnestie für politische Gefangene sowie eine allgemeine deutsche Volksvertretung gefordert.

3. Böhmen in Rixdorf

In den 1730er Jahren siedelten sich etwa 1.200 Böhmen in Berlin an. Hintergrund waren die religiösen Auseinandersetzungen in ihrer Heimat, die bis zur Zeit des Theologen und Reformators Jan Hus zurückreichten. Nach der Verbrennung von Hus während des Konstanzer Konzils 1415 als Ketzer und der verheerenden Hussitenkriege hatte sich in Böhmen trotz Unterdrückung durch die Herrschaft der katholischen Habsburger in breiten Kreisen der Bevölkerung der Protestantismus durchgesetzt. Allerdings sahen sich viele Böhmen aufgrund der Zwangsmaßnahmen zur Rekatholisierung gezwungen, ihre Heimat zu verlassen. So wanderten viele böhmische Protestanten wie der Pädagoge Johann Amos Comenius aus, etwa nach Holland, Schweden, Sachsen – und Brandenburg. Hier hatte König Friedrich Wilhelm I. bereits im Jahre 1732 etwa 20.000 Salzburger Protestanten die Ansiedlung erlaubt. Wie seine Vorgänger Kurfürst Friedrich Wilhelm und Friedrich III. (seit 1701 Friedrich I., König in Preußen) betrieb auch Friedrich Wilhelm I. eine aktive Bevölkerungspolitik. Die Ansiedlung der protestantischen Glaubensflüchtlinge aus Salzburg veranlasste den böhmischen Theologen Johann Liberda noch im selben Jahr den preußischen König während einer Audienz darum zu bitten, böhmische Glaubensflüchtlinge aus Sachsen und Böhmen in Berlin aufzunehmen (vgl. Graffigna 1990, 509). In der Folge siedelten sich böhmische Exilanten in der Residenzstadt an der Spree an. 1737 fanden 18 in der Landwirtschaft tätige Familien in der neu gegründeten Kolonie Böhmisch-Rixdorf eine Heimat. Entsprechend der aktiven Bevölkerungspolitik wurden sie mit einigen Privilegien und einer Grundausstattung in Böhmisch-Rixdorf begrüßt. So mussten etwa die Männer keinen Militärdienst leisten, die Wohn- und Wirtschaftsgebäude sowie Pferde, Kühe und Arbeitsgeräte wurden den Familien gestellt. Allerdings war das ihnen zur Bebauung überlassene Land zu klein, um ein auskömmliches Einkommen erwirtschaften zu können. Deshalb waren viele Böhmen darauf angewiesen, in der Weberei, Spinnerei und Färberei einer weiteren Tätigkeit nachzugehen: „Die böhmischen Weber verfertigten leinenes und baumwollenes Zeug für Berliner Fabrikanten, und auch die Färberei wurde für Berliner Fabrikanten durchgeführt." (Thienel 1973, 245) Die böhmischen Kolonisten verschafften sich auf diese Weise einen Nebenerwerb, der sie „sehr kümmerlich und notdürftig am Leben erhielt" (zitiert nach Graffigna 1990, 537). Es gab jedoch auch erfolgreiche Unternehmer unter den Geflüchteten. So gründete etwa Georg Ostry, der 1737 nach Berlin gekommen war, im Jahre 1740 eine Baumwollmanufaktur. Zehn Jahre später unterhielt er mit sieben Landsleuten das Konsortium Kubassek & Co., das sich auf die Herstellung von Kattun, einem besonderen Baumwollgewebe, spezialisierte (vgl. Allers 2017, 54).

Im Jahre 1753 unterstützte Friedrich II. die böhmische Gemeinde beim Bau eines Schulhauses, in dem auch ein Betsaal vorhanden war. Heute ist in diesem Gebäude das *Museum im böhmischen Dorf* untergebracht. Im historischen Böhmisch-Rixdorf, das 1874 mit Deutsch-Rixdorf zur Gemeinde Rixdorf zusammengelegt und 1912 in Neukölln umbenannt wurde, finden sich noch zahlreiche Spuren der einstigen protestantischen Glaubensflüchtlinge. In der Kirchgasse wurde von den „dankbaren Nachfahren der hier aufgenommenen Böhmen", so die Inschrift, ein Denkmal für Friedrich Wilhelm I. errichtet. Und im vormaligen Stadtwappen Neuköllns, dem heutigen Bezirkswappen, befindet sich als Symbol des religiösen Kultes der Böhmen ein Hussitenkelch.

4. Die Brüder Grimm – das „Federvieh der Tintenkleckser"

Im Frühjahr 1841 ziehen die Brüder Jacob und Wilhelm Grimm nach Berlin. Die Ankunft der bekannten Märchensammler und Germanisten kurz nach der Thronbesteigung von Friedrich Wilhelm IV. weckt in der liberalen Öffentlichkeit die Hoffnung, dass der 46-jährige Monarch in Politik und Kultur Reformen durchführen würde – Hoffnungen, die während der Revolution 1848/49 zerschlagen wurden. Die Brüder Grimm gehörten zu den sieben Göttinger Professoren, die sich 1838 in einer Protestationsschrift gegen die willkürliche Aufhebung des hannoverschen Staatsgrundgesetzes von 1833 durch den neuen König Ernst August gewandt hatten. Der Monarch, der Professoren ohnehin als das „Federvieh der Tintenkleckser" erachtete (vgl. Bleek 2019, 185), entließ daraufhin die widerständigen Gelehrten. Drei von ihnen, darunter Jacob Grimm, wurden sogar des Landes verwiesen. Als Begründung führte Ernst August in den Entlassungsurkunden seine Sorge um die Bildung und Erziehung seiner Landeskinder an: „Nach den heiligen von der Göttlichen Vorsehung Uns aufgelegten Pflichten können Wir Männern, welche von solchen Grundsätzen beseelt sind, die Verwaltung des ihnen verliehenen höchst einflußreichen Lehramtes unmöglich länger gestatten, indem Wir sonst mit Recht besorgen müßten, daß dadurch die Grundlagen der Staaten nach und nach gänzlich untergraben würden, und die künftige Dienerschaft nicht nur in Unserm Königreiche, sondern auch in andern Ländern eine solche Bildung erhielte, wodurch sie für Staat und Kirche auf gleiche Weise nachtheilig werden müßte." (zitiert nach Dahlmann 1838, 48)

Die Göttinger Studenten reagierten ihrerseits mit Solidaritätsbekundungen für die entlassenen Hochschullehrer. In der Folge sank die Zahl der Immatrikulationen an der Georgia Augusta und es wurde für die Universität zusehends schwieriger, angesehene Gelehrte zu berufen. Doch Ernst August sah dies auf seine Weise. Gegenüber Alexander von Humboldt erklärte der Monarch 1842

Die Göttinger Sieben. Lithographie von Eduard Ritmüller, 1837/1838. Oben: Wilhelm und Jacob Grimm. Mitte: Eduard Albrecht, Friedrich Christoph Dahlmann, Georg Gottfried Gervinus. Unten: Wilhelm Eduard Weber, Heinrich Ewald
Quelle: Wikimedia Commons

während eines Diners in Berlin: „Nun herr v. Humboldt, was machen meine verlaufenen göttinger professoren? Aber sie wißen ja professoren, tänzerinnen und huren kann man überall für geld wiederhaben." (zitiert nach Martus 2013, 386)

Friedrich Wilhelm IV. hingegen berief nicht nur Jacob und Wilhelm Grimm 1841 an die Königlich Preußische Akademie der Wissenschaften zu Berlin, sondern mit dem Historiker und Staatsrechtler Friedrich Christoph Dahlmann noch einen weiteren von Ernst August des Landes verwiesenen Professor der Göttinger Sieben an die Universität Bonn. In Berlin setzten die Brüder Grimm ihre Arbeit am *Deutschen Wörterbuch* fort, das sie nach ihrer Göttinger Entlassung in Kassel begonnen hatten. So konnte der erste Band dieses einzigartigen Projektes 1854 erscheinen. Abgeschlossen wurde die Arbeit im Jahre 1961 – 123 Jahre, nachdem sie die Brüder Grimm aufgenommen hatten.

Jacob Grimm engagierte sich nach den Barrikadenkämpfen vom 18. März 1848 in Berlin erneut politisch. Im Mai 1848 wurde er in Berlin als Abgeordneter für die Nationalversammlung in der Frankfurter Paulskirche gewählt. Hier wurde ihm ein besonderer Platz zuteil – Jacob Grimm saß am Mittelgang direkt vor dem Rednerpult. In der Paulskirchenversammlung traf er auch einige Mitverfasser der Göttinger Protestation von 1837 wieder: Eduard Albrecht, Friedrich Christoph Dahlmann und Georg Gottfried Gervinus waren ebenfalls in das Parlament gewählt worden. Politisch fühlte sich Jacob Grimm der Casino-Fraktion zugehörig, die sich für eine konstitutionelle Monarchie einsetzte. Doch der Philologe wurde der parlamentarischen Arbeit bald überdrüssig. An seine Schwägerin, die sich im Sommer 1848 in Heringsdorf an der Ostsee befand, schrieb er resigniert: „Dort unter den waldbäumen und an der tosenden see lebt ihr reiner und glücklicher als ich in den mauern der Paulskirche unter 2000 tosenden menschen, die gegeneinander reden und hadern." (zitiert nach Martus 2013, 467) Folglich legte er Anfang Oktober sein Mandat nieder. Einen Monat später ließ Friedrich Wilhelm IV. wieder Truppen unter General Friedrich Wrangel in Berlin einmarschieren, den Belagerungszustand über die Stadt erklären und schließlich die Preußische Nationalversammlung auflösen. Hier wie bei der Niederschlagung der Reichsverfassungskampagne durch preußisches Militär in der Pfalz und Baden verfuhr Friedrich Wilhelm IV. nach einer Leitidee, die er gegenüber dem preußischen Gesandten in London, Christian von Bunsen, in einem Brief geäußert hatte: „Gegen Demokraten helfen nur Soldaten." (zitiert nach von Ranke 1873, 272)

Während sein Bruder Wilhelm die Wiederherstellung der alten Ordnung begrüßte, war Jacob Grimm über diese politische Wende nicht glücklich. Gegenüber dem Rechtshistoriker Georg Waitz, der ebenfalls in der Frankfurter Nationalversammlung gewirkt hatte, äußerte sich Jacob Grimm in einem Brief im Jahre 1858: „Wie oft muß einem das traurige Schicksal unsers Vaterlandes in den Sinn kommen und auf das Herz fallen und das Leben verbittern. Es ist an gar keine Rettung zu denken, wenn sie nicht durch große Gefahren und Umwälzungen herbeigeführt wird. Es kann nur durch rücksichtslose Gewalt geholfen werden. Je älter ich werde, desto demokratischer gesinnt bin ich. Säße ich nochmals in einer Nationalversammlung, ich würde viel mehr mit Uhland, Schoder stimmen, denn die Verfassung in das Geleise der bestehenden Verhältnisse zu zwängen, kann zu keinem Heil führen." (zitiert nach Müller 2000, 318)

Jacob Grimm verstarb im Jahre 1863, vier Jahre nach seinem jüngeren Bruder Wilhelm. Die Berliner Ehrengräber der wegweisenden Germanisten befinden sich auf dem Alten St.-Matthäus-Kirchhof in Schöneberg. Im Jahre 2009 wurde die zentrale Universitätsbibliothek der Humboldt-Universität zu Berlin als Jacob-und-Wilhelm-Grimm-Zentrum eröffnet.

5. Russische Exilanten – Sankt Petersburg am Wittenbergplatz

Charlottengrad und Sankt Petersburg am Wittenbergplatz – das sind Berliner Ortsbezeichnungen, die auf die erste große Fluchtbewegung des 20. Jahrhunderts hinweisen: In der Folge der Oktoberrevolution in Russland und des sich daran anschließenden Bürgerkrieges kamen etwa 350.000 russische Emigranten in die Reichshauptstadt (vgl. zum Folgenden Juchler 2018). Auf dem Höhepunkt des russischen Exodus' 1922/23 befanden sich circa 600.000 aus Russland Geflüchtete in Deutschland. Ein Zentrum der russischen Diaspora in Berlin bildeten die Stadtteile Charlottenburg, Wilmersdorf und Schöneberg. Hier entwickelte sich eine russische Infrastruktur, die allen Bedürfnissen des Lebens im Exil nachkam: russische Verlage, Buchhandlungen, Zeitungen und Zeitschriften, Lebensmittelgeschäfte, Theater, Kabaretts, Restaurants, Kirchen und Hilfsorganisationen. In Wilmersdorf war der Prager Platz ein Ort, wo sich viele exilierte russische Schriftsteller trafen, aber auch Erich Kästner, Kurt Tucholsky, Marlene Dietrich und andere Künstler und Intellektuelle gerne verkehrten: „Ehrenburg hatte seinen Tisch in der Prager Diele, dem Treffpunkt aller Neuankömmlinge aus Russland. Dort wurde Wiedersehen gefeiert, Bekanntschaften erneuert und geschlossen, Verleger, Manuskripte und mitunter auch neue Lebensgefährten gesucht. Nicht alle, die aus der Sowjetunion flüchteten, taten dies aus politischen Gründen; manche setzten sich weniger von ihrem Land als von ihren häuslichen Verhältnissen ab." (Razumovsky 1989, 157) Zu den Geflüchteten zählten Beamte des zaristischen Staatsapparats ebenso wie Schriftsteller, Philosophen,

Marina Zwetajewa (1925)
Quelle: Wikimedia Commons.

Maler, Schauspieler und Politiker (fast) aller Couleur. Im Folgenden wird beispielhaft das Wirken von zwei russischen Geflüchteten in Berlin vorgestellt.

Als Marina Zwetajewa am 15. Mai 1922 mit ihrer Tochter Ariadna nach Berlin kam, hatte sie einen schweren Schicksalsschlag hinter sich: Zwei Jahre zuvor war ihre Tochter Irina während der Zeit des Bürgerkriegs in Moskau verhungert. In Berlin bereitete die russische Künstlergemeinde Zwetajewa einen schmeichelhaften Empfang, denn sie galt hier als eine berühmte Lyrikerin. Ilja Ehrenburg hatte zuvor die Veröffentlichung von zwei Gedichtbänden von Zwetajewa organisiert (vgl. Razumovsky 1989, 155).

Zwetajewa wohnte zunächst – wie so viele russische Emigranten zu Beginn ihres Exillebens in Berlin – in einer Pension in Wilmersdorf am Prager Platz und dann in der Trautenaustraße 9. Schnell war sie in die Intellektuellen- und Künstlerzirkel integriert, die sich in der Prager Diele an der Ecke von Prager Platz und Trautenaustraße trafen. Dort traf Marina Zwetajewa u.a. mit Ilja Ehrenburg, Nina Berberova, Wladislaw F. Chodassewitsch, Andrei Bely und Wiktor Schklowski zusammen.

Emma Goldman (1911)
Quelle: Wikimedia Commons.

Der Berlin-Aufenthalt von Marina Zwetajewa beschränkte sich auf insgesamt zehn Wochen. In dieser Zeit besuchte sie kein Theater, Konzert oder Museum. Dennoch war der Aufenthalt in Berlin für Zwetajewa aufgrund ihrer hier aufgenommenen künstlerischen und privaten Kontakte von großer Bedeutung. Hier traf sie auch wieder mit ihrem Mann Sergei Efron zusammen. Er hatte während des russischen Bürgerkriegs auf Seiten der Weißen Armee gekämpft. Mit ihm und ihrer Tochter reiste Zwetajewa von Berlin aus zunächst nach Prag, lebte dann lange in Paris und kehrte schließlich 1939 in die Sowjetunion zurück. Dort wurde sie nach dem Beginn des Unternehmens *Barbarossa* nach Jelabuga in der Tatarischen Volksrepublik evakuiert. Zwetajewa hatte immer in prekären finanziellen Verhältnissen gelebt. Am 31. August 1941 sah sie für sich keinen anderen Weg mehr und wählte den Freitod. Marina Zwetajewa gilt heute als eine der größten russischen Dichterinnen des 20. Jahrhunderts. Ihr zu Ehren brachten Slawistik-Studierende und -Lehrende eine Gedenktafel an ihrem Berliner Wohnort in der Trautenaustraße 9 an.

Für Emma Goldman wurde Berlin ein Ort der Zuflucht und der Reflexion: Als die Anarchistin im Mai 1922 in der Reichshauptstadt eintraf, hatte sie eine

Odyssee hinter sich und eine herbe politische Enttäuschung zu verarbeiten. Von den USA nach Russland ausgewiesen, hatte Goldman dort von 1920–22 Erfahrungen mit der bolschewistischen Revolution gesammelt – und war als anarchistische Revolutionärin bitter enttäuscht worden.

Goldman hatte von Petrograd aus miterlebt, wie auf der vorgelagerten Insel Kotlin im Finnischen Meerbusen der Aufstand der Matrosen in Kronstadt im März 1921 von den Bolschewiki blutig niedergeschlagen wurde. In Petrograd hatte sich zu Beginn des Jahres 1921 eine Streikbewegung gebildet, die sich für höhere Nahrungsmittelrationen und Brennmaterial einsetzte. Die Behörden lehnten die Forderungen ab und reagierten stattdessen mit Repressionsmaßnahmen wie Verhaftungen. Doch der Streik breitete sich weiter aus. Schließlich solidarisierten sich die Matrosen der Baltischen Flotte in Kronstadt mit den Streikenden. Die Matrosen der Baltischen Flotte gehörten einst zur Vorhut der russischen Revolution 1917. Von den Bolschewiki wurden die Matrosen nach ihrer Solidarisierung mit der Streikbewegung als Konterrevolutionäre betrachtet. Daraufhin versuchten Emma Goldman und ihr Lebensgefährte, Alexander Berkman, in dem Konflikt zu vermitteln. Doch der Volkskommissar für Kriegswesen, Leo Trotzki, und der Vorsitzende des Petrograder Sowjets, Grigori Sinowjew, hatten längst entschieden, diesen Aufstand gegen die Herrschaft der Bolschewiki blutig niederzuschlagen.

In Berlin fand Goldman die Ruhe, ihre kritischen Gedanken zum Verlauf der Oktoberrevolution in einem Buch niederzuschreiben – 1923 erschien *My Disillusionment in Russia* in den USA. Doch der Konflikt zwischen Anarchisten und Bolschewiki in Russland suchte Goldman auch in Berlin heim, etwa als bei einer Veranstaltung von Anarchisten für die Unterstützung politischer Gefangener in Russland die Redner von kommunistischen Zwischenrufern unterbrochen wurden. Im Sommer 1924 verließ Goldman Berlin in Richtung Großbritannien. Wie viele andere europäische und amerikanische Arbeiter und Intellektuelle setzte sie sich 1927 gegen das Todesurteil für die Anarchisten Nicola Sacco und Bartolomeo Vanzetti ein. Im Alter von 67 Jahren reiste Goldman 1936 während des spanischen Bürgerkriegs nach Barcelona, um dort für die Anarchisten im internationalen Pressebüro zu arbeiten.

Für die russischen Exilanten war das Leben in Berlin aufgrund der Inflation bis zur Einführung der Rentenmark im November 1923 vergleichsweise günstig – in Paris wäre der Lebensunterhalt viermal so teuer gewesen. Deshalb erfolgte vom Herbst 1923 an eine verstärkte Abwanderung der russischen Emigranten an der Spree in andere Metropolen. Paris, Prag und die Vereinigten Staaten wurden nun zum Fluchtpunkt vieler exilierter Russen.

6. Ausblick

Die Darstellung des Fluchtpunkts Berlin kann hier nur fragmentarisch bleiben. Nach dem Ende des Zweiten Weltkriegs fanden viele Vertriebene aus den ehemaligen deutschen Ostgebieten in Berlin eine neue Heimat. Für Abertausende Flüchtlinge aus der DDR war das Notaufnahmelager Marienfelde die erste Anlaufstelle auf ihrem Weg in den Westen. Nach dem Bau der Mauer 1961 unternahmen zahlreiche Menschen den Versuch, vom Osten in den Westen der geteilten Stadt zu gelangen – manche erfolgreich, 136 ließen an der Berliner Mauer ihr Leben (vgl. Detjen 2009, 265). Tausende Chileninnen und Chilenen, die nach dem Putsch von General Augusto Pinochet gegen den demokratisch gewählten Präsidenten Salvador Allende am 11. September 1973 vor Inhaftierung, Folter und Mord aus ihrer Heimat flohen, konnten sich in Ost- und West-Berlin niederlassen. Nach dem Fall der Mauer kamen von 1991 an Tausende Juden aus den Nachfolgestaaten der ehemaligen Sowjetunion als sogenannte Kontingentflüchtlinge nach Berlin, wodurch die Jüdische Gemeinde zu Berlin einen enormen Zuwachs erhielt. Sie ist heute mit etwa 10.000 Mitgliedern die größte jüdische Gemeinde in Deutschland. Wiederum tausende Menschen fanden in Berlin in den 1990er Jahren Zuflucht vor den Bürgerkriegen im ehemaligen Jugoslawien. Vor diesem Hintergrund reiht sich die jüngste Fluchtbewegung seit 2015 in ein Kontinuum ein – die 7.260 Geflüchteten, die etwa im Jahre 2018 nach der festgelegten Aufnahmequote des Königsteiner Schlüssels nach Berlin kamen, stehen in einer Jahrhunderte währenden Tradition von Menschen, die aufgrund religiöser, politischer und anderweitiger Repression und Verfolgung ihre Heimat verlassen mussten und in Berlin Zuflucht fanden.

Literatur

Allers, Tobias 2017: Neuberliner. Migrationsgeschichte Berlins vom Mittelalter bis heute, Berlin.

Bleek, Wilhelm 2019: Vormärz. Deutschlands Aufbruch in die Moderne. Szenen aus der deutschen Geschichte 1815–1848, München.

Dahlmann, Friedrich Christoph (Hg.) 1838: Die Protestation und Entlassung der sieben Göttinger Professoren, Leipzig.

Detjen, Marion 2009: Die Mauer. In: Martin Sabrow (Hg.): Erinnerungsorte der DDR, München, S. 253–266.

Escher, Felix 1987: Die brandenburgisch-preußische Residenz und Hauptstadt Berlin im 17. und 18. Jahrhundert. In: Wolfgang Ribbe (Hg.): Geschichte Berlins. Erster Band: Von der Frühgeschichte bis zur Industrialisierung, München, S. 341–403.

Fischer, Gerhard 2010: Die Hugenotten in Berlin, Berlin.

Goldman, Emma 1923: My Disillusionment in Russia, New York.

Graffigna, Eva-Maria 1990: Böhmen in Berlin. In: Stefi Jersch-Wenzel/Barbara John (Hg.): Von Zuwanderern zu Einheimischen. Hugenotten, Juden, Böhmen, Polen in Berlin, Berlin, S. 491–591.

Juchler, Ingo 2018: Von Moskau nach Charlottengrad – Russen in Berlin. In: Berliner Geschichtswerkstatt (Hg.): Was tun? Berlin – Russland seit der Oktoberrevolution: Aspekte einer komplizierten Beziehung, Berlin, S. 8–29.

Martus, Steffen 2013: Die Brüder Grimm. Eine Biographie, Berlin.

Müller, Jörg Jochen 2000: Die ersten Germanistentage. In: Jörg Jochen Müller (Hg.): Germanistik und deutsche Nation 1806–1848. Zur Konstitution bürgerlichen Bewusstseins, Stuttgart/Weimar, S. 297–318.

Ranke, Leopold von 1873: Aus dem Briefwechsel Friedrich Wilhelms IV. mit Bunsen, Leipzig.

Razumovsky, Maria 1989: Marina Zwetajewa. Eine Biographie. Frankfurt/M.

Thienel, Ingrid 1973: Städtewachstum im Industrialisierungsprozess des 19. Jahrhunderts. Das Berliner Beispiel, Berlin/New York.

Treitschke, Heinrich von 1879: Unsere Aussichten. In: Preußische Jahrbücher, Bd. 44, S. 559–576.

NICHOLAS HENKEL

Flucht und Asyl im Politikunterricht

Herausforderungen und Lösungsansätze schulischer Bildungspraxis

1. Einleitung

Blickt man zurück auf die Jahre 2015 und 2016, so muss man dem politischen, gesellschaftlichen und medialen Diskurs um die Themen Flucht und Asyl eine Rhetorik bescheinigen, die um keine Ausnahmezustandsmetapher verlegen war. Die vermeintliche „Flüchtlings*welle*" oder „Flüchtlings- beziehungsweise Asyl*krise*" war omnipräsent. Schon während der Fluchtbewegung zeigte sich eine politische wie gesellschaftliche Polarisierung. Ein Teil der Gesellschaft wurde in seinem ehrenamtlichen Engagement zur Verkörperung dessen, was unter dem Begriff der sogenannten „Willkommenskultur" bekannt wurde. Demgegenüber formierte sich die Opposition außerparlamentarisch unter Bannern wie „Nein zum Heim!" oder „XY-wehrt sich!" unter anderem in Dresden (seit 2014), Freital (2015), Heidenau (2015), Clausnitz (2016) und Chemnitz (2018).[1] Parlamentarisch profitierte in Deutschland insbesondere die Alternative für Deutschland (AfD) von der Fluchtbewegung. Ausgehend von dieser gesellschaftlich-politischen Polarisierung entlang der Themenkomplexe Asyl und Flucht, die häufig bis in den sozialen Nahbereich hinein reicht, sowie ihrer medialen Präsenz, halten diese Themen ganz selbstverständlich Einzug in den Politikunterricht. Sie müssen es sogar, soll schulische Politische Bildung einigen ganz grundlegenden Gütekriterien ihrer Profession gerecht werden: der Arbeit an aktuellen politisch-gesellschaftlichen Problemen und Konflikten, der Schüler*innenorientierung, der Thematisierung und kritischen Reflexion jener Positionen im Unterricht, die in Politik und Gesellschaft zu einem Thema kontrovers diskutiert werden und

1 Das Kooperationsprojekt „Mut gegen Rechte Gewalt" dokumentiert flüchtlingsfeindliche Vorfälle seit 2014. Darunter fallen z.B. tätliche Übergriffe auf Asylsuchende, Brandanschläge auf Unterkünfte oder Stein-/Böllerwürfe, und Schüsse. Für das Jahr 2015 liegt die Zahl der dokumentierten Vorfälle bei 1248, für 2016 bei 3769 und für 2017 bei 2285 (Rechercheportal Mut gegen Rechte Gewalt).

der Unterstützung der Lernenden bei der Ausbildung politischer Analyse-, Urteils- und Handlungskompetenz (vgl. Pohl 2014, 187 ff.) ebenso wie der „Fähigkeit zu Kritik, Widerspruch und Widerstand" (Autorengruppe Fachdidaktik 2016, 21). Doch ist an dieser Stelle nicht nur ein normativ-politikdidaktischer Blick bedeutsam. Es geht auch und insbesondere um die menschliche Dimension der oben geschilderten Entwicklungen:

> „Allein im vergangenen Schuljahr sind nahezu 300.000 neu zugewanderte Kinder und Jugendliche in allgemein- und berufsbildende Schulen in Deutschland aufgenommen worden. Der größte Anteil mit 200.000 bis 250.000 Kindern und Jugendlichen entfällt hierbei auf Geflüchtete, zum Teil unbegleitete minderjährige Geflüchtete" (KMK 2016, 2, Herv. i.O.).

Zu diesem Ergebnis kommt die Kultusministerkonferenz in ihrem Beschluss „Erklärung der Kultusministerkonferenz zur Integration von jungen Geflüchteten durch Bildung" (ebd.).

Vor diesem Hintergrund ist es das Ziel dieses Aufsatzes, der Frage nachzugehen, welche Herausforderungen sich für den schulischen Politikunterricht im Kontext von Asyl und Flucht stellen (Kapitel 2).[2] Darauffolgend werden mögliche Lösungsansätze, ausgehend vom derzeitigen Stande der fachdidaktischen Forschung, skizziert (Kapitel 3), um abschließend Handlungsbedarfe zukünftiger politikdidaktischer Forschung und Praxis zu identifizieren (Kapitel 4).

---

2 Hierbei kann es sich selbstverständlich nur um eine unvollständige, interressengeleitete, Auswahl handeln. Sie basiert auf einer empirischen Untersuchung aus den Jahren 2017/2018. Im Rahmen von leitfadengestützte Expert*inneninterviews mit Lehrer*innen sollten Herausforderungen identifiziert werden, mit welchen sich politische Bildner*innen, im Kontext von Asyl und Flucht, in ihrem Unterricht konfrontiert sehen. Dieser Aufsatz stellt demnach die Perspektive der Bildungspraktiker*innen in den Fokus der Ausführungen, welche in ihrem Politikunterricht mit geflüchteten Schüler*innen arbeiten. Bei den nachfolgend behandelten Herausforderungsdimensionen handelt es sich um eine Auswahl. Die Interviewergebnisse dienten als Grundlage für die Entwicklung der Lehrer*innenfortbildung „Lernen zwischen Migration und Populismus" am Fachgebiet Didaktik der Politischen Bildung an der Universität Kassel (www.uni-kassel.de/go/migration-und-populismus).

2. Herausforderungen im Feld Flucht und Asyl in der schulischen politischen Bildungspraxis – Eine Auswahl

2.1 *„Ja ich hab' eine Klasse gehabt, die fast gar nicht deutsch konnte. Und ich hab' eine Klasse, die kann ein bisschen deutsch"*[3] – Sprachkompetenz als Hindernis Politischer Bildung

Die wohl grundlegendste Herausforderung für politische Bildner*innen ist die Arbeit mit Schüler*innen, welche über keine oder sehr geringe Deutschkenntnisse verfügen. „[E]eine erfolgreiche Teilnahme am Politikunterricht" so Achour (2014, 146) „[ist] aufgrund seines sprachintensiven Charakters (Texte analysieren, diskutieren etc.) eklatant vom Beherrschen der Unterrichtssprache abhäng[ig]." Dabei besteht die Herausforderung für die Unterrichtspraxis nicht etwa darin, dass die Lernenden komplexe Argumentationen nur schwer nachvollziehen können oder ihnen Fachtermini nicht geläufig sind. Die Schwierigkeiten sind im Gegenteil ganz grundlegender Natur: *„Ganz einfache Sätze. Nur höchstens ein Hauptsatz. Bloß kein Nebensatz. Ganz einfache Wörter. […] Zusammengesetzte Nomen, zusammengesetzte Wörter funktionieren ganz schwer, weil das ist für sie [die Geflüchteten in der Integrationsklasse, Anm. N.H.] sooooooo lang. Sie können die Buchstaben manchmal noch nicht. Und dann sind da ja mehrere Informationen drin in diesen zusammengesetzten Wörtern. Und das alles zu erfassen: das Wort, die Schrift und dann noch mehrere Informationen, die da drin stecken, zu erfassen, das ist für Menschen im Spracherwerb super schwierig."*[4] Hieraus lässt sich zweierlei schlussfolgern. Erstens stellt Politische Bildung mit Lernenden, die über keine oder geringe Deutschkenntnisse verfügen, Anforderungen an die politikdidaktische Professionalität der Lehrkräfte, was die Überwindung von Verständnis- und Kommunikationsschwierigkeiten und damit ganz konkret die zielgruppengerechte Konzeption und erfolgreiche Durchführung von Lernsettings angeht. Zweitens werden für diesen Unterricht angemessene Unterrichts*materialien* einerseits und *-methoden*[5] andererseits benötigt, um politisches Lernen, ganz praktisch, überhaupt erst möglich zu machen. Mit Blick auf die Zieldimensionen Politischer Bildung (vgl. Einleitung) ist dies von herausragender Bedeutung,

---

3 Bei den kursiv gesetzten Unterkapitelüberschriften handelt es sich um Auszüge aus den Lehrer*inneninterviews (s. dazu Fußnote 2).

4 Bei den kursiv gesetzten Zitaten innerhalb des Textes handelt es sich um Auszüge aus den Lehrer*inneninterviews (s. o.).

5 Das gängige Methodenrepertoire politischer Bildung (vgl. dazu etwa Reinhard 2011) oder auch anspruchsvolle Sozialformen wie Partner*innen oder Gruppenarbeit eignen sich, aufgrund der hohen Sprachanforderungen, in den wenigsten Fällen für den Unterricht.

stellt Sprachkompetenz doch eine zentrale Voraussetzung für politische Partizipation, Mündigkeit und Integration dar (vgl. Achour 2013, 320 ff.).

2.2 *„Wie leben wir zusammen? […] Das ist eine der ganz großen Grundlagen. Dass die hier alle gleichberechtigt sind. Mann und Frau, Christ oder Muslim, Schiit oder Sunnit das ist alles […] egal." –* Grundwerte und -rechte gesellschaftlichen Zusammenlebens

Vor dem Hintergrund des Nationalsozialismus und der Shoa ist, mit Blick auf die normative Grundlage Politischer Bildung in Deutschland, „[d]as demokratische Prinzip […] tragender Konsens innerhalb der politischen Bildungsarbeit" geworden (Lösch 2011, 115). Zentrale Referenzpunkte sind dabei die Menschenrechte sowie das Grundgesetz. Insbesondere über den Grundrechtskatalog werden zentrale Werte der pluralistisch-demokratischen Gesellschaft ausbuchstabiert. Diese bilden die Grundlage des gemeinsamen Zusammenlebens sowie den Rahmen zur Austragung von Konflikten und der Vermittlung unterschiedlicher Interessen in Politik und Gesellschaft (vgl. Reinhardt 2010). In der Bildungspraxis führt der Rekurs auf dieses normative Wertefundament nicht selten zu Irritationen und (Wert)Konflikten. Die Thematisierung von Grundwerten bzw. -rechten wie die Gleichberechtigung zwischen Geschlechtern (Art. 3 GG) oder das Recht auf körperliche Unversehrtheit (Art. 2 GG) birgt dabei immer wieder Konfliktpotential innerhalb des Unterrichts: *„Wie verhält man sich körperlich zueinander? Wie geht man auf das andere Geschlecht zu? Was muss man dabei beachten, wenn man jemanden anfassen will? […] Wenn ich da ne' Ablehnung merke, hab' ich die Finger da wieder wegzunehmen. […] Und wenn einer sagt „Nein", dann heißt das nein. Bis in die Ehe rein, wenn die Ehefrau mit dem Mann keinen Sex haben will und sie sagt nein, hat er das nein zu akzeptieren."* Selbiges Konfliktpotential birgt die Thematisierung von Fragen im Feld der freien Entfaltung der Persönlichkeit (Art. 2 GG) bzw. der Unantastbarkeit der Menschenwürde (Art. 1 GG), wenn etwa ein offen homosexueller Schüler, aufgrund seiner sexuellen Orientierung, in einer Integrationsklasse das Ziel von Ausgrenzung und Abwertung durch seine Mitschüler*innen wird: *„das war ziemlich schnell klar, dass der homosexuell ist […] und er wird gerne zum Gespött gemacht […] und meinen sie müssten ihn jetzt verspotten."* Auseinandersetzungen finden ferner auch mit Blick auf das Recht, die eigene Religion frei auszuüben (Art. 4 & Art. 3 GG), statt: *„Dass durchaus mal durchaus rassistische Meinung gegenüber Andersgläubigen rauskommt. […] Aber was wir eben häufiger hier eben haben ist durchaus, sind durchaus abfällige Bemerkungen gegenüber Andersgläubigen oder insspeziell gegenüber Juden".*

2.3 *„eher, dass die Schüler, die kamen, halt eben abgestempelt worden sind als „Flüchtlinge". Das hab' ich schon gemerkt."* – Diskriminierung und Rassismus

Politikunterricht im Kontext von Flucht und Asyl findet niemals, so wurde einleitend skizziert, im luftleeren gesellschaftlichen Raum statt. Die seit einigen Jahren klar wahrnehmbaren politischen „Veränderungen […] welche die offene Gesellschaft und die liberale Demokratie in ihrem Kern berühren" (Heitmeyer 2018, 16), drücken sich nicht zuletzt in der ablehnenden Haltung einer imaginierten „Mehrheit" gegenüber jenen aus, die als nicht dazugehörig markiert werden. Hiervon sind geflüchtete Schüler*innen ebenso wie Schüler*innen ohne Flucht- aber mit Migrationsgeschichte betroffen. Die Haltung ihnen gegenüber reicht dabei von **Nichtbeachtung/Ignoranz** *(„Es hat zwei Versuche gegeben, dass die […] Schüler, […] die anderen Schüler eingeladen haben und die haben auch was zu essen und zu trinken mitgebacht. Die haben zu Hause sich in den Familien angestrengt, die haben gebacken, die haben gekocht. Es gab ne' Einladung an die Schüler zu kommen, zu sprechen, zu essen […] Die Resonanz bei den deutschen Schülern war sehr gering. […] Und das haben die natürlich gespürt. Das merken sie schon und sie merken es auch im Alltag.")* über die **Reproduktion von Vorurteilen und Stereotypen** *(„Also ein Beispiel was so kam war die Tatsache: Die haben ja alle Handys. Dieses plakative Ding was da immer von den entsprechenden Leuten behauptet wird. […] Oder: Die laufen mit den besten Klamotten rum. Das ist auch son' Satz, den ich gehört habe.")* bis hin zu *offen* **rassistischen Abwertungen** *(„Dass dann z. B. gegenüber den farbigen Kindern halt manchmal auch Sprüche kamen, Neger und sowas.")*. Verhaltensweisen wie diese zeigen sich unabhängig von der Schulform und -stufe sowie der Tatsache, ob bspw. geflüchtete Lerner*innen überhaupt Teil der Schüler*innenschaft sind oder eben nicht. Die Gegenstrategien der Lehrkräfte bestehen überwiegend in der (1) lehrerzentrierten Aufklärung/Belehrung der Lerner*innen, (2) dem Verbot und Ausschluss von Schüler*innenäußerungen/-positionen, (3) der Sanktionierung und Disziplinierung jedoch nur in den wenigsten Fällen in einer politikdidaktischen Aufarbeitung (4). Obgleich die interviewten Lehrkräfte, nach eigenen Aussagen, gegen die Abwertung geflüchteter Schüler*innen vorgehen, nutzen sie selbst ganz überwiegend Begriffe wie Flüchtlingswelle und -krise, vereinzelt auch Flüchtlingsproblematik. Somit wird sprachlich fortwährend der Krisen- und Bedrohungsdiskurs reproduziert, der etwa geflüchtete Lerner*innen erneut in die Nähe bedrohlicher Subjekte rückt (vgl. Einleitung).[6]

6 Zur diskursiv-sprachlichen Krisen- und Bedrohungskonstruktion während Fluchtbewegung 2015/2016 vgl. die Arbeit von Jäger/Wamper 2017.

3. Politikdidaktische Perspektive: Lösungsansätze

3.1 Sprachkompetenz als Hindernis Politischer Bildung

Das Beherrschen der Unterrichtssprache ist unabdingbare Voraussetzung, um am schulischen Politikunterricht teilnehmen zu können und befähigt die Lernenden, sich als mündige Subjekte über unterschiedliche politisch-gesellschaftliche Diskurse zu informieren, die dort zirkulierenden Positionen und Argumente kritisch zu prüfen und zu beurteilen und anschließend aktiv zu partizipieren. Sie werden in die Lage versetzt, ihre Interessen zu vertreten, sich für das eine und gegen das andere zu engagieren, zu kritisieren ebenso wie zu affirmieren. Sprachförderung muss folglich auch als Aufgabe Politischer Bildung in der Schule begriffen werden, wobei derzeit (noch) keine didaktischen Konzepte vorliegen, um Politikdidaktik und Spracherwerb miteinander zu vermitteln (vgl. Achour 2014, 326). Fortbildungsprogramme für Politiklehrkräfte im DAF/DAZ-Bereich können hier, wenn auch nur begrenzt, für die konkreten Herausforderungen in der Praxis sowie die Bedürfnisse der Lernenden sensibilisieren. „Sprache lehren in allen Fächern" (Piontek 2014, 170) darf dabei nicht erst an bereits tätige Bildungspraktiker*innen herangetragen werden. Vielmehr geht es darum, angehende politische Bildner*innen schon in den ersten beiden Phasen der Lehrer*innenbildung auf ihre Arbeit in der Migrationsgesellschaft angemessen vorzubereiten (vgl. ebd.). Für die konkrete Unterrichtspraxis bedarf es darüber hinaus praktikabler methodischer Zugänge sowie politischer Bildungsmaterialien. Defizite in diesen Bereichen müssen andernfalls von Lehrer*innen, parallel zum Unterrichts- und Schulalltag, kompensiert werden: *„Für das unterste Niveau [Schüler*innen mit fast keinen deutschen Sprachkenntnissen, Anm. N.H.] hab ich kein Material gefunden in den Schulbuchverlagen. Da hab ich mir eigentlich alles selber hergestellt […]"*. Lehrmaterialien für Politische Bildung, die konzeptionell an die Sprachlernmethodik von DAF/DAZ-Lehrmaterialien angelehnt sind, könnten hier Abhilfe schaffen. Handlungs- und schüler*innenorientiertes Unterrichten ermöglichen es darüber hinaus, trotz Sprach- und Verständnisproblemen, auch komplexe Zusammenhänge, wie etwa Demokratie oder Wählen, durch praktisches und auf die eigene Lebensrealität bezogenes Lernen zu erschließen: *„Da hab ich gesagt: wir machen einen Ausflug. Und das regeln wir jetzt demokratisch, welchen Ausflug wir machen. Und dann hab ich ihnen vier Ausflugsziele vorgegeben und dann hab ich die vorgestellt und dann haben wir versucht, das war schon ziemlich schwierig, weil sie das nicht kennen. Das FÜR und WIDER des einen und des anderen Ausflugsziels zu diskutieren. Entfernung: Wie weit müssen wir laufen? Könnte ja ein Grund sein. Ich hab keine Lust zu laufen oder Entfernung ist mir egal. Eintritts-*

geld: Wieviel Geld kostet das eigentlich? Was bringt mir das? Und dann haben wir versucht, son bisschen pro und contra für die einzelnen Ausflugsziele zu sammeln und dann haben wir eine Abstimmung gemacht ne demokratische. Und dann haben wir das natürlich auch durchgeführt. [...] Das ist für mich „Demokratie praktisch" gewesen".

3.2 Grundwerte und -rechte gesellschaftlichen Zusammenlebens

Breit (2017, 167) argumentiert, dass, sollen Grundwerte und -rechte im gemeinsamen Zusammenleben innerhalb der pluralen Gesellschaft praktisch wirksam werden können, eine rein instruktive Vermittlung als Unterrichtsinhalt nicht ausreicht. „Alleine das „Kennenlernen" einer Reihe von Menschen- oder Grundrechten führt daher kaum zu einer Persönlichkeitsbildung" so Achour (2014, 288). Sowohl Breit (2017) als auch Achour (2013) vertreten die These, dass Lernende einen affektiven, heißt gefühlsmäßigen, Bezug zu Grund- und Menschenrechten entwickeln müssen, um dieselben das Wertmaßstäbe und normative Deutungsmuster eigenen Denken und Handelns in der Gesellschaft begreifen zu können. Lernprozesse können, von dieser These ausgehend, ganz konkrete Situationen des Unrechts und der Diskriminierung thematisieren, z.B. anhand von konkreten Fallbeispielen, um so Grundrechte- und Werte in ihrer Bedeutung konzeptuell zu plausibilisieren (vgl. Achour 2013, 289; vgl. Breit 2017, 167). Dabei ist es für den Lernprozess, insbesondere in heterogenen Lerner*innengruppen mit einer Vielzahl an Migrations- und/oder Fluchtgeschichten, notwendig, um der Konstruktion einer „Defensivkultur" einerseits und der Entstehung eines „Werteimperialismus" (Achour 2013, 286) andererseits vorzubeugen, „religiöse, weltanschauliche und kulturelle Bezugspunkte" (ebd.) zur bisherigen Lebensrealität der Lernenden herzustellen. Gemeinsamkeiten müssen aufgezeigt und nicht vermeintliche Unterschiede zementiert werden. Dies erfordert seitens der Politiklehrer*innen bspw. Kenntnisse und Fähigkeit im Bereich des interkulturellen Lernens und/oder der Menschenrechtsbildung, die im Rahmen von Fortbildungen erworben werden können. Fortbildungserfordernisse für beide Bereiche buchstabiert die KMK explizit aus (Menschenrechtsbildung: 1980 [2018], 4; interkulturelle Bildung: 1996 [2013]).

3.3 Diskriminierung und Rassismus

Politiklehrer*innen müssen bei Vorfällen dieser Art in jedem Fall reagieren und vulnerable Gruppen innerhalb des Klassen- bzw. Schulverbundes schützen und empowern. Bleiben menschenfeindliche Äußerungen unwidersprochen, bedeutet dies in der Außenwirkung sowohl für Betroffene wie Nicht-Betroffene: derlei Äußerungen werden hier mindestens passiv toleriert. Betroffene erleben den vermeintlich sicheren Raum von Schule und Unterricht dann als Raum der Macht- und Schutzlosigkeit. Ist eine schnelle und unmittelbare Reaktion seitens der Lehrkraft notwendig, kann diese sich offensiv auf einen normativ starken Grundkonsens gesellschaftlichen Zusammenlebens beziehen, wie etwa das Grundgesetz (Art. 1) oder die Menschenrechte (Art. 1). Explizit politikdidaktisch kann auf unterschiedliche Weise gehandelt werden. So wählt etwa Hufer (2018) den Weg der diskursiven Auseinandersetzung, sodass im Moment der offenen Konfrontation argumentativ und wissensbasiert auf Parolen wie „Alle Ausländer sind kriminell" reagiert wird. Dem entgegen schlägt Petrik (2019) u.a. ein an den Fehlkonzeptionen der Schüler*innen orientiertes Vorgehen vor. Es gehe darum, empirisch widerlegbare Fehlvorstellungen in Lernprozessen zu dekonstruieren und in der Folge zu überwinden (z.B. Völker seien überhistorisch, ethnisch, kulturell sowie politisch homogen und bewohnen einen ihnen eindeutig zuordenbaren geographischen Bereich; 25.000 Demonstrierende bei PEGIDA repräsentierten 83.000.000 Millionen Einwohner*innen in Deutschland als „das" vermeintliche „Volk"). Grundsätzlich gilt es im Auge zu behalten, dass sich die Abwertung von Mitschüler*innen durchaus im Bereich der Justiziabilität bewegen kann (etwa § 86a StGB Verwenden von Kennzeichen verfassungswidriger Organisationen). Der Umgang mit und die politisch bildnerische Arbeit an Abwertungshandlungen und -haltungen darf dabei nicht ausschließlich in der Verantwortung der Lehrer*innen liegen. Es bedarf vielmehr eines systemischen Ansatzes, in dessen Rahmen die gesamt Institution Schule involviert ist (Lehrkräfte, Schulleitung, administrativ Beschäftigte, Schüler*innen, Eltern, ggfs. Sozialpädagog*innen und externe Kooperationspartner*innen) sowie einer demokratischen Schul- und damit Partizipationskultur (vgl. Schmitt 2019, 138).

4. Fazit und Ausblick

Asyl und Flucht werden den Politikunterricht auch in Zukunft vor Herausforderungen stellen. Festzustellen, welche dies im Detail sind und Ansätze zu entwickeln, wie ihnen begegnet werden kann, ist die Aufgabe einer auf die *konkrete politische Bildungspraxis und ihre Akteure* fokussierten politikdidaktischen Forschung. Umgekehrt muss der Blick für jene bereits vorhandenen Ansätze geschärft werden, die von Praktiker*innen in ihrer tagtäglichen Arbeit bereits Anwendung finden, um diese im Sinne von Best-Practice Beispielen zu konzeptualisieren, weiterzuentwickeln und zu multiplizieren. Dabei sind alle Phasen der Lehrer*innenbildung aufgerufen, ihren Beitrag zu leisten. „Ausbilden für die

Schule in der Migrationsgesellschaft“ (Piontek 2014) bedeutet für die Politische Bildung dann auch, dass in den Genuss grundlegender Ausbildungsinhalte und Lerngelegenheiten nicht nur jene Studierenden kommen dürfen, die freiwillig optionale Zusatzzertifikate im Bereich Sprachförderung, DAF/DAZ, Migrationspädagogik, Rassismuskritik oder Medienbildung sammeln. Für die zweite und dritte Phase heißt das einerseits, dass Praktiker*innen zur Teilnahme an Fortbildungsveranstaltungen, seitens der Studienseminare/Schulen, aktiv ermutigt werden und andererseits die dafür notwendigen institutionellen Freiräume geschaffen werden müssen (Lehrvertretung, Korrekturumfang usw.). „Denn“ so Niehoff „der Erfolg jeder Konzeption politischer Bildung und jeder Kompetenzerweiterung durch die politische Bildung ist wesentlich von dem oder der Lehrenden abhängig“ (Niehoff 2014, 111) – dies gilt auch und insbesondere vor dem Hintergrund der sich wandelnden Heraus- und Anforderungen für Politische Bildner*innen im Kontext von Flucht und Asyl.

Literatur

Achour, Sabine 2013: Bürger muslimischen Glaubens. Politische Bildung im Kontext von Migration, Integration und Islam, Schwalbach/Ts.

Achour, Sabine 2014: Politische Integration und der Tops der Unvereinbarkeit von Islam und Demokratie in der Politischen Bildung. In: Peter Massing/Mirko Niehoff (Hg.): Politische Bildung in der Migrationsgesellschaft. Sozialwissenschaftliche Grundlagen – Politikdidaktische Ansätze – Praxisberichte, Schwalbach/Ts., S. 138–152.

Autorengruppe Fachdidaktik 2016: Was ist gute politische Bildung? Leitfaden für den sozialwissenschaftlichen Unterricht, Schwalbach/Ts.

Breit, Gotthard 2017: Politische Urteilsbildung und kommunikatives politisches Handeln am Beispiel des Themenbereichs „Flüchtlinge“. In: Markus Gloe/Tonio Oeftering (Hg.): Perspektiven auf Politikunterricht heute. Vom sozialwissenschaftlichen Sachunterricht bis zur Politiklehrerausbildung, Baden Baden, S. 155–169.

Heitmeyer, Wilhelm 2019: Autoritäre Versuchung, Berlin.

Hufer, Klaus-Peter 2018: Argumente am Stammtisch. Erfolgreich gegen Parolen, Palaver und Populismus, Schwalbach/Ts.

Kultusministerkonferenz 1980 [2018]: Menschenrechtsbildung in der Schule. Beschluss der Kultusministerkonferenz vom 04.12.1989 i.d.F. vom 11.10.2018. Online unter: https://bit.ly/2YYtFMG, zuletzt geprüft: 18.08.2019.

Kultusministerkonferenz 1996 [2013]: Interkulturelle Bildung und Erziehung in der Schule. Beschluss der Kultusministerkonferenz vom 25.10.1996 i.d.F. vom 05.12.2013. Online unter: https://bit.ly/2KF6hi5, zuletzt geprüft: 01.08.2019.

Kultusministerkonferenz 2016: Erklärung der Kultusministerkonferenz zur Integration von jungen Geflüchteten durch Bildung. Beschluss der Kultusministerkonferenz vom 06.10.2016. Online unter: https://bit.ly/2XtprjW, zuletzt geprüft: 05.07.2019.

Jäger, Margarete/Wamper, Regina 2017: Zur Bedeutung von Sprache in polarisierten Zeiten. Der Fluchtdiskurs 2015. In: Demokratie gegen Menschenfeindlichkeit. Zeitenwende. 1/2017, Schwalbach/Ts., S. 39–52.

Lösch, Bettina 2011: Ein kritisches Demokratieverständnis für die politische Bildung. In: Bettina Lösch/Andreas Thimmel (Hg.): Kritische Politische Bildung. Ein Handbuch, Bonn, S. 115.128.

Niehoff, Mirko 2014: Soziale Deutungsmuster als relevante Kategorie im Kontext einer politischen Bildung in der Migrationsgesellschaft. In: Peter Massing/Mirko Niehoff (Hg.): Politische Bildung in der Migrationsgesellschaft. Sozialwissenschaftliche Grundlagen – Politikdidaktische Ansätze – Praxisberichte, Schwalbach/Ts., S. 111–137.

Piontek, Regina 2014: Ausbilden für die Schule in der Migrationsgesellschaft. In: Peter Massing/Mirko Niehoff (Hg.): Politische Bildung in der Migrationsgesellschaft. Sozialwissenschaftliche Grundlagen – Politikdidaktische Ansätze – Praxisberichte, Schwalbach/Ts., S. 165–192.

Petrik, Andreas 2019: Die Neue Rechte als Herausforderung an die Politische Bildung. Vortrag auf dem Fachtag „Neue Rechte. Die autoritäre Revolte?“. Vortragsmitschnitt online unter: https://bit.ly/2ypbxk8, zuletzt geprüft: 30.07.2019.

Pohl, Kerstin 2014: Schulischer Fachunterricht. In: Wolfgang Sander (Hg.): Handbuch politische Bildung, Bonn, S. 186–193.

Rechercheportal Mut gegen rechte Gewalt 2015–2018: Chronik flüchtlingsfeindlicher Vorfälle. Online unter: https://bit.ly/2LDR5DV, zuletzt geprüft: 05.07.2019.

Reinhardt, Sibylle 2011: Politik-Methodik. Handbuch für die Sekundarstufe I und II, Berlin.

Schmitt, Sophie 2019: Rechtsextremismus und Gruppenbezogene Menschenfeindlichkeit in Schulen. In: Reiner Becker/Sophie Schmitt (Hg.): Beratung im Kontext Rechtsextremismus. Felder – Methoden – Positionen, Schwalbach/Ts., S. 126–147.

HEINZ STAPF-FINÉ

Soziale Ungleichheit als Ursache für politische Ungleichheit

Rückschlüsse auf das Thema Flucht und politische Bildung

Thesen zur Einleitung

Der Beitrag geht von zwei zentralen Hypothesen aus.

- Die Chancen zur politischen Teilhabe und die Einstellungen zu Demokratie und politischem System sind sozial ungleich verteilt, wachsende soziale Ungleichheit wird somit zu einer Herausforderung für die Demokratie.
- Zwischen sozialem und politischem Engagement gibt es Überschneidungen, soziales Engagement kann somit einen Einstieg in politisches Engagement bieten.

Diese beiden Thesen werden anhand eigener empirischer Untersuchungen auf ihre Evidenz überprüft, um schließlich Schlussfolgerungen für das Themenfeld Flucht und politische Bildung zu ziehen.

Zunehmend wird soziale Ungleichheit ein Problem hinsichtlich der Chancen zur politischen Partizipation und unterminiert so allmählich die Legitimität der Demokratie:

- „Personen mit (Fach-)Abitur zeigen ein überproportional hohes Interesse an Politik, während die Gruppe der Hauptschulabsolventen und Menschen ohne Schulabschluss unter dem Durchschnittswert liegt." (Bödeker 2012, S. 2)
- „Die Mitgliedschaft in den meisten zivilgesellschaftlichen Organisationen ist in noch höherem Maße von Einkommen und Bildung abhängig." (Ebd., S. 3)
- „Im Vergleich zu Wahlen sind die meisten anderen Partizipationsformen sogar noch stärker sozial verzerrt." (Ebd., S. 5)

Insofern untergräbt die sozial ungleiche Teilhabe an politischen Prozessen das Ideal der demokratischen Gleichheit. Oder anders ausgedrückt: Erst wenn die Demokratie ihre sozialen Gleichheitsversprechen, verwirklicht durch soziale Sicherung, wieder einlöst, kann sie sich wieder einer breiteren Unterstützung quer durch alle Gruppen der Bevölkerung erfreuen.

Empirische Befunde aus dem Projekt „Demokratieferne Einstellungen in einer Kommune"

Erhärtet werden diese Befunde durch eigene empirische Untersuchungen im Rahmen des Projektes „Demokratieferne Einstellungen in einer Kommune. Das Beispiel Marzahn-Hellersdorf", das von der Stiftung Deutsche Klassenlotterie Berlin finanziert wurde[1]. Im Rahmen der quantitativen Befragung wurde ein Fragebogen an 2000 zufällig ausgewählte, volljährige Bewohnerinnen und Bewohner des Bezirks verschickt, der Rücklauf betrug 363 Fragebögen. Im Hinblick auf zentrale demografische Daten erwies sich das Sample als repräsentativ für die Einwohnerschaft des Bezirks. Mit dem Fragebogen wurde ein Anschreiben verschickt, in dem um die Beteiligung an einem qualitativen Interview geworben wurde. Es erklärten sich 60 Personen hierzu bereit, die Hälfte davon konnte einbezogen werden und beteiligte sich an den narrativen Interviews. Ziel der Fragebogenerhebung war es, die Einstellungen und Haltungen zur Demokratie zu ermitteln und Zusammenhänge mit dem Phänomen gruppenbezogener Menschenfeindlichkeit und autoritären Einstellungen[2] zu erforschen. In den narrativen Interviews wurde der Frage nachgegangen, mit welchen Erfahrungen in der Biografie die Herausbildung bestimmter Haltungen zur Demokratie erklärt werden kann.

Auch in Marzahn-Hellersdorf konnten Zusammenhänge zwischen sozialer Lage und Engagement festgestellt werden. Hinsichtlich der Einstellung zur Demokratie wurden vier Gruppen gebildet:

- Zufriedene Demokratinnen und Demokraten, welche sich mit der Grundidee der Demokratie identifizieren und mit der Umsetzung in Deutschland zufrieden sind. In Marzahn-Hellersdorf sind dies 27,2 % der Befragten.

1 Eine ausführliche Darstellung der Ergebnisse findet sich in: Stapf-Finé (2019a). Zum Zusammenhang zwischen sozialer Lage und Haltungen und Einstellungen zur Demokratie vgl. Stapf-Finé (2019b).

2 Für die Einstellungen zur Demokratie wurde im Rahmen der Untersuchung ein Messinstrument weiterentwickelt, welches das Deutsche Jugendinstitut für eine Untersuchung des Wandels der Einstellungen junger Menschen zur Demokratie verwendet hatte (Rijke u.a. 2006). Die von Decker und Brähler (2018) fortgeführte Tradition der Autoritarismusforschung lieferte gute Messinstrumente für das Erstellen des Fragebogens. Die Mitte-Studien der Friedrich-Ebert-Stiftung (Zick u.a. 2019) knüpfen an der Forschungslinie von Wilhelm Heitmeyer zur gruppenbezogenen Menschenfeindlichkeit an und zeigen auf, wie stark solche Einstellungen in der Mitte der Gesellschaft verbreitet sind.

- Kritisch-politische Demokratinnen und Demokraten stehen der Idee der Demokratie positiv gegenüber, sind aber mit der Umsetzung nicht zufrieden, sind politisch interessiert und zu einem gewissen Maße bereit, sich für eine Verbesserung einzusetzen; sie stellen somit ein kritisches, aber konstruktives Potential zur Verbesserung dar (30,9%).
- Kritisch-Unpolitische bejahen die Idee der Demokratie, sind aber politisch kaum interessiert und nicht bereit, sich zu engagieren (17,9%).
- Demokratiedistanzierte, die der Demokratie als Idee gegenüber skeptisch eingestellt sind (24%).

Der Zusammenhang zwischen Haltung zur Demokratie und der sozialen Lage entspricht den Erwartungen (vgl. Bödeker 2012; Pohl/Massing 2014). Zufriedene Demokratinnen und Demokraten sind bei Menschen mit geringem Einkommen am schwächsten vertreten. Positive Haltungen zur Demokratie (zufrieden 17%, kritisch-politisch 34%) halten sich bei Geringverdienenden gerade die Waage mit kritisch-unpolitischen Haltungen (22%) und Distanz zur Demokratie (27%). Bei der Mittelschicht dominieren positive Grundhaltungen zur Demokratie (je 32% zufrieden und kritisch-politisch), dies schwächt sich bei den Gutverdienenden wieder etwas ab (34% zufrieden, 25% kritisch-politisch), möglicherweise sind diese nicht so stark auf die Sicherungsversprechungen des demokratischen Gemeinwesens angewiesen.

Dieser Befund wird im Rahmen der Studie noch dadurch unterstrichen, dass diejenigen, die noch nie von Arbeitslosigkeit betroffen waren, überwiegend positiv zur Demokratie eingestellt sind (je 33% zufrieden und kritisch-politisch), während bei den mehrfach von Arbeitslosigkeit betroffenen Menschen unpolitische Haltungen (16%) und Distanz zur Demokratie (38%) vorherrschen. Unpolitische Haltungen und Distanz gegenüber der Demokratie sind darüber hinaus eher bei Menschen mit niedriger bewerteten Bildungsabschlüssen zu finden.

Eine weitere interessante Erkenntnis ist, dass eine positive Grundhaltung zur Demokratie die Menschen nicht unbedingt freimacht von Einstellungen gruppenbezogener Menschenfeindlichkeit und autoritären Haltungen. Hier liegt auch ein Handlungsbedarf für politische Bildung. Prinzipiell findet sich allerdings – wie auch in anderen Studien – der Zusammenhang zwischen dem geringen Vertrauen in die Demokratie und der Zunahme gruppenbezogener Menschenfeindlichkeit wieder. Klassischer Antisemitismus (Zustimmung zur Aussage Juden trügen eine Mitschuld an ihrer Verfolgung) ist eher bei den Distanzierten und den Unpolitischen zu finden (unter denjenigen, die der Aussage teilweise bis voll zustimmen, finden sich 40% Distanzierte und 33% Unpolitische). Kritisch-politische und zufriedene Demokratinnen und Demokraten lehnen antimuslimische Haltungen[3] überwiegend ab ebenso wie Vorbehalte gegenüber Geflüchteten[4].

Im Rahmen der qualitativen Erhebung wurden folgende Punkte deutlich:

- Viele der Befragten haben ein starkes Gespür für soziale Schieflagen in unserer Gesellschaft. Nicht die Demokratie an sich, sondern ihre spezifische Ausprägung wird problematisiert, vor allem, weil Erwartungen an soziale Sicherung nicht erfüllt werden. Zur Stärkung der Demokratie bedarf es folglich einer umfassenden Strategie, die neben einer Stärkung zivilgesellschaftlicher Projekte, Maßnahmen zum Auf- und Ausbau einer bürgerfreundlichen und kultursensiblen Verwaltung, der Ergänzung formaler Demokratie um Formen partizipativer Demokratie und politischer Bildungsarbeit vor allem auch sozialpolitisch flankiert werden muss, um den sozialen Sicherheitserwartungen der Menschen zu entsprechen.
- In den qualitativen Interviews und in öffentlichen Veranstaltungen haben die Bürgerinnen und Bürger den Wunsch zum Ausdruck gebracht, dass ihnen zugehört wird und ihre Probleme ernst genommen werden. Hier sollten sich Politik und Verwaltung aufgefordert fühlen, zunehmend Geh-Strukturen zu entwickeln. Politik und demokratische Parteien sollten vermehrt aufsuchende Angebote entwickeln, gegenüber denen die Menschen sehr aufgeschlossen scheinen. Auch politische Bildungsarbeit erreicht über aufsuchende Angebote eher ansonsten schwer erreichbare Zielgruppen.

Eine nicht repräsentative Voruntersuchung bei einem kleinen Sample Jugendlicher im Bezirk Marzahn-Hellersdorf wurde vorgenommen, um den quantitativen Fragebogen zu testen und die Typen hinsichtlich der Einstellungen zur Demokratie zu entwickeln. Hier gaben 45,8 % der Befragten an, sich nicht für Politik zu interessieren. Für zu kompliziert halten 57,8 % die Politik und 60,6 % halten ihre Einflussmöglichkeiten für zu gering. Das Vertrauen in die eigenen Kompetenzen und die eigenen Möglichkeiten, auf politischem Feld Einfluss zu nehmen, ist also gering. Im Gegensatz dazu würden 66,2 % sich sozial oder politisch engagieren, wenn sie Aussicht auf Erfolg hätten. Ein Schlüsselfaktor scheint zu sein, die Selbstwirksamkeit der Menschen zu fördern und das Vertrauen in die eigenen Fähigkeiten zu stärken.

---

3 Unter denjenigen, welche der Aussage nicht oder überhaupt nicht zustimmen, es gebe zu viele Muslime in Deutschland befinden sich 30 % zufriedene Demokraten und 38 % kritisch-politische, aber nur 9 % Unpolitische und 22 % Distanzierte.

4 Unter denjenigen, die der Aussage, Flüchtlinge würden zu hohe Sozialleistungen empfangen, nicht oder überhaupt nicht zustimmen, befinden sich 34 % zufriedene und 35 % kritisch-politische Demokraten, aber nur 8 % Unpolitische und 22 % Distanzierte.

Politische Bildung im Rahmen sozialräumlicher Demokratieentwicklung

Aus diesem Grund wurde im beschriebenen Forschungsprojekt ein Vorschlag entwickelt, wie auf kommunaler Ebene in Marzahn-Hellersdorf ein Verfahren zur sozialräumlichen Demokratieentwicklung eingeleitet und modellhaft durchgeführt werden kann. Dies wird in einem vom Bundesministerium für Bildung und Forschung geförderten Nachfolgeprojekt im Rahmen der Förderlinie „Zusammenhalt stärken in Zeiten von Krisen und Umbrüchen" angestoßen.[5]

Im Wesentlichen ist vorgesehen, dass sich Akteurinnen und Akteure aus Zivilgesellschaft, Politik und Verwaltung zusammensetzen und beraten, wie vor Ort Formen der repräsentativen Demokratie durch direktere Formen der Partizipation ergänzt werden können und welche politisch-inhaltlichen Fragen dabei prioritär bearbeitet werden sollen. Davon könnten wichtige Impulse für die Verbesserung der demokratischen Kultur ausgehen.

Ein Punkt ist dabei der Auf- und Ausbau politischer Bildung auf verschiedenen Ebenen. Gerade die Befragung unter den Jugendlichen hat gezeigt, dass die nötigen Kompetenzen vielfach nicht ausreichend vorhanden sind. Wichtig ist dabei, dass es gerade nicht darum geht, die Kompetenzen theoretisch zu vermitteln. Vielmehr muss Demokratie-Lernen dadurch erleichtert werden, dass man sie leben und erleben kann. (Schließlich muss man auch Geduld entwickeln lernen. Manchmal sind demokratische Prozesse sehr langwierig.)

Daher wird vorgeschlagen, Demokratie-Bildung in den Kitas zu intensivieren, schließlich stellen sie den ersten Lernort außerhalb der Familie dar. Erfahrungen mit Projekten[6], die unterschiedliche Ansatzpunkte haben (Selbstbestimmtes Spielen, Kita-Räte, Kita-Verfassungen, vorurteilsfreie Erziehung) sind ermutigend und zeigen, dass vor allem ein Umdenken bei den Erwachsenen stattfinden muss, die im Nachgang zu solchen Modellprojekten häufig erkennen, dass die Kinder viel mehr selbst entscheiden und verantworten können, als ihnen vorher zugetraut wurde. Entsprechende Angebote für Beratung und Begleitung der Kitas und der darin vertretenen Akteurinnen und Akteure müssen ausgebaut werden.

Entscheidend ist, dass beim Übergang in die Schule die Gelegenheiten für Erfahrungen mit Partizipation existent bleiben. Daher wird vorgeschlagen, dass sich die Schulen noch stärker als bisher sozialräumlich öffnen, so dass die Schü-

---

5 Eine Beschreibung des Projektes findet sich unter: https://www.ash-berlin.eu/forschung/forschungsprojekte-a-z/demokratie/ [27.7.2019].

6 Vgl. hierzu Stapf-Finé (2018).

lerinnen und Schüler z.B. in Form von Projekttagen, Projektwochen aber auch von Service Learning Erfahrungen von (Selbst-)Wirksamkeit machen. Aber auch Partizipationsmöglichkeiten in der Institution Schule selbst sollten hinsichtlich der Mitsprache und Mitentscheidung von Seiten der Schülerinnen und Schüler ausgebaut werden. Notwendig ist auch eine Stärkung aller der in der Schule tätigen Berufsgruppen (Lehrerinnen, Erzieher, Sozialarbeiter und sonstiges Personal wie Hausmeister und Sekretariat) im Hinblick auf die Bereitstellung der notwendigen Ressourcen (Möglichkeiten zur Weiterbildung, adäquate Personalausstattung). Den Grundschulen kommt eine entscheidende Bedeutung im Hinblick auf sozialen Ausgleich zu. Schließlich sind sie ein Lernort, an dem die soziale Separierung entlang der sozialen Herkunft noch geringer ist als an den Oberschulen. Folglich können hier mögliche Defizite der Familie oder des sozialen Umfeldes am ehesten ausgeglichen werden.

Mit der Volkshochschule ist auszuloten, wie diese in Kooperation mit anderen Akteurinnen und Akteuren (bspw. der Landeszentrale für politische Bildung) Formen der politischen Bildung auf- und ausbauen kann. Anknüpfungspunkte bieten dabei Ansätze aufsuchender politischer Bildung[7], bei deren Entwicklung folgende Punkte zu berücksichtigen sind: Es sind Kooperationen mit Akteurinnen und Akteuren im kommunalen Umfeld zu suchen, um die Menschen an Orten anzusprechen, an denen sie sich aufhalten. Im Bezirk Marzahn-Hellersdorf könnten dies die Nachbarschaftszentren sein. Hierdurch wird auch ein Bezug zum Sozialraum und Wohnumfeld hergestellt, für das sich die Menschen erfahrungsgemäß am ehesten zu engagieren bereit sind. Damit sich der gewünschte Effekt einstellt, sind darüber hinaus die Angebote auf Dauer anzulegen und der Effekt ist nachhaltiger, wenn lokale Multiplikatoren einbezogen werden.

Diese Vorschläge unterscheiden nicht in Bezug auf Bevölkerungsgruppen nach ihrer Herkunft, Religion oder dergleichen. Somit dürfen Menschen mit Migrations- und Fluchterfahrungen nicht nur auf die bezirklichen Integrationsbeiräte verwiesen werden. Vielmehr geht es um eine Ergänzung und damit Stärkung der repräsentativen Demokratie – ohne bestimmte Bevölkerungsgruppen auf zugeschriebene Nischen zu verweisen. Pluralität entsteht gerade nicht dadurch, dass Gruppen der Bevölkerung unter sich bleiben und nur sporadisch auf dem politischen Feld den Wettstreit um politische Konzepte suchen. Vielmehr geht es um gleichberechtigte politische Teilhabe für alle.

---

7 Zu den Gelingensbedingungen für aufsuchende politische Bildung siehe: Transferstelle politische Bildung 2016.

Es ist davon auszugehen, dass die Problematik der politischen Ungleichheit entlang der sozialen Ungleichheit übertragbar ist auf den Bevölkerungsanteil mit Migrations- und Fluchterfahrung bzw. noch deutlicher zutage tritt, da ein niedriger sozialer Status häufig auch mit dem Migrationsstatus zusammenfällt.

Anhand des eigenen Samples lässt sich dies leider nicht nachweisen, denn um valide Aussagen zur Bevölkerung mit „Migrationshintergrund" zu machen, war die Stichprobe zu klein. Die empirische Evidenz aus anderen Studien spricht jedoch dafür. Müssig/Worbs (2012, S. 5–6) kommen zu dem Schluss, dass politische Einstellungen, die förderlich für die politische Beteiligung sind, bei Zuwanderern der ersten Generation zwar geringer ausgeprägt sind, als bei Menschen ohne Migrationshintergrund. Dieser Unterschied verringert sich aber bei Menschen mit Migrationshintergrund aus der zweiten Generation und besteht kaum noch bei Menschen mit Migrationshintergrund und deutschem Pass. Das gleiche Ergebnis zeigt sich bei nicht-elektoralen Formen der politischen Beteiligung. Die Autorinnen schließen daraus, dass politische Orientierung ein Prozess ist, der Zeit brauche.

Hinsichtlich der Einstellungen zu Demokratie und Menschenrechten ist bei geflüchteten Menschen sogar vorsichtiger Optimismus angebracht. Die repräsentative Umfrage von IAB, BAMF und SOEP unter 2300 geflüchteten Menschen (vgl. DIW 2016) zeigt, dass für 73 % die Achtung der Menschenrechte der entscheidende Grund war, um Deutschland als Zielland auszusuchen. 96 % sprechen sich für ein demokratisches System aus, somit ist die Zustimmung gleichauf mit der „Mehrheitsgesellschaft". Geflüchtete Menschen bringen laut der Studie auch eine hohe Bereitschaft für Bildungsanstrengungen mit. Allerdings wird die soziale Frage auch bei geflüchteten Menschen virulent werden: Im Hinblick auf höher bewertete Bildungsabschlüsse liegen die Geflüchteten gleichauf mit der deutschen Bevölkerung. Im Bereich mittlerer Bildungsabschlüsse fallen sie aber zurück und sind im unteren Bereich stärker repräsentiert.

Soziales Engagement, ein Weg zu politischem Engagement?

Kommen wir zur zweiten Hypothese, soziales Engagement könne ein Weg hin zu politischem Engagement sein. Im Rahmen der eigenen quantitativen Untersuchung in Marzahn-Hellersdorf hat sich ergeben, dass sich nur 2,6 % des Samples politisch im Rahmen einer Partei, einer Gewerkschaft, eines Interessenverbandes oder einer religiösen Gemeinschaft engagieren. Lediglich soziales Engagement weist 21 % des Samples auf und 11,9 % gaben an, sowohl politisch als auch sozial engagiert zu sein. Damit wird deutlich, dass bei den politisch Engagierten dieses Engagement in der Regel durch soziales Engagement begleitet wird. Hingegen wird soziales Engagement sehr häufig eigenständig betrieben und nicht durch politisches Engagement begleitet. Ausschließlich politisches Engagement kommt kaum vor. Insofern könnte Grund zu der Annahme bestehen, dass bei der Mehrzahl der sozial Engagierten nach wie vor der persönliche Einsatz für andere Menschen im Vordergrund steht und die Bereiche Politik und Gesellschaft als getrennte angesehen werden. Bei den politisch Engagierten scheint diese Trennung hingegen keine Rolle zu spielen. Es wäre zu wünschen, weitere Untersuchungen könnten diese Erkenntnisse für andere Regionen bzw. im bundesweiten Kontext erhärten.

Die Perspektiven in Marzahn-Hellersdorf sind ermutigend, denn es gibt durchaus Potenzial für politisches Engagement. Über ein Drittel der Befragten (37,6 %) engagiert sich gelegentlich bis oft sozial, während sich nur 14,2 % gelegentlich bis oft politisch engagieren. Aufgrund der zunehmenden Entgrenzung von Politischem und Sozialen und des engen Zusammenhangs zwischen den beiden Engagementformen besteht also Potenzial für künftiges politisches Engagement. Zudem sagen etwas über 60 %: „Es gab Zeiten, in denen ich mich stärker engagiert habe." Folglich könnten viele Menschen für das Gemeinwesen gewonnen bzw. wiedergewonnen werden.

Wie kann Demokratie wieder an Legitimität gewinnen?

Zwar hat sich auch in Marzahn-Hellersdorf gezeigt, dass nach wie vor viele Menschen soziales und politisches Engagement gedanklich trennen. Auf der anderen Seite ist empirisch mittlerweile gut belegt, „… dass Mitglieder freiwilliger Organisationen über ein höheres Maß an politischem Sachverstand, sozialem Vertrauen, politischer Partizipation und subjektiven zivilgesellschaftlichen Kompetenzen verfügen als Personen, die nicht in derartigen Organisationen engagiert sind." (van Deth 2001, S. 197–198).

Die Demokratie bundesrepublikanischer Prägung hat ein zunehmendes Legitimitätsproblem, weil Erwartungen an die soziale Sicherung nicht erfüllt werden. Dies wurde auch für den untersuchten Sozialraum deutlich. Zur Überwindung ist eine Politisierung des Sozialen angeraten. Hier ist noch einmal in Erinnerung zu rufen, wozu das Modell der Trennung zwischen Politischem und Sozialem dient. David Salomon (2015) hat herausgearbeitet, dass es ermöglicht, beiden Sphären unterschiedliche handlungsleitende Prinzipien zuzuschreiben. Die demokratische (formale) Gleichheit gilt als Leitwert des politischen Systems. Die Effizienz als leitendes Prinzip der Wirtschaft. Mit dieser Trennung wurde es möglich, den Bereich der Wirtschaft gegenüber politischen Einflüssen ein Stück weit zu immunisieren.

Die Überwindung des Trennmodells im Sinne des bürgerschaftlichen Engagements, in dem zum einen Wirtschaftsunternehmen wie „gute Bürger“ auftreten und zum anderen der „Bürger“ und sein für das Gemeinwesen gutes, aber individuelles Verhalten zum Leitprinzip erhoben wird (vgl. Sutter 2018), führt zu einem unpolitischen Ende und nimmt die Rolle des Staates bzw. der Politik zurück.

Eine Re-Politisierung des Sozialen erfordert, Wirtschaft und Gesellschaft in den Mittelpunkt politischer Diskurse und politischer Forderungen zu stellen und verstärkt Fragen der Verteilungsgerechtigkeit zu verhandeln. Bei der Etablierung einer sozialen Demokratie, welche die sozialen Versicherungsversprechen tatsächlich einhält, wird es vermutlich nicht konfliktfrei zugehen. Dies hat Konsequenzen für die politische Bildung. Es geht nicht darum, Menschen zu guten Bürgern zu erziehen und ihnen die Kompetenzen einer von der Mittelschicht geprägten demokratischen Kultur zu vermitteln. Dann wäre sie in der Tat ein „... aufstiegsorientiertes Erziehungsprogramm für Unterklassen ...“ (Salomon 2016, S. 110). Die Lösung ist folglich nicht in einem entpolitisierten sozialen Lernen zu suchen. Vielmehr müssen Kompetenzen erworben werden, die mit Austragen und Aushalten von Konflikten zu tun haben. Denn soziale Gerechtigkeit gibt es nicht geschenkt.

Demokratie selbst ist nicht selbstverständlich vorhanden, sondern muss ständig verteidigt und es muss um sie gerungen werden. In Ihrer Betrachtung zu politischem Engagement im Jugendalter kommen Kühnel und Willems (2017, S. 9) zu folgendem Schluss:

> Mangelnde Anerkennung und soziale Ausgrenzung im Hinblick auf Teilhabe an den materiellen und kulturellen Gütern der Gesellschaft, aber auch fehlende Zuwendung und Aufmerksamkeit in den sozialen Nahbeziehungen (...) begünstigen offensichtlich die Hinwendung zu (rechts-)extremen und gewaltförmigen Orientierungs- und Handlungsmustern.

Ein Modell gelingender Praxis für soziales Engagement von Geflüchteten als Weg zur demokratischen Teilhabe ist „Give something back to Berlin“ (https://gsbtb.org/de/#!/). Es handelt sich um eine Initiative eher privilegierter Zuwanderer*innen vor allem aus anderen europäischen Ländern, die dem Land, in das sie gekommen sind, etwas zurückgeben wollen. Entstanden ist eine Vielzahl von Aktivitäten nicht nur, aber vor allem für geflüchtete Menschen: gemeinsam Zeit verbringen bei kulturellen Angeboten, Beratung, Vermittlung von Freiwilligen für gesellschaftliches Engagement und Runden zum Austausch über politische Themen.

Im Rahmen einer wissenschaftlichen Evaluation (Stapf-Finé 2020) wurden folgende Gelingensbedingungen herausgearbeitet: Man kann sich je nach Interesse mit anderen treffen, um Freizeitaktivitäten wie Kochen oder Musizieren zu betreiben, sich sozial engagieren und dafür das entsprechende Online-Angebot nutzen oder man kann sich zu politischen Gesprächen treffen. Folglich gibt es einen niedrigschwelligen Zugang über Freizeitbeschäftigung auf soziales oder politisches Engagement, der auch ausgeweitet werden kann (aber nicht muss). Das Projekt hat gute Kontakte in die Politik von der Bezirks- über die Landesebene bis hin zur europäischen Ebene. Die Kommunikationswege richten sich an ein junges, internetaffines Publikum. Und vor allem handelt es sich um einen Peer-Ansatz: Die Aktivitäten werden von Menschen mit ähnlichem Erfahrungshintergrund angeboten.

Im Zusammenhang mit Flucht und Migration bedeutet das bisher Entwickelte Folgendes:

- Integration und Inklusion sind etwas, das erkämpft werden muss, auch gegen Widerstände.
- Ein Schlüssel für dieses Ringen um Integration könnte in sozialem Engagement als eine Art Einstieg in Politik und Gesellschaft liegen.
- Erfolgreich werden solche Anstrengungen sein, in denen sich die Betroffenen als Akteurinnen und Akteure selbst engagieren und ihnen nichts übergeholfen wird.
- Hilfreich ist es, wenn Menschen als Multiplikatoren wirken, die selbst Erfahrungen mit Migration haben und die sich neu für Zugewanderte engagieren.

Literatur

Bödeker, Sebastian 2012: Soziale Ungleichheit und politische Partizipation in Deutschland. In: WZB-Brief Zivil-Engagement Nr. 5, April.

Decker, Oliver/Brähler, Elmar 2018: Flucht ins Autoritäre. Rechtsextreme Dynamiken in der Mitte der Gesellschaft, Gießen.

DIW Economic Bulletin 48 2016: Forced migration, arrival in Germany, and first steps toward integration.

Kühnel, Wolfgang/Willems, Helmut 2017 (Hg.): Einleitung. In: Dies.: Politisches Engagement im Jugendalter. Zwischen Beteiligung, Protest und Gewalt, Weinheim/Basel.

Müssig, Stephanie/Worbs, Susanne 2012: Politische Einstellungen und politische Partizipation von Migranten in Deutschland. Bundesamt für Migration und Flüchtlinge, Working Paper 56, Nürnberg.

Pohl, Kerstin/Massing, Peter 2014 (Hg.): Mehr Partizipation – mehr Demokratie, Schwalbach/Ts.

Rijke, Johann de/Gaiser, Wolfgang/Gille, Martina/Sardei-Biermann, Sabine 2006: Wandel der Einstellungen junger Menschen zur Demokratie in West- und Ostdeutschland – Ideal, Zufriedenheit, Kritik. In: Diskurs Kindheits- und Jugendforschung, 3/2006, S. 335–352.

Salomon, David 2015: Das Soziale als das Politische? Politik, Wirtschaft und Gesellschaft als Problem einer politisch-soziologischen Bildung. In: Götz, Michael/Widmaier, Benedikt/Wohnig, Alexander (Hg.): Soziales Engagement politisch denken. Schwalbach/Ts, S. 97–117.

Stapf-Finé, Heinz 2018: Kita(sozial)politik – Politische und gesellschaftliche Entwicklungstrends in der Kindertagesbetreuung. In: Brodowski, Michael (Hg.): Das große Handbuch für die Kita-Leitung, Köln.

Stapf-Finé, Heinz 2019a (Hg.): Demokratienähe und -distanz. Das Forschungsprojekt Demokratieferne Einstellungen in einer Kommune. Sozialwissenschaftliche Forschungswerkstatt, Bd. 6, Berlin.

Stapf-Finé, Heinz 2019b: Ursachen für die Entstehung antidemokratischer Haltungen. Ausgewählte quantitative Ergebnisse. In: Sozialer Fortschritt, 8/9, S. 679–700.

Stapf-Finé, Heinz 2020: Evaluation des Projektes „Empowerment zur demokratischen Teilhabe sowie Konfliktbearbeitung" (Give Something Back to Berlin e. V.), Berlin, https://opus4.kobv.de/opus4-ash/frontdoor/deliver/index/docId/278/file/Bericht170120.pdf (Zugriff am 22.04.2020).

Sutter, Barbara 2018: Der Wille zur Gesellschaft. Bürgerschaftliches Engagement und die Transformation des Sozialen, Köln.

Transferstelle politische Bildung 2016: Hingehen um zu bleiben?! – Aufsuchende politische Bildungsarbeit. Protokoll der Jahrestagung 2016, https://transfer-politische-bildung.de/dossiers/16-zugangsmoeglichkeiten/tagungsdokumentation/berichte/transferdialog-4/ (Zugriff am 21.05.2019).

Van Deth, Jan 2001: Soziale und politische Beteiligung: Alternativen, Ergänzungen oder Zwillinge? In: Koch, Achim/Wasmer, Martina/Schmidt, Peter (Hg.): Politische Partizipation in der Bundesrepublik Deutschland. Empirische Befunde und theoretische Erklärungen, Wiesbaden.

Zick, Andreas/Küpper, Beate/Berghan, Wilhelm 2019: Verlorene Mitte – Feindselige Zustände, Rechtsextreme Einstellungen in Deutschland 2018/19, Bonn.

Thomas Gill im Gespräch mit Teresita Cannella und Mohammed Jouni

„Du hast ein Recht darauf"

Ein Gespräch über Self-Empowerment, Menschenrechte, power-sharing und politische Bildung in inklusiver Perspektive

Teresita Cannella ist Projektkoordinatorin bei trixiewiz e.V., einer migrantisch-feministischen Organisation in Berlin. Als Aktivistin und als freiberufliche Trainerin ist sie in der antirassistischen Arbeit und in der Antidiskriminierungsarbeit in verschiedenen Zusammenhängen tätig.

Mohammed Jouni ist Sozialarbeiter im Beratungs- und Betreuungszentrum für junge geflüchtete Migrant*innen (BBZ) Berlin und freiberuflich als Trainer der politischen Bildung aktiv. Er sitzt im Vorstand des Bundesfachverbands unbegleitete minderjährige Flüchtlinge. Er war 2005 Mitbegründer und ist heute Sprecher von „Jugendliche ohne Grenzen".

Thomas Gill ist Leiter der Berliner Landeszentrale für politische Bildung.

Thomas Gill:
Die deutsche Flüchtlingspolitik scheint sich weiterentwickelt zu haben. Hat sich in den letzten Jahren auch die Bereitschaft und die Erwartung von Geflüchteten geändert, politisch beteiligt zu werden?

Mohammed Jouni:
Wir leben in sehr politischen Zeiten, dies führt unter anderem zu einer ganz anderen – auch medialen – Wahrnehmung des Themas Flucht. Als Jugendliche ohne Grenzen hatten wir bis etwa 2010 große Schwierigkeiten, überhaupt öffentliche Aufmerksamkeit zu erhalten. Dies hat sich 2015/16 deutlich geändert. Wir mussten zum Teil Anfragen abweisen, weil wir keine Kapazitäten mehr hatten. Dies ist im Prinzip bis heute so geblieben. Es besteht inzwischen für Selbstorganisationen eine ganz andere Wahrnehmung und Wertschätzung, die dazu führt, dass sich die Menschen eher trauen, ihre Anliegen sichtbar zu machen und eigene Akzente setzen zu wollen. Es existiert ein ganz anderes Selbstbewusstsein. Und generell ist Flucht natürlich sehr politisch.

Teresita Cannella:
Wenn wir Politik nicht nur auf Staat und Wahlrecht beziehen, dann kenne ich viele geflüchtete Menschen, die sich in die Gesellschaft einbringen wollen. Sie wollen selbstbewusst für ihre Rechte kämpfen. Viele Fragen sich, was sie nicht nur für sich sondern auch für andere tun können. Zahlreiche neue Projekte und Initiativen sind so entstanden. Aber auch die Anerkennung ist eine ganz andere geworden. Jahrelang hat niemand auf unsere Anträge reagiert. Seit 2015/16 werden plötzlich Projekte für Geflüchtete und für Migrant*innen finanziell unterstützt. Dies schafft natürlich ganz andere Möglichkeiten, auch um Menschen Zugang zur politischen Teilhabe zu verschaffen.

Mohammed Jouni:
Das Wahlrecht ist gerade bei jüngeren Menschen selten ein Thema – weder aktiv noch passiv. Sie wollen aber mitreden und mitbestimmen, Sie wollen sich mit anderen austauschen und vernetzen. Dies ist die Form der politischen Teilhabe, die sie anspricht. Das Interesse am Wahlrecht kommt erst später, wenn sie sich zugehörig fühlen.

Thomas Gill:
Was muss getan werden, um Ausschlüsse bei diesen partizipativen Formen von Demokratie im Alltag zu verhindern? Wie müssen Beteiligungsverfahren weiterentwickelt werden? Geht es dabei um Sprache, um Diskriminierungsschutz, um was noch?

Teresita Cannella:
Wir müssen vor allem die „am Rand" in den Blick nehmen. Zum Beispiel jetzt in der Coronazeit. Kinder, die in einer Unterkunft leben, haben keine Möglichkeit zum Homeschooling, weder eine Internetverbindung noch einen Computer. Gerade diese Gruppen brauchen eine Stimme! Ihnen wird am wenigsten zugehört. Das ist ein ganz wichtiger Punkt, den es zu diskutieren gilt.

Mohammed Jouni:
Ich mache zum Beispiel in Jugendhilfeeinrichtungen die Erfahrung, dass die Erzieher*innen und die Sozialarbeiter*innen sagen: „Beteiligt Euch doch mal!" Dabei geht es dann meistens um sehr pragmatische Sachen: „Sagt, was Ihr nächste Woche essen wollt, wie der Putzplan gestaltet wird und so weiter." Eine Beteiligung, die den Erzieher*innen und den Sozialarbeiter*innen das Leben leichter macht. Es geht aber nicht wirklich darum, sie im Sinne der UN- Kinderrechtskonvention und des Kinder- und Jugendhilfegesetzes zu beteiligen.

Die Menschen machen die Erfahrung, dass sie sehr passiv gemacht werden – sie werden „passiviert". Dabei handelt es sich eigentlich um aktive Menschen, die nach Deutschland gekommen sind. Einerseits können sie ihr Leben nicht mehr aktiv in die Hand nehmen und gleichzeitig wird von ihnen erwartet, dass sie aktiv werden – aber nur innerhalb eines sehr, sehr kleinen Rahmens. Aber warum soll ich teilhaben, wenn ich nur darüber mitbestimmen kann, was ich morgen esse? In der Realität darf ich nicht wählen, weder wo ich lebe noch in welcher Wohnung, in welchem Bundesland, in welchem Bezirk oder ob ich eine Ausbildung oder ein Studium beginne. All das ist stark bestimmt durch ausländerrechtliche Regulierungen, die in den letzten Jahren strenger und strikter geworden sind.

Also eigentlich habe ich null Möglichkeiten und trotzdem gibt es die Erwartungen der Gesellschaft – gerade an Jugendliche: Bleibt aktiv, nehmt teil, nehmt euer Leben in die Hand, seid flexibel, macht und tut, plant für die nächsten zehn Jahre. All das ist nicht möglich.

Es gibt in Deutschland traditionell Teilhabemöglichkeiten, zum Beispiel in der Schule in Form von Schulsprecher*innen und Klassensprecher*innen und so weiter. Aber diese Gremien haben de facto keine Macht. Es gibt Ausnahmeschulen, an denen Schulsprecher*innen tatsächlich mit am Tisch sitzen und mitbestimmen, aber in der Regel sind dies keine wahrhaftigen Teilhabegremien.

Ein anderes Beispiel sind die Migrationsräte: Die sind in der Regel sehr stark, auch weil sie von den Communities erkämpft wurden. Aber den meisten ist überhaupt nicht bekannt, dass es so etwas gibt. Ich war jahrelang Mitglied im Landesbeirat für Integration und Migration und habe dort den Flüchtlingsrat vertreten. Aber meine Eltern, ihre Freund*innen und die meisten geflüchteten Menschen und andere Migrant*innen wussten nicht, dass sie zu mir hätten kommen können, um zu sagen: „Pass auf, Du sitzt im Landesbeirat, ich habe ein Anliegen …" Diese Möglichkeit ist überhaupt nicht bekannt.

Ich würde behaupten, die meisten Geflüchteten sind irgendwann an dem Punkt angekommen, dass sie nach jahrelanger „Passivmachung" sagen: „Weißt Du was? Ist mir „scheißegal", ich habe einfach keinen Bock mehr. Das hat keinen Sinn. Egal, was ich mache, ich komme nicht weiter in meinem Leben." Und sie geben auf und sagen: „Ist doch jetzt egal, ob ich mitbestimme. Was zählt denn überhaupt meine eine Stimme".

Und ganz oft, gibt es zugleich so eine Art Dankbarkeit. Die Leute sagen: „Ich bin so dankbar, dass die Deutschen mich nicht schlagen, mir etwas zu Essen geben usw." Es gibt so eine ganz, ganz große Dankbarkeit. Ich würde die These aufstellen, dass gerade auch diese große Dankbarkeit sie manchmal daran hindert teilzuhaben. Wer dankbar ist, der wird nicht oder viel weniger kritisieren. So nach dem Motto: „Wer bin ich, dass ich auch noch politisch mitrede?"

Und ganz viel hängt auch davon ab, welche Erfahrungen ich in meinem Herkunftsland gemacht habe. War ich politisch aktiv und war das der Grund, warum ich Stress bekommen habe. Oder bin ich als Jugendlicher von meinen Eltern weggeschickt worden, weil meine Mutter Journalistin oder weil mein Vater Abgeordneter war und sagen mir diese jetzt die ganze Zeit: Hör auf dich einzumischen, mach keinen Stress, pass dich an, …

Thomas Gill:
Was ist dann die Aufgabe der politischen Bildung? Jetzt einmal jenseits der Angebote, die regelhaft bestehen wie der Orientierungskurse. Sie beschreiben, dass wir aufpassen müssen, dass die Menschen nicht demotiviert werden, sich zu beteiligen. Welcher Auftrag ergibt sich daraus für die politische Bildung?

Teresita Cannella:
Der Begriff „Empowerment" gefällt mir nicht so richtig. Ich finde das Wort „Selbst-Empowerment" besser, das meint etwas ganz anderes. Man kann niemanden empowern, nur sich selbst. Das heißt, die politische Bildung sollte auch die Möglichkeit geben, dass der Mensch sich selbst empowert, aber nicht meinen, empowern zu können.

Eine andere wichtige Sache ist, wie ich schon gesagt habe: Die Stimmen von Menschen, die „am Rand sind", reinzuholen in die politische Bildung, ihnen einen Raum zu geben. Damit das, was wir beschrieben haben, diese Passivität, diese Dankbarkeit, dieses „Ich bin schüchtern" überwunden wird, dass das „ich möchte mich nicht stressen" weggeht und sie sich wohlfühlen. Und sie die Möglichkeit erhalten, sich wirklich einzumischen. Das ist für mich ein ganz wichtiger Aspekt, der in der politischen Bildung betrachtet werden sollte.

Es geht darum, eine vertrauensvolle Umgebung anzubieten, wo die Menschen sich wohlfühlen können. Das fängt bereits mit der Sprache an: Natürlich ist die Verwendung der deutschen Sprache sehr wichtig – aber wie wird etwas angeboten? Wird schnell oder langsam gesprochen? Werden einfache Worte verwendet? Oder gibt es auch die Möglichkeit, die eigene Muttersprache zu verwenden? Wir bieten immer die Möglichkeit an, sich in der eigenen Sprache ausdrücken. Es wird dann in der Gruppe übersetzt, in einfachen Worten. So entsteht Vertrauen und die „Schüchternheit" schwindet.

Ein anderer Weg könnte zum Beispiel sein, zunächst einen Raum ohne weiße Dominanz zu schaffen, um Austausch und Selbst-Empowerment zu stärken.

Erst in einem zweiten Schritt findet der Austausch mit der Mehrheitsgesellschaft statt. Das sind kleine aber wichtige Punkte, die beachtet werden müssen. Man kann ein Kind nicht ins kalte Wasser werfen, es ist sonst erschrocken und will sofort raus.

Mohammed Jouni:
Ich möchte den Menschen nicht ihre Dankbarkeit nehmen, auch weil diese Halt gibt. Aber es ist wichtig, darauf hinzuweisen, dass sie nicht dankbar sein müssen, weil sie Rechte haben: Menschenrechte, Frauenrechte, Kinderrechte. „Das steht Dir zu!" Mein Zugang ist es, gerade mit Jugendlichen über ihre Rechte zu reden und genau hinzuschauen: Was steht in der Kinderrechtskonvention? Von wem stammt diese? Daran haben Leute aus Chile, China, Libanon, aus der ganzen Welt gearbeitet und haben diese Rechte aufgeschrieben: „Du hast das Recht auf Spielen, Du hast das Recht auf Freizeit. Du hast das Recht darauf, gefragt zu werden. All das steht dir zu!" Da machen sie dann meist ganz große Augen. „Du hast ein Recht darauf, dass Leute nett zu Dir sind, weil Du dich nur so entwickeln kannst. Selbst wenn Du etwas nicht gut kannst, zum Beispiel nicht die deutsche Sprache, stehen Dir diese Dinge zu!"

Ich finde es auch wichtig, immer wieder die Grenzen politischen Handelns klar zu machen. Als ich selbst 2004/2005 aktiv wurde, haben uns Sozialarbeiter*innen immer wieder unsere Grenzen verdeutlicht: „Wenn Ihr jetzt eine Demo oder eine Konferenz organisiert, heißt das nicht, dass Ihr am nächsten Tag den deutschen Pass erhaltet." Du setzt Dich meistens für etwas ein, wovon Du selber in der Regel nicht mehr profitieren wirst, weil Du kein Kind mehr bist oder inzwischen einen deutschen Pass hast. Wie schaffen wir es, dass du trotzdem aktiv bleibst? Wie können wir diese Zeit, die schwierig sein wird und die schwierig ist, trotzdem schön gestalten? Wie können wir die Erfahrungen austauschen, die gerade im Raum sind? Wie gehst du damit um? Wie gehe ich damit um? Und wie kann ich mir davon etwas abschauen?

Da ist der Begriff der Intersektionalität. Ich erlebe keine praktische Reaktion auf die besonderen Herausforderungen des Konzepts der Intersektionalität[1] –

1 „Unter dem Begriff Intersektionalität wird die Verschränkung verschiedener Ungleichheit generierender Strukturkategorien verstanden. Intersektionale Theorie zielt daher darauf ab, das Zusammenwirken verschiedener Positionen sozialer Ungleichheit zu analysieren und zu veranschaulichen, dass sich Formen der Unterdrückung und Benachteiligung nicht additiv aneinander reihen lassen, sondern in ihren Verschränkungen und Wechselwirkungen zu betrachten sind. Durch die Beachtung verschiedener Strukturkategorien wie Geschlecht, Ethnizität, Klasse, Nationalität, Sexualität, Alter etc. soll gezeigt werden, dass

oder nur sehr, sehr, sehr selten. Es wird darüber gesprochen, aber es existiert de facto kein Raum, wo sich Alleinerziehende, Hartz-IV-Empfänger*innen, Geflüchtete und Menschen mit Behinderung treffen. Es gibt diese getrennten Räume, die absolut wichtig sind, um überhaupt in der Lage zu sein, durch Selfempowerment sich als Subjekt, das Rechte hat, wahrzunehmen. Aber es gibt diesen zweiten Schritt nicht, gemeinsam zu überlegen, was hat eigentlich die Tatsache, alleinerziehend zu sein und kein Geld zu haben damit zu tun, geflüchtet zu sein und auch kein Geld zu haben. Das schafft politische Bildung in der Regel nicht. Ich sehe auch keine Bewegungen, die es schaffen, Klassismus, Rassismus, Sexismus, Cis-Sexismus und all das zusammenzubringen. Das ist ein praktisches Problem. Wir Menschen, die darunter leiden, wir sind da und wir spüren das auch und können beschreiben, was wir fühlen und was uns stört.

Es gibt keinen Unterschied zwischen politischer Bildung und Empowerment. Das kann ich nicht differenzieren. Ich mache politische Bildung und meine Haltung dabei ist eine empowernde. Empowerment ist für mich ein Ansatz, eine Haltung, eine Art, wie ich mit Menschen umgehe, wie ich mit mir selbst umgehe, wie ich mit der Gesellschaft umgehe. Und mit dieser Haltung gehe ich in politische Bildung. Wenn ich nicht eine anti-rassistische Haltung habe, kann ich keine politische Bildung machen!

Meine Erfahrung ist, dass Menschen in diesen Empowermenträumen Wertschätzung erleben, die sie in der Regel sonst nicht bekommen. Zum Beispiel bekommen Geflüchtete ganz oft vorgehalten, was sie nicht können: Sie könne nicht arbeiten, sie können die Sprache nicht sprechen, sie haben keine Abschlüsse usw. Sie sind nicht demokratisch, sie sind homophob, sie sind antisemitisch, sie sind frauenfeindlich. Gerade auch beim antimuslimischen Rassismus ist den Betroffenen sehr klar, was „die anderen" von ihnen halten. In Empowermenträumen ist es wichtig zu schauen, wie kann ich die Leute wertschätzen und sagen: „Okay, Du sprichst kein Deutsch, aber Du sprichst fünf Sprachen. Wie geil ist das denn?!" Oder wir schauen uns „Rolemodels" an, die nicht präsent sind: Die erste Staatspräsidentin in Pakistan, ein mehrheitlich muslimisches Land, war Benazir Bhutto in den 80ern. Da hätte man sich in Deutschland noch nicht vorstellen können, dass eine Frau Kanzlerin oder Präsidentin werden kann.

---

keine dieser Kategorien alleine steht, sondern sowohl für sich als auch im Zusammenspiel mit den anderen einen die gesellschaftlichen Machtverhältnisse mitkonstituierenden Effekt hat.", Carolin Küppers: Intersektionalität, Gender Glosar, https://gender-glossar.de/glossar/item/25-intersektionalitaet (zuletzt abgerufen am 08.06.2020)

Thomas Gill:
Ihre Ausführungen, welche politische Bildungen Sie für notwendig halten, ist indirekt auch eine Kritik an der bestehenden Praxis des Mainstreams der politischen Bildung. Wie muss sich aus Ihrer Sicht politische Bildung weiterentwickeln – gerade auch in der Institution Schule, den Landeszentralen oder in den großen Institutionen, die viele Menschen erreichen, damit sie zu mehr Teilhabe beigetragen kann? Was ist Ihre Wahrnehmung? Welche Fehlentwicklungen müssen kritisiert und korrigiert werden?

Mohammed Jouni:
Politische Bildung muss sich fragen, welchen Auftrag habe ich? Habe ich den Auftrag, bestimmte Gruppen „zu zivilisieren", weil sie nicht „konform" sind? Jugendliche, die per se immer stören? Kinder, die „dumm" sind und sich nicht benehmen? Oder Geflüchtete, die durch politische Bildung „zivilisiert und demokratisiert" werden sollen? Wenn das der Auftrag ist, dann läuft auf jeden Fall viel schief.

Ich glaube, die Herausforderung ist, dass die Landeszentrale oder andere Akteur*innen eine Vernetzungsplattform für marginalisierte Stimmen in der politischen Bildung bieten sollen. Es gibt Initiativen, die marginalisierte Stimmen, postkoloniale Stimmen, Schwarze Stimmen, Geflüchtete als Akteur*innen sehen. Aber oft findet keine Einbeziehung schon bei der Konzipierung von Aktivitäten und Projekten statt, sondern erst zum Schluss, im Sinne von „wir haben uns was ganz Tolles überlegt, habt ihr fünf Flüchtlinge oder habt ihr zehn Syrer, dann wird es ein ganz wunderbares Projekt."

Wir als Geflüchteten- oder Migrantenselbstorganisation wurden jahrelang behandelt wie irgendwelche Tanks, die die Flüchtlinge haben. „Ich schau mal in meine Akten und dann vermittle ich dir fünf Frauen mit Kopftuch, drei mit Behinderung, die kannst Du bei mir bestellen! Und es bringt mir und ihnen nichts!" Im schlimmsten Fall kommen traumatisierte Leute von solchen Projekten zurück, die mir jahrelang vertraut hatten.

Teresita Cannella:
Es geht um eine inklusive Weiterentwicklung der Angebote. Man muss die verschiedenen Stimmen einbeziehen. Die genannten zehn Syrer sind auch unterschiedlich, haben unterschiedliche Erfahrungen. Die Konzepte müssen wirklich interdisziplinär, intersektional und auch inklusiv sein. Inklusiv bedeutet, auch die Stimme von den Menschen, die am Rande der Gesellschaft stehen, einzubeziehen. Das finde ich ganz wichtig, wenn man wirklich alle Menschen erreichen möchte, nicht nur den Mainstream.

Thomas Gill:
Abschließend möchte ich noch auf den Punkt der vernetzten Solidarität kommen. Also, wie bekommt man verschiedene Gruppen zusammen, organisiert den Austausch über gemeinsame Anliegen und auch über gegenseitige Unterstützungsmöglichkeiten? Welche Erfahrungen haben Sie oder was würden Sie eventuell gerne ausprobieren?

Teresita Cannella:
Es wäre wichtig, die Menschen – die geflüchteten Menschen – nicht nur als Gruppe oder als Multiplikator*innen zu sehen. Wenn man wirklich die Menschen zusammenbringen möchte, ein solidarisches Netzwerk zwischen verschiedenen Gruppen entwickeln möchte, dann muss man jedem Menschen eine entsprechende Wahrnehmung schenken.

Nur wenn wir den Menschen nicht Rollen zuweisen, wie die „Brückenfunktion" zu ihrer Community oder als Repräsentierende „ihrer Gruppe", sondern sie in ihrer Individualität wertschätzen, besteht die Chance, dass sie sich nicht ausgenutzt fühlen. Sie sollten wahrgenommen werden als Teil der Konzeption, als Teil der gesamten Entwicklung. Es ist eine wichtige Voraussetzung für Solidarität, dass alle Mitwirkenden die Wahrnehmung haben können, gleichberechtigt etwas beigetragen zu haben. Wenn es gelingt, diese positiven Empfindungen zu stärken, kommt die Chance auf Solidarität fast schon von alleine. Es geht nicht um einzelne Projekte oder eine Konferenz, sondern um eine grundsätzlich andere Einstellung, ein anderes Bewusstsein.

Mohammed Jouni:
Wir sind bei dem Begriff „power-sharing" angekommen. Konkret würde „power-sharing" zum Beispiel für die Landeszentrale, aber auch für andere Institutionen, die über Ressourcen, Räumlichkeiten, Gelder, Kontakte usw. verfügen, bedeuten, diese power zu teilen mit Gruppen, die schon jahrelang unter sehr schlechten Bedingungen trotzdem gute politische Bildung organisieren. Viele von diesen arbeiten sehr oft unter dem Radar und sind nicht sehr bekannt. Oft kommt es zu kurzfristigen Aktionen, hier eine Konferenz oder Tagung, dort ein kleines Projekt oder eine Mikroförderung. Die Frage ist aber, wie wir kontinuierlich über einen längeren Zeitraum zusammen an der Weiterentwicklung der politischen Bildung arbeiten können.

Ein konkretes Beispiel: Für politische Bildner*innen biete ich Fortbildungen über zwei Tage an, bei denen es darum geht, wie ich meine Seminare inklusiver gestalten kann. Da bringen die politischen Bildner*innen ihre Lieblingsmethode mit – jede Person hat eine Lieblingsmethode. Wir untersuchen diese Methoden auf Inklusivität: Erst kommt der Inklusions-Check: Welche Barrieren gibt es: sprachlich? für Geflüchtete? für Menschen, die einen Rollstuhl benutzen? Dann die Methoden-Waschmaschine, die Methoden werden noch einmal „gewaschen“, das heißt weiterentwickelt.

Ich kann mir vorstellen, dass die politische Bildung alle Methoden, Konzepte, Vorstellungen etc. einer solchen Kritik unterzieht. Wie können professionelle Menschen aus den verschiedenen Bereichen mit kritischem Blick neue Impulse zur Weiterentwicklung der politischen Bildung geben.

Es geht nicht darum, dass die Teilnehmenden meiner Fortbildungen ihre Methoden wegschmeißen. Manche entdecken sie einfach neu und probieren bestimmte Aspekte noch einmal neu aus. Sie berichten dann bei der nächsten Fortbildung, was gut geklappt hat und was eventuell gar nicht.

Langfristig müssen auch andere Stimmen in der Konzeptionierung von politischer Bildung sichtbar werden. Dies müssen sich die Institutionen vornehmen und das können sie sich auch leisten. Nur so werden neue Sachen ermöglicht, ansonsten bleiben wir stehen. Und das ist nicht Sinn und Zweck der Sache. Wir dürfen uns nicht verschließen, sonst kommen verschiedene Ansätze wie queerfeministische, antirassistische, klassistische nie zusammen – und das wäre sehr schade.

Ich will noch einen Aspekt zur Kooperation mit der Institution Schule ansprechen. Es gibt Schulen, die sehr aktiv sind, viele Kontakte besitzen, immer noch Gelder auftreiben, aktive Lehrkräfte haben. Das sind Schulen, die die Angebote außerschulischer politischer Bildung gut nutzen. An anderen Schulen, die nicht so aufgestellt sind, kommen die Schüler*innen einfach gar nicht in den Genuss einer solchen politischen Bildung. Es müsste unbedingt verpflichtend sein, dass die Kooperation mit außerschulischer politischer Bildung an Schulen stattfindet. Dies muss zum Auftrag von Schule gehören. Das Angebot muss kontinuierlich sein. Und es geht! Es gibt Schulen, die das schon umsetzen, aber das ist nicht flächendeckend so. Dabei profitieren die Schulen davon, wenn außerschulische Bildung stattfindet. Ich kann mit den Schüler*innen ganz anders umgehen. Ich bin an der Schule für einen Tag oder ich lade sie zu mir zum Seminar ein. Dort sind sie dann ganz offen. Wenn ich dies danach der Lehrkraft sage, ist diese ganz überrascht. Die außerschulische Bildung macht andere Erfahrungen mit den Schüler*innen möglich.

Teresita Canella:
Die außerschulische politische Bildung in der Schule ist super wichtig. Zum Beispiel waren wir für ungefähr vier Monate mit einem syrisch-palästinensischen Pianisten in Willkommensklassen und er hat mit den Kindern gesungen. Es war sehr spannend zu sehen, wie zwischen den Kindern aus unterschiedlichen Ländern am Ende der vier Monate viele Verurteile abgebaut werden konnten. Syrische Kinder haben arabische Lieder gesungen und haben sie rumänischen oder deutschen Kindern beigebracht. Dies war nicht reibungslos, am Anfang gab es Schwierigkeiten. Aber am Ende hat ein Kind auf Deutsch ein Lied geschrieben, das sonst nie auf Deutsch schreiben will. Ganz einfache Sachen können eine große Wirkung haben.

Thomas Gill:
Ich danke Ihnen beiden ganz herzlich für das Gespräch.

Mohammad Jouni:
Es war ein schönes Gespräch.

II
Projektberichte

ALMUT BÜCHSEL

Teilhabe durch Deutschlernen? Repräsentation von Vielfalt im Deutschunterricht.

Materialien der Berliner Volkshochschulen

„Die Grenzen meiner Sprache bedeuten die Grenzen meiner Welt."[1]

Der Diskurs um Grenzen ist allgegenwärtig. Seien es die Außengrenzen Europas (vgl. dpa/SZ 2019) oder sog. „Obergrenzen" für geflüchtete Menschen innerhalb Deutschlands (vgl. Bewarder 2019). Weitaus weniger diskutiert werden die Grenzen, auf die Menschen stoßen, die in Deutschland angekommen sind. Migrant*innen, Asylsuchende, „Geflüchtete" – Menschen, mit den unterschiedlichsten Biographien. Eine der wenigen Dinge, die viele von ihnen zu Beginn ihrer Zeit in Deutschland vereint ist der Deutschkurs. Häufig zeigen sich in diesem Mikrokosmos wie unter einem Brennglas sowohl migrationsgesellschaftliche Realitäten, als auch die Fallstricke institutionalisierter „Integrations-" Versuche. Was bedeutet es also, wenn Menschen, die die deutsche Sprache lernen schon in diesem Mikrokosmos auf Grenzen stoßen? Welche Grenzen sind das und wer setzt sie? Mit anderen Worten: Was bildet unser Unterricht ab – und was nicht? Und warum sind diese Fragen überhaupt relevant?

In Lehrwerken für den Sprachunterricht im Allgemeinen und Deutschunterricht im Spezifischen werden sprachliche Lerninhalte über soziale Bilder unserer Gesellschaft transportiert. „Meine Familie", „unsere Arbeitswelt", „in der Schule/Ausbildung" sind geläufige Kapitelüberschriften in Standardlehrwerken. Wer aber definiert, was eine „Familie" ist? Und sieht die „Arbeitswelt" wirklich für jede*n gleich aus? Was heißt es, wenn an zentralen Stellen in Lehrwerken und damit im Unterricht Lücken klaffen? Wenn dort, wo eine Vielfalt an Le-

1 Wittgenstein, Ludwig 1922: Tractatus Logico-Philosophicus. http://people.umass.edu/klement/tlp/ (Zuletzt aufgerufen am: 26.07.2019)

bensrealitäten sein sollte, stattdessen Konformität herrscht, die unserer komplexen Realität nicht gerecht wird.

Orientierung bietet das bundesweite Rahmencurriculum für Integrationskurse. Ziel der Deutschkurse auf Grundstufen-Niveau soll es sein, Deutschlerner*innen zu befähigen, „im Sinne gesellschaftlicher Teilhabe und Chancengleichheit" (BMI/BAMF/Goethe-Institut 2016: 15) am gemeinschaftlichen Leben in Deutschland zu partizipieren. Das Sprachenlernen ist also ein Mittel – um Partizipation durch Kommunikation zu erreichen.

Aber gelingt uns das in den bestehenden Systemen, in denen Deutschkurse stattfinden? Eine entscheidende Antwort darauf, wie teilhabeorientierter Deutschunterricht gelingen kann, muss die eingangs gestellte Frage beantworten: Was vermitteln wir *nicht*? Wo setzen wir Grenzen, die ein unvollständiges Bild unserer Gesellschaft schaffen – und die langfristig zu Irritationen führen. Denn: Wie können wir Teilhabe durch Sprachenlernen herstellen, wenn wir ein falsches Bild von der Gesellschaft vermitteln, an der wir Teilhabe versprechen?

Bei genauerer Betrachtung nicht nur der Lehrwerke, sondern auch standardisierter Sprachtests, die wiederum den Inhalt der Lehrwerke bestimmen, fallen schnell zentrale „Lücken" ins Auge, an denen wichtige Teile unserer gesellschaftlichen Realität ausgelassen werden. Zwei zentrale Beispiele: Während 2016 in einem Mikrozensus des Statistischen Bundesamtes nur 44,8 % der Familien verheiratete Elternteile hatten (vgl. Statistisches Bundesamt 2017: 64), stellt diese Form des Zusammenlebens in Deutschlehrwerken häufig noch die einzige Norm dar. Auch dass LSBT*I-Lebensrealitäten[2] in Deutschland sichtbare Realität sind, wurde zwar in einer ersten institutionellen Wende 2015 im überarbeiteten Rahmencurriculum für Integrationskurse verankert (vgl. BMI/BAMF/Goethe-Institut 2017: 53) – jedoch kaum in der Praxis umgesetzt. Im Grundwortschatz B1 fehlen Wörter wie „lesbisch", „homosexuell" oder „alleinerziehend" gänzlich (vgl. Goethe-Institut/Telc GmbH 2009: 105–197).

Genau an dieser Stelle wurde im Land Berlin der Versuch gestartet, Abhilfe zu schaffen. Im Kontext des enorm gestiegenen Bedarfs an Deutschkursen ab dem Jahr 2015/16 (In Berlin waren im Jahr 2017 über 50.000 Menschen allein in Deutschkursen der Volkshochschulen angemeldet) wurde auf Initiative der Berliner Volkshochschulen eine ressort- und bezirksübergreifende Arbeitsgruppe mit Mitgliedern vier bezirklicher Volkshochschulen, zweier Senatsverwaltungen und der Berliner Landeszentrale für politische Bildung mit dem Titel „Wertedialog" gegründet. Man war sich schnell einig: Ziel konnte es nicht sein, den

2 LSBT*I steht für lesbisch, schwul, trans* und inter

symbolpolitischen Impuls der „Wertevermittlung" zu verfolgen, demnach Deutschkurse als Vehikel genutzt werden könnten, um Migrant*innen „Wertvorstellungen" der „Aufnahmegesellschaft" zu „vermitteln". In modernen Migrationsgesellschaften wie Deutschland bedingen soziale Fluktuationen einen ständigen Wertewandel und damit Wertepluralismus, innerhalb dessen Wertekonflikte die Normalität darstellen (vgl. Joas 2001). Ziel sollte es daher sein, gerade diesen Wandel abzubilden und Materialien zu entwickeln, welche die oben genannten Leerstellen in Lehrwerken und Unterricht zumindest ansatzweise schließen würden. Um dies zu ermöglichen, wurde in enger Abstimmung mit dem Hueber-Verlag die Entwicklung und Publikation spezifischer Unterrichtsmaterialien für Deutschkurse beschlossen, die erstmalig den Versuch unternehmen sollten, das Schweigen über zentrale Anteile vielfältiger Lebensrealitäten in Deutschlehrwerken zu beheben.

Die Gefahren bei der Erstellung solcher Materialien sind offensichtlich: Warum ein zusätzliches Lehrwerk, warum nicht bestehende, kurstragende Lehrwerke zu einem inklusiven, realistischen Abbild unserer Gesellschaft machen? Wie be-/und verhandelt man didaktisch sinnvoll komplexe Themen auf dem Sprachniveau A1 und A2, auf dem der Wortschatz zu Beginn kaum über „wie geht's?" und „Ich wohne in Berlin" hinausreicht? Und wie steht es um die Zielgruppe solcher Materialien? Richten wir uns hier in erster Linie an pädagogische Fachkräfte auch in der Verwaltung großer Bildungsinstitutionen, die „ihre" Kurse für gesellschaftliche Vielfalt öffnen müssen oder stereotypisieren wir durch solches Zusatzmaterial eine extrem heterogene und komplexe Gruppe an Deutschlerner*innen, denen wir vermeintlich Themen wie Gleichstellung und Homosexualität „vermitteln" wollen?

Zentral bei der Beantwortung dieser Fragen war eine dialogische Herangehensweise. Von Beginn an wurden Kursleiter*innen und queere Migrant*innen-Selbstorganisationen in die Materialentwicklung einbezogen. Nicht nur „Vielfalt" als ewig positives Mantra institutioneller Öffnung wurde thematisiert, sondern auch die alltägliche, sexistische, homo-/bi-/trans*-feindliche und vor allem rassistische Diskriminierung, welche Deutschlerner*innen am eigenen Leib täglich erfahren. Diskriminierung im Beruf, in Institutionen, auf dem Wohnungsmarkt wurde nicht nur kritisch behandelt, sondern auch Möglichkeiten der Selbstermächtigung aufgezeigt und Beratungsstellen genannt, die unterstützen und handeln können. Offene Kulturvergleiche, die statt Gemeinsamkeiten Differenzen betonen, wurden vermieden, und trotz des additiven Charakters, den die Zusatzmaterialien unumgänglicher Weise haben, wurden Inhalte möglichst implizit in bestehende Lernprozesse eingebettet. Letzteres wurde umgesetzt, indem die einzelnen Handlungsfelder der Materialien thematisch eng mit Lektionen kurstragender Lehrwerke verknüpft wurden – um so einen fließenden Wechsel zwischen Zusatzmaterial und Hauptlehrwerk zu ermöglichen.

Anfang März 2018 wurde das Produkt dieses partizipativen Prozesses mit dem Titel „Vielfalt leben" vom Hueber-Verlag publiziert. Mit dem entstandenen Arbeitsheft konnten die Berliner Volkshochschulen einen Prozess auf den Weg bringen, im Laufe dessen es nicht nur gelang, eine hitzige öffentliche Debatte in sachliche Bahnen zu lenken. Es wurde zudem der Versuch gewagt, gerade die Grenzen im Denken, in der Sprache und in der Kommunikation, die in Lehrwerken und Deutschkursen durch die Auslassung zentraler Themen geschaffen wurden, abzubauen und in eine dialogische Öffnung umzuwandeln. Diese frühe Öffnung auch auf „niedrigerem" Sprachniveau stellt noch eine zusätzliche Chance dar: potentiell emotional besetzte Themen (wie sie zum Teil in „Vielfalt leben" angegangen werden) können häufig leichter in einer Fremd-/Zweitsprache verhandelt werden, deren Ausdrucksformen (noch) nicht so eng mit sozio-kulturellen Bedeutungsmustern verknüpft sind wie die der Muttersprache (vgl. König/Suhrkamp/Decke-Cornill 2015).

Gleichzeitig konnte der Baustein, der mit „Vielfalt leben" auf den Weg gebracht wurde, nur ein erster Schritt auf dem langen Weg hin zur adäquaten Repräsentation gesellschaftlicher Realitäten in Lehrwerken und realer Partizipation durch Deutschlernen sein. Tatsächlich zeigte sich in der Pilotierung der Materialien, dass eine entscheidende Voraussetzung für den konstruktiven Einsatz von „Vielfalt Leben" in der Haltung der Lehrkräfte besteht. Vor allem eine kritische Auseinandersetzung mit dem Status quo der Lehrpraxis im DaZ-Unterricht, die nicht selten Muster struktureller gesellschaftlicher Diskriminierung repliziert, anstatt sie kritisch zu thematisieren, sollte ermöglicht werden.

Dementsprechend wurde von der Geschäftsstelle Integration, Inklusion und Diversität der Berliner Volkshochschulen eine Fortbildung für Dozent*innen in Deutschkursen entwickelt, die genau hier ansetzt. Auch hier wurde das Format gemeinsam mit Kursleiter*innen partizipativ entwickelt, um dem hohen Anspruch an die Fortbildung gerecht zu werden: Nicht nur der teilnehmer*innenorientierte Einsatz von „Vielfalt leben" im Unterricht sollte durch eine kritische Didaktisierung ermöglicht werden. Vielmehr sensibilisiert die Fortbildung auch für verschiedene Diskriminierungsformen, die das Material behandelt und versucht ein Bewusstsein für intersektionale Überschneidungen von Differenzlinien zu schaffen (vgl. Crenshaw 1989), die den Unterricht bestimmen und sich beim konstruktiven Einsatz des Materials konstruktiv thematisieren lassen.

Nach erfolgreicher Pilotierung wurde die reguläre Durchführung der Fortbildung an den Berliner Volkshochschulen in Angriff genommen und auf Anfrage bezirklicher Integrationsbüros nach kurzer Zeit auch für Ehrenamtliche in der Spracharbeit mit Geflüchteten angeboten. Dass auch von außerhalb Berlins Anfragen für die Durchführung der Fortbildung erfolgten, untermauert sowohl den Bedarf als auch die Relevanz des Themas, welche sich auch in dem regen wissenschaftlichen Interesse an „Vielfalt leben" im deutschsprachigen Raum spiegelt: Sowohl in Deutschland, als auch in Österreich wurde das Material auf überregionalen Konferenzen vorgestellt und rezensiert (vgl. Fritz 2018).

Die Anwendung des Materials und die Fortbildung zu „Vielfalt leben" sind wichtige Schritte in Richtung einer adäquaten und gleichzeitig kritischen Repräsentation vielfältiger gesellschaftlicher Realitäten in Lehrwerken. Gleichwohl ist der Weg noch lang. Schlussendlich müssten sowohl Inhalt als auch Ansatz des Zusatzmaterials „Vielfalt leben" in Standardlehrwerke und -unterricht integriert und laufend gesellschaftlichen Veränderungen angepasst werden. Nur so können wir das Versprechen, durch Sprachenlernen Teilhabe zu ermöglichen, in Ansätzen einlösen.

Literatur

Bewarder, Manuel 2019: Bundesregierung rechnet intern Flüchtlingszahl herunter. WELT, https://www.welt.de/politik/deutschland/article191465023/Obergrenze-Bundesregierung-rechnet-intern-Fluechtlingszahl-herunter.html (Zugriff am: 26.07.2019).

Bundesministerium des Innern/Bundesamt für Migration und Flüchtlinge/Goethe-Institut 2016: Vorläufiges Rahmencurriculum für Integrationskurse Deutsch als Zweitsprache.

Crenshaw, Kimberlé 1989: Demarginalizing the Intersection of Race and Sex: A Black Feminist Critique of Antidiscrimination Doctrine, Feminist Theory, and Antiracist Politics. The University of Chicago Legal Forum, S. 139–167.

dpa/SZ 2019: CDU-Chefin: Starkes Europa und Schutz der Außengrenzen, https://www.sueddeutsche.de/news/politik/parteien---goerlitz-cdu-chefin-starkes-europa-und-schutz-der-aussengrenzen-dpa.urn-newsml-dpa-com-20090101-190516-99-251504. (Zugriff am: 26.07.2019).

Fritz, Thomas 2018: Almut Büchsel: *Vielfalt* LEBEN. Deutsch als Zweitsprache (A1–A2) München: Hueber. In: ÖDaF-Mitteilungen Nr. 1, S. 126–127.

Goethe-Institut/Telc GmbH 2009: Wortlisten. In: Deutsch-Test für Zuwanderer A1–A2, S. 105–197.

Joas, Hans 2001: Wertepluralismus und Universalismus. In: Schluchter, Wolfgang (Hg.): Kolloquien des Max-Weber-Kollegs XV-XXIII, S. 29–49.

König, Lotta/Suhrkamp, Carola/Decke-Cornill, Helene 2015: Negotiating Gender – Aushandlungs- und Reflexionsprozesse über Geschlechtervorstellungen im Fremdsprachenunterricht anstoßen. In: Der Fremdsprachliche Unterricht. Englisch Nr. 135, S. 2–8.

Mecheril, Paul/Thomas-Olalde, Oscar 2011: Erwachsenen- und Weiterbildung in der Migrationsgesellschaft. Bodenproben zur Praxisreflexion. In: Niedermair, Gerhard (Hg.): Aktuelle Trends in der beruflichen Aus- und Weiterbildung. Impulse, Perspektiven und Reflexionen, S. 67–82.

Peuschel, Kristina 2018: Aspekte von Gender in der Sprach(aus)Bildung Deutsch (als zweite, dritte und Folgesprache). In: Dirim, İnci/Wegner, Anke (Hg.): Normative Grundlagen und reflexive Verortungen im Feld DaF und DaZ, S. 344–362.

Pongratz, Ludwig 2005: Kritische Erwachsenenbildung: Erwachsenenbildung im Horizont zeitgenössischer Gesellschaftskritik. In: Dewe, Bernd/Wiesner, Gisela/Zeuner, Christine (Hg.): REPORT Literatur- und Forschungsreport Weiterbildung – Theoretische Grundlagen und Perspektiven der Erwachsenenbildung, Nr. 1, S. 34–40.

Statistisches Bundesamt (Hg.) 2017: Statistisches Jahrbuch. Deutschland und Internationales, S. 64.

Wittgenstein, Ludwig 1922: Tractatus Logico-Philosophicus, http://people.umass.edu/klement/tlp/ (Zugriff am: 26.07.2019).

ANNA BASTEN, BIRGITTA WODKE

Das Berliner Beratungszentrum für Migration und Gute Arbeit BEMA, ARBEIT UND LEBEN Berlin-Brandenburg DGB/VHS e.V.

Ausgangslage für geflüchtete Menschen auf dem Arbeitsmarkt

Eingewanderte und geflüchtete Personen mit unsicherem Aufenthaltsstatus sind besonderen Risiken auf dem Arbeitsmarkt ausgesetzt. Beschäftigungsmöglichkeiten bieten sich zunächst meist im Niedriglohnsektor. Zuweilen gehen Menschen auch eine undokumentierte oder teildokumentierte Beschäftigung ein oder lassen sich auf ungünstige Arbeitsbedingungen ein. Die Gründe hierfür sind vielfältig, sei es, weil die Menschen unter finanziellem Druck stehen und keine bessere Möglichkeit finden oder einfach, weil es ihnen wichtig ist zu arbeiten. Dazu kommen mitunter Beschäftigungsverbote und Hürden beim Zugang zum regulären Arbeitsmarkt und zu Systemen der sozialen Sicherung, sprachliche Hürden sowie fehlende Informationen zum Behörden- und Rechtssystem. Überdies können Aufenthaltstitel, die an einen Arbeitsvertrag oder eigenständige Lebensunterhaltssicherung gebunden sind, Abhängigkeiten von Arbeitgeber*innen verstärken. Dies wird mitunter ausgenutzt: Arbeitsstandards werden missachtet, ausbeuterische Arbeitsbedingungen durchgesetzt. Arbeitsrechte sind jedoch nicht vom Aufenthaltsstatus oder von der Arbeitserlaubnis abhängig – die Rechte für die Arbeitnehmer*innen ergeben sich aus dem tatsächlichen Arbeitsverhältnis.

Das Berliner Beratungszentrum für Migration und Gute Arbeit BEMA

Das BEMA unterstützt eingewanderte Menschen und mobile Arbeitnehmer*innen dabei, ihre Arbeits- und Sozialrechte wahrzunehmen. Unser Ziel ist die Gleichbehandlung aller Berliner*innen – unabhängig von der Herkunft und dem Aufenthaltsstatus, insbesondere bezüglich ihrer Rechte auf dem Arbeitsmarkt und im Bereich der sozialen Sicherung. Dazu bietet das BEMA sozial- und arbeitsrechtliche Einzelfallberatung an und führt Schulungen durch. Um strukturelle Defizite sichtbar zu machen und zu beheben, spiegeln wir unsere Praxiserfahrung in die Gewerkschaften, Wissenschaft, Behörden und Politik.

Wir beraten eingewanderte Menschen und mobile Arbeitnehmer*innen in 12 Sprachen. Ratsuchende unterstützen wir vor, während und nach dem Migrationsprozess in allen Fragen des Sozial- und Arbeitsrechts sowie in verbundenen Themen anderer Rechtsgebiete. Bei geflüchteten Menschen betrifft das vorrangig das Aufenthaltsrecht. Zudem bieten wir spezialisierte Beratung zu den Themen Arbeitsausbeutung, Zwangsarbeit, Menschenhandel sowie Arbeitslosengeld II (Hartz IV). Auf Basis unserer langjährigen Erfahrung in der Beratungsarbeit klären wir unsere Ratsuchenden fundiert über ihre Möglichkeiten auf. Wir geben Handlungsempfehlungen oder werden unterstützend tätig.

Durch die langjährige Beratungsarbeit verfügt das BEMA über eine fundierte fachliche Expertise. Diese nutzen wir im Rahmen gezielter Öffentlichkeitsarbeit, um auf die Situation von eingewanderten und mobilen Beschäftigten aufmerksam zu machen. So tragen wir dazu bei, strukturelle und systematische Benachteiligung und Ausbeutung zu verringern.

Das BEMA wird gefördert von der Berliner Senatsverwaltung für Integration, Arbeit und Soziales. Träger ist ARBEIT UND LEBEN Berlin-Brandenburg DGB/VHS e.V.

Bildungsarbeit

Im Fokus der Bildungsarbeit des BEMA liegt die Stärkung der Arbeitsrechte in Deutschland. Wir organisieren Schulungen für eingewanderte, insbesondere für geflüchtete Menschen, in Sprachschulen, Gemeinschaftsunterkünften und Nachbarschaftsläden. Für Multiplikator*innen, wie Arbeitsvermittler*innen, Migrationssozialarbeiter*innen und Behörden sowie ehrenamtlich Aktive, führen wir Fortbildungen zu Arbeitsstandards und Arbeitsrechten, gängigen Ausbeutungsformen und Handlungsmöglichkeiten im Fall von Rechtsverletzungen durch.

Ziele der Schulungen und methodisches Konzept

Ein wesentliches Ziel der Schulungen für Geflüchtete ist zu vermitteln, dass die Teilnehmenden Arbeitsrechte haben – unabhängig von Aufenthaltsstatus und (Il-)Legalität der Beschäftigung – und dass es Beratungsstellen gibt, die sie bei Fragen und Problemen unterstützen. In den Schulungen informieren unsere Mitarbeiter*innen die Teilnehmenden über ihre Rechte als Arbeitnehmer*innen.

So kommen sie in die Lage ausbeuterische Beschäftigung frühzeitig selbst zu erkennen. Wir sensibilisieren dafür, Arbeitsbedingungen zu dokumentieren und vermitteln die Information, mit der Teilnehmende sich selbst oder anderen Unterstützung suchen können. Darüber hinaus schärfen wir das Bewusstsein für die Risiken ausbeuterischer oder illegaler Arbeit.

Zentrale Themen der Schulungen sind: die Arbeitsrechte und der Umgang mit Rechtsverletzungen, die Beratung, der Arbeitsvertrag, die Dokumentation der Arbeitsbedingungen. Diese Themen behandeln wir in verschiedenen Bausteinen. Die Schulungen für Geflüchtete werden in der Regel auf Deutsch in einfacher Sprache durchgeführt. Inhalte und Details passen wir je nach Sprachlevel an. Das Schulungskonzept basiert auf einem Unterrichtsmodul, welches unser Schulungsteam 2016 im Rahmen des von der Senatsverwaltung für Integration, Arbeit und Soziales geförderten Projektes „Gute Arbeit für geflüchtete Menschen – Präventionsberatung" in Kooperation mit der Geschäftsstelle für Integration, Inklusion und Diversität der Berliner Volkshochschulen entwickelt hat.

Bausteine der Schulungen mit geflüchteten Menschen

Baustein I: Einführung und Kennenlernen

Zu Beginn stellen die Anwesenden sich vor und es findet eine erste Einführung ins Thema Arbeit statt.

Baustein II: Erkennen von ausbeuterischen Arbeitsbedingungen und Unterscheidung von rechtmäßigen Arbeitsbedingungen

Mithilfe einer Bildergeschichte besprechen wir einige häufig auftretende Probleme und Rechtsverletzungen bei der Arbeit. Wir stellen den gesetzlichen Mindestlohn und das Konzept Arbeitsschutz vor und machen deutlich, dass neben dem schriftlichen auch ein mündlicher Arbeitsvertrag rechtsgültig ist.

Baustein III: Handlungsmöglichkeiten

Von den Teilnehmenden sammeln wir Akteure und Anlaufstellen in der Umgebung, die bei Fragen und Problemen helfen können (z.B. Kollege, Rechtsanwältin, Arbeitsgericht, Beratungsstelle). Anhand von Beispielen aus der Praxis schärfen wir das Bewusstsein für die Bedeutung der Dokumentation der Arbeitsbedingungen. Dazu nutzen wir einen Arbeitszeitkalender, den die Teilnehmenden mitnehmen.

Baustein IV: Der Arbeitsvertrag
In einem interaktiven Input mit Symbolkarten stellen wir gängige Inhalte eines Arbeitsvertrags und gesetzliche Mindeststandards vor. Die Teilnehmenden können anschließend grundlegend einschätzen, ob ein Arbeitsvertrag den rechtlichen Anforderungen genügt.

Erfahrungen und Schlussfolgerungen

Seit der Entstehung des Schulungskonzepts 2016 wenden wir es regelmäßig in Deutschkursen für Geflüchtete der Volkshochschulen in Berlin an. Weiterhin finden Schulungen für Multiplikator*innen z.B. mit Mitarbeiter*innen von Migrationsberatungsstellen und Nachbarschaftsinitiativen sowie für Integrationslots*innen und Jobcoaches statt. In Berlin führten wir seit April 2016 bisher 110 Schulungen mit über 1.400 Teilnehmenden durch. Auch das Brandenburger Pendant zum BEMA, die Fachstelle für Migration und Gute Arbeit Brandenburg, führt mit ebendiesem Konzept seit 2016 Schulungen durch.

Die Erfahrungen mit der Umsetzung des Konzepts sind insgesamt sehr gut; sowohl von Schulungsteilnehmenden wie auch Kooperationspartnern, die die Schulungen anfragen, kommen regelmäßig äußerst positive Rückmeldungen. Sie drücken einen konstanten Bedarf an arbeitsrechtlicher Information für geflüchtete Personen und mobile Beschäftigte aus.

Eindeutig von Vorteil ist die Verknüpfung der Schulungen mit der Beratungsarbeit des BEMA. Zum einen hilft die langjährige Beratungserfahrung dabei, in der Konzeption der Schulungen passende inhaltliche Schwerpunkte zu setzen. So können wir den Lernprozess unterstützen, indem wir durch „Storytelling“ Zusammenhänge mit der Lebensrealität der Teilnehmenden herstellen. Auch haben Teilnehmende in den Schulungen Fragen zum eigenen Arbeitsverhältnis, die über den Rahmen der Schulungen hinaus reichen. In diesen Fällen verweisen wir auf die Einzelfallberatung des BEMA, und können die – nunmehr – ratsuchende Person vollumfänglich beraten.

Die meisten Kursteilnehmer*innen äußern deutliches Interesse am Thema Arbeitsrechte und arbeiten sehr aktiv mit. In fast jeder Schulung berichtet ein*e Teilnehmer*in von eigenen Erfahrungen mit Rechtsverletzungen. Dies zeigt, dass die Teilnehmenden durch den interaktiven Ansatz und den Umgang auf Augenhöhe schnell Vertrauen zu unseren Referent*innen fassen.

Allerdings hat sich auch herausgestellt, dass viele Teilnehmende die zentrale Herausforderung bereits im Zugang zu einer regulären Beschäftigung sehen. Dies kann, neben Enttäuschung und Frust diesbezüglich, die sich dann auch im

Kurs zeigen kann, auch dazu führen, dass einzelne Teilnehmende das Thema Arbeitsrechte als weit entfernt wahrnehmen. Dies lässt sich dadurch erklären, dass bisher die Schulungen vorrangig in Kursen auf den Sprachniveau A1.2 und A2 durchgeführt wurden, die von Teilnehmenden besucht werden, denen eine „schlechtere Bleibeperspektive" zuerkannt wird, und die damit von vielen Fördermöglichkeiten des Arbeitsmarktes und zum Teil sogar vom Arbeitsmarkt ausgeschlossen sind.

Um der Erwerbslosigkeit zu entgehen, bleibt dann für viele nur die informelle Beschäftigung, bei der Arbeitsstandards regelmäßig missachtet werden. Zwar gelten Arbeitsrechte immer, doch müssen sie eingefordert werden. Ihre Rechte vor dem Arbeitsgericht einzuklagen ist für viele Personen mit ungesichertem Aufenthaltsstatus allerdings keine Option, da sie Sanktionen fürchten. Es besteht beispielsweise eine Mitteilungs- und Übermittlungspflicht der Arbeitsgerichte an die Ausländerbehörde, wenn sie von Personen mit illegalem Aufenthalt erfahren (§ 87 AufenthG). Um allen Menschen gleichermaßen die Möglichkeit zu geben, ihre Arbeitsrechte auch gerichtlich einzufordern, müsste diese Übermittlungspflicht abgeschafft werden.

Das Erstellen der Module auf den entsprechenden Sprachniveaus war zunächst eine Herausforderung, die wir dank der Geschäftsstelle für Integration, Inklusion und Diversität der Berliner Volkshochschulen und dem Feedback engagierter Kursleitungen überwinden konnten. In der Konsequenz und durch die Anwendung in der Praxis gewinnt unser Team nun stetig weitere Kompetenzen in einfacher Sprache.

Transfer und Perspektiven

Unsere Erkenntnisse, sowohl aus der Beratung als auch aus den Schulungen, und die Erfahrungen und Realitäten der Teilnehmenden kommunizieren wir durch Fallbeschreibungen, Analysen und Berichte an Politik und Verwaltung, ebenso wie die Presse, Fachöffentlichkeit, Gewerkschaften und andere Entscheidungsträger*innen. Im Rahmen der Organisation von Schulungen, sowohl für Geflüchtete als auch für Multiplikator*innen, bauen wir unsere Netzwerke in Berlin aus.

Die Schulungen richten sich bisher primär an Geflüchtete und Personen, die mit Geflüchteten arbeiten. Mit dem Fördergeber wurde nun vereinbart, das Konzept auf andere Zielgruppen auszuweiten und zuzuschneiden (z.B. EU Bürger*innen, Familienangehörige, Deutschkurse für den Beruf usw.). Spezifische thematische Schwerpunkte wie beispielsweise „Rechte in der Ausbildung" und

„Minijob“ bieten wir ebenfalls an. Derzeit arbeiten wir am Aufbau-Modul II, „Kollektives Arbeitsrecht in Deutschland“. Testläufe in Kursen für geflüchtete Teilnehmende am Bundesfreiwilligendienst machten bereits großes Interesse und zum Teil auch große Überraschung über hiesiges Recht und Praxis deutlich – und belegen damit für uns den Bedarf für ein solches Modul. Aus der Erfahrung mit der Verknüpfung der Themen „Zugang zum Arbeitsmarkt“ und „Arbeitsrechte“ entsteht derzeit eine Informationsbroschüre in einfacher Sprache für geflüchtete Menschen, die die beiden Themen verknüpft.

Eine zentrale Erfahrung durch die Schulungen des BEMA lässt sich leicht auf das Feld der politischen Bildung insgesamt übertragen: Unsere Teilnehmenden fragen sich bei der Ankündigung unseres Besuches, was das Thema überhaupt bedeutet, warum sie kommen sollten, warum das Thema sie betrifft. Davon berichten die Kursleitungen und fügen im selben Atemzug hinzu: „Und ehrlich gesagt ging es mir auch so. Bis ich bei Ihnen im Kurs saß.“ Durch den lebensweltlichen Bezug, die Interaktivität und das Ernstnehmen der Erfahrungen aller werden die Teilnehmenden mitgerissen und tragen ihr neues Wissen in der Konsequenz weiter an Freund*innen, Bekannte, Verwandte.

REINHARD FISCHER

Demokratieworkshops für Neuzugewanderte der Berliner Landeszentrale für politische Bildung

I. Fragestellung und Ziele des Projektes

Die Berliner Landeszentrale für politische Bildung hat die Aufgabe allen in Berlin lebenden Menschen politische Bildung anzubieten. Als 2015 und 2016 zahlreiche Menschen auf der Flucht nach Berlin kamen, war klar, dass diese Geflüchteten eine Zielgruppe für die Landeszentrale sind und für sie Formate der politischen Bildung entwickelt werden müssen. Wie können Menschen, die in totalitären politischen Systemen sozialisiert wurden, die Deutsch lernen und mit vielen essentiellen Problemen kämpfen, über das politische System in Berlin und Deutschland informiert und eingeladen werden, sich an politischen Debatten und Prozessen zu beteiligen?

Die Landeszentrale identifizierte vier Workshopthemen in die wichtige Inhalte strukturiert werden können. Diese Themen können nicht nur für Geflüchtete, sondern auch für andere Neuzugewanderte von Interesse sein. Deshalb wurde der Titel „Demokratieworkshops für Neuzugewanderte" gewählt. In einem ersten Schritt wurden die Inhalte der Workshops in kurzen Texten (von je zwei DIN A 4 Seiten) fixiert.

1. Deutsche Geschichte

Die Erfahrungen der NS-Diktatur haben die Entwicklung des politischen Systems der Bundesrepublik Deutschland ganz wesentlich geprägt. Die Zeit der Teilung der Stadt und des Kalten Krieges ist an vielen Stellen Berlins sichtbar und in der Erinnerung präsent. Insgesamt 10 Stationen der deutschen Geschichte werden benannt und daran die politischen und gesellschaftlichen Entwicklungen nachgezeichnet.

Die Teilnehmenden erkennen, dass die gegenwärtigen Situation historisch gewachsen und Veränderungen unterworfen ist und dass jeder Mensch, der in Berlin lebt, die Stadt mitgestalten kann.

2. Demokratie und Wahlen

Wer darf wählen? Wie wird gewählt? Welche Kompetenzen liegen auf der kommunalen, der Landes-, der Bundes- und der EU-Ebene? Wie greifen repräsentative, direkte und diskursive Demokratie ineinander?

Die Teilnehmenden, die zum Teil aus zentralistischen und totalitären Staaten kommen, lernen die Ebenen der Politik und die Gewaltenteilung auf den Ebenen kennen. Sie erfahren wie Wahlen in Deutschland organisiert werden. Sie diskutieren was für sie konkret Demokratie bedeutet.

3. Menschenrechte und Grundgesetz

Welche Rechte gelten für alle Menschen in Deutschland? Welche Rechte gelten für deutsche Staatsbürgerinnen und Staatsbürger? Welche Bedeutung hat das Grundgesetz? Welche Rechte und Pflichten ergeben sich daraus? Wie werden Konflikte gelöst?

Die Teilnehmenden erfahren, dass Rechte gegeneinander abgewogen werden. Sie diskutieren was für sie Gerechtigkeit, Freiheit oder Sicherheit bedeuten.

4. Staat und Zivilgesellschaft

Der Staat regelt und organisiert in Deutschland viele Bereiche: die Gesundheit, die Bildung und das Soziale. Aber der Staat macht nicht alles selbst, sondern beauftragt andere, Leistungen für die Allgemeinheit zu erbringen. Gemeinsam mit anderen kann man eigene Interessen und Ziele, z.B. in Vereinen und Initiativen, verfolgen.

Der öffentliche und nicht staatliche Bereich ist für das Leben in Deutschland sehr wichtig. Aus ihren Herkunftsländern kennen Geflüchtete oft nur einen totalitären Staat und ein von Familienstrukturen dominierten privaten Bereich. Das Konzept einer Vereinslandschaft, von Wohlfahrtsverbänden, eines öffentlich-rechtlichen Rundfunks ist nicht selbsterklärend. Der Workshop zeigt Zugänge auf und lädt zur Mitwirkung in Vereinen, Initiativen oder Elternvertretungen ein.

II. Didaktisch-methodisches Konzept

Die Angebote der Berliner Landeszentrale für politische Bildung sind nicht in breitere Curricula eingebunden. Sie sind nicht Teil des schulischen Unterrichts oder von Integrationskursen. Sie sind nicht Abschlussorientiert. Teilnehmende erhalten kein Zertifikat, allenfalls eine Teilnahmebescheinigung und sind in der Regel nur einmalig für zwei bis drei Stunden dabei. Deshalb müssen die einzelnen Workshops so konzipiert werden, dass sie in sich abgeschlossen sind und den intrinsischen Erkenntniserwartungen der Teilnehmenden gerecht werden. Die Workshops werden zum Teil von Honorarkräften der Landeszentrale durchgeführt.

Geflüchtete kommen mit sehr unterschiedlichen Vorkenntnissen nach Berlin. Ein junger Hochschulabsolvent, der politisch Interessiert ist, im Herkunftsland politisch aktiv war, Fremdsprachen spricht und schon erste Kontakte zu Gleichaltrigen in Berlin geknüpft hat, hat ganz andere Vorkenntnisse und Fragen, als ein Mensch, der nur wenige Jahre zur Schule gehen konnte und sich bisher kaum über politische Zusammenhänge informieren konnte. Deshalb ist ein einheitliches didaktisch-methodisches Konzept für alle Geflüchtete nicht sinnvoll. Es kommt darauf an einen Baukasten von didaktischen Ansätzen parat zu haben, um auf jede Gruppe und jeden Teilnehmenden, je nach Sprachkenntnissen, Vorkenntnissen und Interessen eingehen zu können.

Es gibt jedoch Elemente, die für unterschiedlichste Gruppen und Sprachniveaus eingesetzt werden können. Dazu zwei Beispiele:

Um im Rahmen des Workshops „Demokratie und Wahlen" die Frage der Gewaltenteilung auf Bundesebene zu erläutern, haben sich Fotos der Gebäude und der Personen zu Bundestag, Bundesrat, Bundeskanzleramt, Bundespräsidialamt und Bundesverfassungsgericht als hilfreich erwiesen. So entsteht mit fünf Fotos von Gebäuden (das Reichstagsgebäude erkennen die meisten, den Sitz des Bundesverfassungsgerichtes in Karlsruhe kaum ein Teilnehmer) und fünf Fotos von Personen (die Bundeskanzlerin erkennen alle, den Bundesratsvorsitzenden keiner) eine Art „Institutionen-Memory", das das Prinzip der Gewaltenteilung spielerisch visualisiert.

Im Rahmen des Workshops „Menschenrechte und Grundgesetz" geht es um den Begriff der Gerechtigkeit. Um Teilnehmende unabhängig von ihren Sprachkenntnissen und Vorkenntnissen anzuregen, ihre eigene Vorstellung von Gerechtigkeit zu hinterfragen, kann man auf eine Geschichte von Amartya Sen (The Idea of Justice, 2009) zurückgreifen: Drei Kinder streiten sich um eine Flöte. Das erste Kind hat die Flöte gemacht und beansprucht sie deshalb. Das zweite Kind verweist darauf, dass die anderen beiden Kinder andere Musikinstrumente besitzen, es selbst aber nicht. Deshalb beansprucht es die Flöte. Das dritte Kind beansprucht die Flöte, weil es, im Gegensatz zu den anderen beiden, Flöte spielen kann. Auch ohne die Begriffe Leistungsgerechtigkeit, Verteilungsgerechtigkeit oder Utilitarismus zu kennen, können Menschen auf allen sprachlichen Niveaus ihr eignes Gerechtigkeitsverständnis an Hand dieser Geschichte reflektieren und ausgehend davon eigene politische Positionen (z.B. in der Steuerpolitik) einnehmen.

III. Praxiserfahrungen

2015, 2016 und Anfang 2017 wurden Workshops mit arabischer oder/und persischer Übersetzung in Unterkünften durchgeführt. Viele Menschen waren noch nicht in Sprachkurse eingebunden und an den Workshops nahmen Eltern teilweise mit kleinen Kindern teil. Die Aufmerksamkeitsspanne war kurz, die Inhalte mussten sehr komprimiert werden. Im Laufe der Zeit waren mehr Menschen in Sprachkurse oder Berufsqualifizierungen eingebunden und die Unterkünfte waren nicht mehr die geeigneten Orte für die Workshops. Diese fanden nun auch in Vereinen, in Schulen, insbesondere in Oberstufenzentren oder in Kooperation mit dem Jugendmigrationsdienst statt. Auch volle Übersetzungen der Workshops waren nicht mehr notwendig. Diese konnten auf Deutsch im Niveau A2 oder B1 durchgeführt werden.

Da die Kommunikationskanäle der Landeszentrale (Webseite, Newsletter, Facebookseite, Aushänge) die Zielgruppe der Neuzugewanderten kaum erreichen, werden Workshops in der Regel mit festen Gruppen, Sprachkursgruppen, Nachbarschaftsinitiativen, Vereinen, Gemeinden etc. vereinbart.

Inzwischen melden sich Gruppen mit konkreten Fragestellungen. Sie wollen wissen, wie das Rentensystem funktioniert, welche Rolle Religionsgemeinschaften in Deutschland spielen, warum es Armut in Deutschland gibt oder welche Bedeutung das Grundgesetz im Alltag hat. Hier sind die Workshopthemen nur noch der Rahmen in dem die Fragen der Gruppe diskutiert werden können.

IV. Schlussfolgerungen/Transfer/Perspektiven

Viele Akteure bieten politische Bildung für Geflüchtete in Berlin an. Der Erfahrungsaustausch mit anderen ist der Landeszentrale wichtig. Die Workshopthemen sind in deutscher und englischer Sprache in der Broschüre „Willkommen in Berlin/Welcome to Berlin" veröffentlicht. Die arabische, französische und persische Übersetzung wird als pdf Interessierten zur Verfügung gestellt. Mehrfach fanden Projektvorstellung unterschiedlicher Träger und Erfahrungsaustausche zum Thema „politische Bildung mit Geflüchteten" in der Landeszentrale oder mit Beteiligung der Landeszentrale statt. Die Workshops wurden auf einem Flyer und bei Multiplikatoren beworben.

Neuzugewanderte und insbesondere Geflüchtete sind eine „besondere" Zielgruppe der politischen Bildung. Es gibt sprachliche Schwierigkeiten und sie werden längere Zeit ohne deutsche Staatsbürgerschaft und deshalb ohne Wahlrecht in Deutschland leben. Die Standards der politischen Bildung, die für andere Zielgruppen selbstverständlich sind, gelten auch für diese Zielgruppe. Dazu gehört das „Überwältigungsverbot“. Das bedeutet, dass auf „Wertevermittlung“, die gelegentlich im Zusammenhang mit der Zielgruppe der Geflüchteten angeboten wird, verzichtet werden sollte. Es werden Werte wie Gerechtigkeit und Freiheit in den Workshops diskutiert. Ziel ist jedoch nicht, dass die Teilnehmenden genötigt werden „Werte“ zu übernehmen. Ziel ist, dass sie Informationen über das politisches System erhalten, in ihrer politischen Entscheidungskompetenz gestärkt werden (dazu gehört, dass sie sich ihrer persönlichen Werteorientierung bewusst sind), sie in ihrer politischen Handlungsfähigkeit gestärkt werden und motiviert werden sich mit politischen Fragen zu beschäftigen. Sprachliche Schwierigkeiten oder kulturelle Differenzen rechtfertigen nicht den Verzicht auf Standards der politischen Bildung. Die Erfahrungen früherer Zuwanderergenerationen zeigen, dass es kontraproduktiv ist, wenn Zugewanderte erst mit der Einbürgerung und Wahlrecht als politische Subjekte akzeptiert werden und sich selbst so begreifen. Der Beitrag der Berliner Landeszentrale für politische Bildung zum Integrationsprozess ist es, die Neuzugewanderten von Anfang an zur aktiven Mitgestaltung Berlins in Vereinen, Elternvertretungen und öffentlichen Debatten einzuladen.

TANJA BERGER

„WIR SIND DA – Ein Projekt auf zwei Beinen"

Integration von geflüchteten Erwachsenen und Kinder durch politische Bildung
Hoch Drei Potsdam

Projektidee und Konzept

Viele Geflüchtete sind in den vergangenen Jahren nach Deutschland gekommen. Ihre soziale Integration ist in vollem Gange: die meisten haben eine mehr oder weniger akzeptable Unterkunft bezogen, beziehen Sozialleistungen oder haben Jobs gefunden; besuchen Integrationskurse und manche haben bereits, durch eigenes Engagement oder mithilfe engagierter Organisationen, gute soziale Kontakte geknüpft und Unterstützung in verschiedenen Bereichen gefunden. Ihre politische Integration ist ein nächster notwendiger Schritt in dieser Entwicklung. Damit Politik, Verwaltung und Zivilgesellschaft nicht an den eigentlichen Bedürfnissen vorbeiplanen, müssen Geflüchtete selbst mit ihren Ideen, Anliegen und Erfahrungen in die Bewältigung vielfältiger Aufgaben einbezogen werden. Hier kann die politische Bildung einen wichtigen Beitrag leisten. In dem hier beschriebenen Projekt wurde die gesellschafts-politische Partizipation von Geflüchteten gezielt gefördert; die Teilnehmenden wurden ermutigt, sich mit ihren spezifischen Perspektiven in die Gestaltung des Zusammenlebens in ihrer neuen Umgebung Deutschland einzubringen und ihre individuellen Voraussetzungen dafür zu verbessern. Ihr Verständnis von und die Identifizierung mit der Gesellschaft und dem politischen System in Deutschland werden gestärkt und ihre Möglichkeiten des demokratischen, gesellschafts-politischen Engagements wurden aufgezeigt und praktisch umgesetzt. Um Geflüchtete als Zielgruppe in der politischen Bildung mit unseren Angeboten zu erreichen, probierten wir immer wieder neue Wege aus. Ihre tatsächlichen Bedürfnisse mussten ermittelt und in den Veranstaltungen berücksichtigt werden. Dazu wurden Geflüchtete noch stärker selbst in die Gestaltung der Angebote einbezogen.

Fragestellung und Ziele des Projekts

„WIR SIND DA" war ein Bildungsprojekt für Erwachsene und Kinder.

1. Erwachsenenbildung

Ein Teil des Projekts wurde mit Geflüchteten der Sprachgruppen Arabisch bzw. Persisch/Dari durchgeführt. Auch fanden zwei Veranstaltungen für arabisch sprechende Menschen aus dem afrikanischen Raum statt, da diese andere Hintergründe und Perspektiven mitbringen als z.B. Geflüchtete aus Syrien. Wir freuten uns über politisch bewusste Interessenten/-innen, wollten jedoch unbedingt auch unerfahrene bzw. weniger gebildete Teilnehmende für das Projekt gewinnen und zu politischem Denken und Handeln anregen.

Einige Veranstaltungen sollten speziell für geflüchtete Frauen angeboten werden. Sie sollten hier Gelegenheit finden, sich unabhängig von ihrer Familienrolle und ohne Einschränkungen durch männliche Dominanz und Erwartungen mit ihren spezifischen Interessen, Belangen und Perspektiven zu beschäftigen.

Die Teamer*innen-Qualifizierung richtete sich besonders an gesellschaftspolitisch interessierte Geflüchtete, die in der Bildungsarbeit eine persönliche Perspektive sehen.

Das Projekt förderte die politische Partizipation und die gesellschaftliche Integration von Geflüchteten. Die Teilnehmenden mit Fluchterfahrung wurden ermutigt und befähigt, sich aktiv an gesellschafts-politischen Gestaltungsprozessen zu beteiligen und ihre Perspektiven und Erfahrungen einzubringen.

In den Seminaren wurden den Teilnehmenden Grundkenntnisse zum politischen System, den politischen Strukturen und der politischen Kultur in Deutschland vermittelt. Sie erhielten Informationen zu Möglichkeiten zivilgesellschaftlichen Engagements und der politischen Interessensvertretung. Sie wurden auch dazu angeregt, die aus ihrer Sicht relevanten gesellschafts-politischen Themenbereiche und Aktionsfelder zu ermitteln und Ideen bzw. Pläne für konkrete Beteiligungsprojekte zu entwickeln. Über den Rahmen der Seminare hinaus wurden die Teilnehmenden darin unterstützt und begleitet, ihre Projektideen umzusetzen.

In kompakten Qualifizierungsseminaren erhielten interessierte Menschen mit Fluchterfahrung eine praxisnahe Einführung in die Prinzipien und Methoden der politischen Bildung. Sie wurden in die Lage versetzt, selbst Veranstaltungen zu konzipieren und durchzuführen, ihren spezifischen Belangen und Perspektiven hier Raum zu geben und diese auch anderen Menschen nahe zu bringen.

Nicht zuletzt erwarben alle Teilnehmenden sprachliche sowie soziale und demokratische Kompetenzen.

2. Kinderbildung

Parallel zu den Erwachsenenseminaren fanden Kinderseminare statt. Damit nutzten wir Synergieeffekte und machten politische Bildung zum Thema für die ganze Familie. Die teilnehmenden Kinder waren je nach Anmeldung Kinder von Teilnehmenden der Erwachsenenseminare, in Deutschland aufgewachsene Kinder sowie Kinder aus Brandenburger Übergangswohnheimen.

Das Thema Werte stand inhaltlich im Fokus der Veranstaltungen mit folgenden möglichen Fragen: Wie kann ich eigentlich erreichen, dass die Welt, und das Leben, wie ich es für richtig halte, Realität werden?

Die Ziele für die persönliche Weiterentwicklung waren folgende:

- Austausch zwischen den Kindern ermöglichen
- Empathie stärken
- Zu Partizipation und Engagement anregen
- Eigene Erwartungen an die Gesellschaft hinterfragen
- Erwartungen der Gesellschaft an sich selbst reflektieren
- Von- und miteinander lernen
- Erste Erfahrung mit Angeboten politischer Bildung ermöglichen (ggf. erleichtert durch räumliche Nähe zu den Eltern)

Praxiserfahrung

Im Rahmen von „Wir sind da! – Ein Projekt auf zwei Beinen“ zur Integration von geflüchteten Erwachsenen und Kindern durch politische Bildung wurden zwischen April und Dezember 2018 insgesamt sieben Seminare für Erwachsene sowie sechs teilweise parallele Kinder- oder Mädchenseminare durchgeführt. Die Veranstaltungen für Erwachsene fanden dreitägig am Wochenende statt, die Kinderprojekte teilweise etwas länger, an Wochenenden mit Brückentagen.

Beispielhaft sollen hier einige genannt werden.

Für und mit Erwachsenen

„Arbeiten in Deutschland“ – 15.–17. Juni 2018
Ein von syrischen Teilnehmer*innen in 2017 entwickeltes, mit Unterstützung durch HochDrei geplantes und geleitetes Seminar zum Thema Arbeit mit folgenden Schwerpunkten:

- Informationen zum deutschen Arbeitsrecht
- Information und Diskussion zu Strukturen und Möglichkeiten der betrieblichen Mitbestimmung und Interessensvertretung
- Informationen und Training zum Bewerbungsprozedere vom Anschreiben bis zum Vorstellungsgespräch
- Reflexion der individuellen Kompetenzen, Ressourcen und verschiedenen beruflichen Perspektiven

„Politische Bildung – leicht gemacht" – 25.–27. Mai 2018
Teamer*innen-Schulung für Geflüchtete mit den Schwerpunkten:
- Prinzipien und Geschichte der politischen Bildung in Deutschland
- Seminarphasen
- Rolle der Teamenden
- Methoden
- Planung

Verschiedene Seminare für afghanische Frauen mit Fluchterfahrung auf Deutsch und Dari

„FRAUEN:LEBEN!" – 27.–29. April 2018
Schwerpunkte:
- Erfahrungsaustausch zu Frauenleben in Afghanistan und Deutschland
- Information und Diskussion zu Gesetzen und Kultur in D., bezüglich Ehe, Familie und Kindern
- Reflexion der eigenen Zukunftsentwürfe

„Frauen – Verbunden in Vielfalt" – 28.–30. September 2018
Schwerpunkte:
- Unterschiede und Gemeinsamkeiten von Frauen
- Informationen und Diskussion zu Gesetzen, Politik und Kultur in D.
- Theater als politische Ausdrucksform (Exkursion)

„Typisch!" deutsch/afghanisch/Frau. – 16.–18. November 2018
Schwerpunkte:
- Austausch und Informationen zu kulturellen Gepflogenheiten in D, Geschlechterverhältnis, Ehe, Familie, Kinder
- Austausch und Information zu Frauenberatung und –Organisierung in Berlin

- Zukunft meines Frauen-/Mädchenlebens
- „Potsdam – Stadt der Frauen?!" – Exkursion und kreative Bearbeitung, Information und Diskussion

Neben der inhaltlichen Wissensvermittlung lag der Fokus in allen Frauenseminaren auch auf der Stärkung der Frauen durch gegenseitige Beratung und Ermutigung im informellen Austausch sowie durch das Training kommunikativer Kompetenzen. Darüber hinaus gab es für die Teilnehmerinnen jeweils Bewegungsangebote und Information zu Unterstützungsangeboten und Möglichkeiten der Interessensvertretung.

Für und mit Kindern

„Bunt ist eine schöne Farbe" Filmwerkstatt für Kinder – 28.4.–1.5.2018
Das Thema des Projekts befasste sich rund um die Themen Vielfalt und Identität. Im Rahmen des Projekts entstanden drei kurze Stop-Motion-Filme, die von den teilnehmenden Kindern konzipiert und gedreht wurden. Im Peer-Learning Prozess wurde der transkulturelle Austausch gefördert, indem die teilnehmenden Kinder selbst zu Multiplikatoren*innen von Inhalten wurden. Hinzu konnten sich die Kinder ausprobieren, welchen Gestaltungsfreiraum sie als Individuum haben und an welche Verantwortung bestimmte Entscheidungen gebunden sind. Die Präsentation der Filmbeiträge am Ende des Projekts war ein großes Erfolgserlebnis für die teilnehmenden Kinder.

„Gutes Essen – gutes Leben" – 17.–19. August 2018
Das Thema selbst war niedrigschwellig gewählt mit Aspekten der politischen Bildung, soweit das mit den Altersgruppen möglich war. Essen ist ein Kulturträger und auch Wohlfühlfaktor, der den Zugang zu den Kindern erleichterte. Dies gehört zu ihrem Alltag und sie konnten direkt anknüpfen aus ihrer Erlebniswelt. Die Frage nach einem guten/glücklichen Leben spann sich natürlich weiter und öffnete vor allem Zukunftsideen den Raum.

Genderreflektierte Gestaltung des Seminars und eine dementsprechende Sprache waren selbstverständlich. Rollenklischees wurden nicht verstärkt bzw. hinterfragt.

„Sisters" Solidarische Mädchenarbeit – 7.–9. Dezember 2018
Mit diesem Projekt wollten wir die Schwestern der teilnehmenden jungen Frauen eines Seminars gewinnen. Einerseits, weil den jungen Frauen somit die Möglichkeit der Teilnahme leichter ermöglicht wurde, da sie häufig für die Beaufsichtigung ihrer jüngeren Schwestern herangezogen werden und gleichzeitig um die

jüngeren Schwestern zu erreichen, die allein nicht so einfach an einem Seminar teilnehmen dürfen. Motto des Wochenendes war: „Eine Schwester ist eine Verbündete, mit der man Pferde stehlen kann, die man verteidigt und berät. Wer schwesterlich zusammensteht, zeigt sich solidarisch und ist nicht so schnell unterzukriegen. Dabei bedeutet Solidarität nicht nur, sich gegenseitig zu unterstützen, sondern auch, sich zu motivieren, anzuspornen und herauszufordern."

Schlussfolgerungen und Perspektive

In allen Seminaren wurden Grundlagen zum politischen System in Deutschland vermittelt, Strukturen und Gesetze, die Rolle der Zivilgesellschaft und Formen gesellschafts-politischer Beteiligung sowie Aspekte der deutschen Kultur diskutiert. Dabei bildeten unterschiedliche, zielgruppenspezifische Themen den jeweiligen Schwerpunkt der inhaltlichen Auseinandersetzung: Arbeitsmarkt und -rechte, die politische Bildung selbst, Diskriminierungserfahrungen als Flüchtlinge und/oder Frauen, das Geschlechterverhältnis und Familienbelange.

Das Format der Angebote der politischen Bildung im Modellprojekt – dreitägige Veranstaltungen mit Übernachtung und Verpflegung – bei der viele informelle Einheiten genutzt werden konnten, um in selbstbestimmten Konstellationen einzelne Schwerpunkte nach individuellen Interessen zu vertiefen, erwies sich als ziemlich geeignet für die Zielgruppe.

Auch die Durchführung an einem anderen Lernort trug zum Erfolg der Angebote bei, da sich vor allem die Frauen fernab ihres Alltags und der oftmals bedrückenden Wohnumgebung hier ohne Ablenkung und Verantwortung für bspw. die Verpflegung gut auf die Inhalte und das Seminargeschehen einlassen konnten.

Die Möglichkeit, Kinder mitzubringen, die entweder in parallel stattfindenden Seminaren eigene Inhalte erarbeiteten oder zumindest betreut wurden, war eine Vorrausetzung für die Teilnahme vieler Frauen. Nicht zuletzt war die Durchführung an Wochenenden sinnvoll, weil hier weder Deutschkurse noch Schule stattfinden.

Zielgruppengewinnung

Zur Gewinnung von Teilnehmenden sowie für die zielgruppenspezifische Konzeption und eine adäquate inhaltliche Gestaltung der Seminare ist es hilfreich auf „Botschafter*innen" in den Communities und, auf Vereine, Migrant*innen-Organisationen, Initiativen und zu Mitarbeiter*innen in Unterkünften zurückzugreifen. Im Verlauf des Projektjahres wurden weitere Kontakte zu Vereinen aus- und aufgebaut wie z.B. zum im Projektzeitraum gegründeten Verein syrischer Geflüchteter „SanaD e.V.“, zu „Women in Exile & Friends“, „Refugee Emancipation Women“ und „Yaar e.V.“

Arbeit mit und Einbindung der Zielgruppe

Das pädagogische Konzept von HochDrei sieht grundsätzlich vor, die Teilnehmenden während der Veranstaltungen partizipativ einzubinden. Darüber hinaus wurde die Zielgruppe der Geflüchteten schon im Vorfeld in vielerlei Formen in die inhaltliche Konzeptionierung und die Rahmengestaltung der Angebote einbezogen. Die Gewinnung und Ausbildung von Geflüchteten als Teamende war ein erklärtes Ziel des Modellprojekts, um die Zielgruppe auch auf der Ebene der Planung und Durchführung noch stärker in die politische Bildung einzubeziehen. Beispielsweise im Seminar zum Thema Arbeit wurde dieses Anliegen konkret umgesetzt.

Das Seminar zum Thema Arbeit wurde komplett von einer Gruppe ehemaliger Teilnehmender konzipiert und durchgeführt. Ein Mann der Gruppe hatte zuvor an der Teamenden-Schulung im Rahmen des Modellprojekts teilgenommen. Das Seminarthema Arbeit war in vorangegangen Seminaren von Teilnehmenden häufig als besonders wichtig benannt worden und wurde hier von der durchführenden Gruppe aufgegriffen. Mit Unterstützung durch HochDrei e.V. entwickelte das Team das Format des Seminars, die Inhalte und Methoden.

Geflüchtete sind keine homogene Gruppe. Die Unterschiede bezüglich ihrer Herkunftskultur, Bildungshintergründe und Ausgangssituationen für ihre Integration sind mannigfaltig und müssen in der Konzeptionierung und Durchführung von Bildungsveranstaltungen berücksichtigt werden.

Die Ermittlung der Bedarfe und Interessen der Zielgruppen und die Entwicklung adäquater Angebote erfordern eine Beteiligung der Geflüchteten. Auch um die Zielgruppen zu erreichen, sind verbindliche Kontakte in die Communities und die Zusammenarbeit mit Migrant*innen-Selbstorganisationen und Initiativen notwendig.

Viele Geflüchtete sind hochmotiviert, sich zivilgesellschaftlich zu engagieren. Politische Bildungsarbeit kann hier sowohl ein Feld der Betätigung sein als auch Impulse geben sowie fachliche und persönliche Voraussetzungen für die Umsetzung schaffen.

HochDrei e.V. hat sich durch das Projekt weiterentwickelt und politische Bildung noch vielfältiger aufgestellt. Sowohl die Zielgruppen werden auch zukünftig angesprochen als auch die qualifizierten Teamer*innen eingesetzt. Konkret stehen eine Einrichtung einer Stelle als Bildungsreferentin für eine junge Frau mit Fluchterfahrung an und die Realisierung eines weiteren Projekts der politischen Bildung mit dem Themenkomplex Beteiligung und Solidarität.

JULIA GERLACH

Lokalnachrichten „Amal Berlin" der Evangelischen Journalistenschule

„Nur, wer weiß, was passiert, kann mitmachen und sich beteiligen oder: Warum wir Lokaljournalismus auf Arabisch und Farsi/Dari machen"

Idee: Was ist Amal?

Amal, Berlin! und Amal, Hamburg! sind Online-Lokalzeitungen mit Nachrichten auf Arabisch und Dari/Farsi. Insgesamt arbeiten 15 Journalisten und Journalistinnen als festangestellte Redakteure und Redakteurinnen. Sie kommen aus Syrien, Ägypten, Afghanistan und Iran, haben in ihren Ländern zuvor als Journalisten gearbeitet mussten dann jedoch auf Grund von politischen Umständen oder wegen des Krieges ihre Länder verlassen.

Amal, Berlin! und Amal, Hamburg! berichten über alles, was in den beiden Städten und in Deutschland insgesamt wichtig ist. Zielgruppe sind die in den vergangenen Jahren neu nach Deutschland Gekommenen, die Arabisch oder Farsi/Dari sprechen. Es gibt keine verlässlichen Zahlen, wie viele Menschen in diese Gruppen zählen, es wird jedoch geschätzt, dass in Berlin rund 140.000 und in Hamburg 70.000 Menschen diese Sprachen als ihre Hauptsprachen benutzen. Amal gibt ihnen die Möglichkeit, sich darüber zu informieren, was in ihre Umgebung geschieht, worüber diskutiert wird und welche Entscheidungen in Politik und Gesellschaft anstehen.

Es gibt immer wieder Kontroversen über die Frage, wieso Amal nicht auf Deutsch berichtet und ob es nicht die Integration der Neuangekommenen verhindert, wenn sie sich in ihren Muttersprachen informieren können. Es dauert jedoch in der Regel eine ganze Weile, bis Neuangekommene so gut Deutsch sprechen, dass sie eine deutsche Lokalzeitung lesen können. Manchen Menschen fällt es sogar extrem schwer, überhaupt eine Fremdsprache so gut zu lernen. Es wäre schade, wenn in dieser Zwischenzeit die Neuangekommenen nicht mitbekommen, was vorgeht und auf Informationen aus zweiter Hand und Gerüchte angewiesen sind. Ohne diese Informationen, ist es sehr viel schwieriger, sich zu integrieren und sich an gesellschaftlichen Prozessen zu beteiligen. Nur wer weiß, was passiert, kann mitgestalten und mitmachen. So legt die Redaktion großen Wert auf ausführliche Veranstaltungshinweise und interessante Berichte aus dem direkten Umfeld der Neuangekommenen. Wo passiert etwas? Wo kann ich mitmachen? Welche Entscheidungen werden getroffen, die mein Leben und das meiner Nachbarn betreffen? Zugleich halten wir es für wichtig, kontinuierlich auch über politische Prozesse zu berichten. Statt die Neuangekommenen darüber zu „unterweisen“, was Demokratie ist und wie sie funktioniert, verfolgen sie, wie Entscheidungen getroffen werden. Nicht zuletzt müssen Politiker und Politikerinnen auch mit dieser neuen Öffentlichkeit und deren Reaktionen rechnen.

Phase eins: Entstehung

Die Idee entstand 2015. Unter den Neuangekommenen waren viele Journalisten und Journalistinnen, für die es schwer war, in deutschen Medien dauerhaft einen Job zu finden. Zugleich zeigte sich, dass unter den Geflüchteten sehr viele Gerüchte und Fake-News im Umlauf waren. Informationen über Deutschland bezogen viele von Al Jazeera, DW und Co. Neben diesen Nachrichtenkanälen entstanden zahlreichen Facebook-Seiten, die sich auf die Verbreitung von Nachrichten aus Deutschland spezialisiert hatten, aber nicht professionellen Standards folgten. Die einzige Ausnahme: Abwab, die erste arabische Zeitung in Deutschland. Hier waren aber zunächst vor allem Meinungsartikel zu finden und die Situation in Syrien spielte eine große Rolle. So entstand die Idee, eine Lokal-Redaktion mit geflüchteten Journalisten aufzubauen, die in ihren Muttersprachen berichten.

Im Sommer 2016 gab die Evangelische Kirche In Deutschland (EKD) die Zusage, das Projekt zu finanzieren. Die Evangelische Journalistenschule in Berlin stellte Räume und den administrativen Rahmen. Es wurde eine Ausschreibung gestartet und aus den zahlreichen Bewerbungen 10 Journalisten und Journalistinnen aus Syrien, Ägypten, Afghanistan und Iran ausgewählt. Im September 2016 begann ein gemeinsamer Vorbereitungs- Workshop. Wie recherchiere ich in Berlin? Wie komme ich an Informationen? Es wurde viel Wert auf Teambuilding und die konzeptionelle Entwicklung der Nachrichtenplattform gelegt. Im März 2017 ging sie online.

Ursprünglich gab es die Annahme, dass die beteiligten Journalisten und Journalistinnen als Ehrenamtliche die Plattform betreiben würden, schnell stellte sich heraus, dass dies eine falsche Annahme war. Dies hing einerseits damit zusammen, dass die Anforderungen des Job-Centers an die Journalisten groß waren. Sie sollten sich auf freie Stellen bewerben und viele empfanden die Abhängigkeit belastend. Zudem gab es zu dieser Zeit mehrere journalistische Projekte für die Zielgruppe, so hatten einige Sender Praktika für geflüchtete Journalisten ausgeschrieben, es wurden Weiterbildungen und Mentorenprogramme aufgelegt. Was allerdings fehlte, war eine wirkliche Perspektive: Was können die Journalistinnen und Journalisten im Exil machen, wenn die Anfangsphase vorbei ist? Dies brachte uns dazu, die nächste Phase von Amal, Berlin! anzugehen:

Phase zwei: Professionalisierung

Ab Juli 2017 bewilligte die EKD eine neue Projektphase. 10 Journalisten und Journalistinnen erhielten Arbeitsverträge auf 20-Stunden Basis. Die Überlegung hier: Es sollte möglichst allen Teammitgliedern eine berufliche Perspektive gegeben werden. Neben ihrer Arbeit bei Amal, bliebt ihnen Zeit, für andere Medien zu arbeiten und Sprachkurse zu belegen.

In diesen ersten beiden Projektphasen wurden in Zusammenarbeit mit der Redaktion Chrismon insgesamt drei Chrismon-Spezial Hefte erstellt. Diese Hefte erscheinen jeweils zweisprachig Arabisch-Deutsch und Persisch-Deutsch. Die aufwändig produzierten Reportagen und Berichte handelten von Themen aus der Lebenswelt von Geflüchteten. Die Idee: Geflüchtete und Ehrenamtliche aus den Gemeinden sollten die gleichen Texte jeweils in ihrer Sprache lesen und so Gesprächsthemen bekommen können.

Von Anfang gab es auch Kooperationen mit anderen deutschsprachigen Medien. Im regulären Chrismon-Heft erschienen im Dezember 2017 Beiträge von Amal zum Thema Weihnachten. Im Tagesspiegel und auf Zeit-Online erschienen in den Tagen nach dem Anschlag auf dem Breitscheidplatz Kommentare und zum Teil sehr persönliche Betrachtungen. Auch mit anderen Medien gibt es seitdem Kooperationen. So entstand ein Sonderheft des Amnesty Journals zum Thema Ankommen und Amal beteiligte sich an dem Projekt #jetztschreibenwir vom Tagesspiegel.

Interaktion mit Community: Politische Bildung online

Die meisten Leserinnen und Leser erreicht Amal über Facebook. Dies hat den Charme, dass wir sehen können, wer uns liest und es einen direkten Austausch gibt. Wir wissen, welche Themen gut ankommen und worüber es Streit oder negative Reaktionen gibt. Beispiel: Berichterstattung über arabische Clans in Berlin. Auf der Farsi/Dari Seite bringen diese oft abwertende, anti-arabische Kommentare nach dem Motto: „Kein Wunder, das sind ja Araber!". Auch auf der arabischen Seite kommt es zu heftigen Reaktionen. Die Neuangekommenen distanzieren sich von den Alteingesessenen der arabischen Community. Mit den schlechtintegrierten Arabern früherer Einwanderungswellen wollen sie nichts zu tun haben. Wir hatten aber auch Kommentare aus dem Clan-Umfeld, die Amal bezichtigten, die Nachrichten der deutschen Medien wiederzugeben.

Ein gutes Beispiel für die Art, wie Amal, Berlin! mit den Leserinnen und Lesern diskutiert, zeigte sich im Sommer 2018. Ein Video wurde gepostet. Es zeigte einen jungen Syrer, der wutentbrannt auf einen jungen Mann mit Kippa einschlug und dabei „Du Jude!" schrie. Kurz nachdem das Video online ging, meldete sich der Angreifer bei uns und wollte seine Sicht erzählen. Wir empfahlen ihm, zunächst zur Polizei zu gehen, um dort den Vorfall zu erklären und boten ihm Hilfe an. Das tat er dann auch, allerdings sprach er vorher mit der BILD. Der Vorfall und die Berichterstattung in den Medien führten natürlich zu einer großen Diskussion unter den Leserinnen und Lesern von Amal. Wie ist das mit dem Antisemitismus unter Geflüchteten? Welche Rolle spielte die Propaganda in den syrischen Schulen? Wie besonders ist das Verhältnis Deutschlands zu Israel? Was ist wirklich zwischen den beiden jungen Männern passiert? In unserer Redaktion diskutierten wir daher darüber, was wir in dieser Situation beitragen konnten. Wir kamen zu dem Schluss, dass es keinen Mangel an Meinungsäußerungen gab, im Gegenteil: Gerade auf Arabisch gab es sehr viele Meinungsbeiträge in den Sozialen Medien. Wir entschieden uns daher, das zu liefern, was zu diesem Zeitpunkt Mangelware war: Nüchterne Berichterstattung: Was passiert? Wer hat was gesagt? Was sind die Fakten?

Dies ist eines von vielen Beispielen, das zeigt wie lokal lokale Berichterstattung sein kann: Wir berichten über das, was im direkten Umfeld der Zielgruppe passiert, es gibt direkte Reaktionen online und zudem treffen sich Redaktion und Leserschaft häufig bei Veranstaltungen.

Phase drei: Die Erweiterung

Seit Januar 2019 befindet sich Amal in der nächsten Phase. Inzwischen wurde die Finanzierung auf mehrere Geldgeber verteilt: Die EKD finanziert weiterhin den Löwenanteil, es konnte aber auch die Körber-Stiftung, Stiftung Mercator und die Schöpflin-Stiftung gewonnen werden. Auch geben die EKBO, die Kirche im Rhein-Land und die ebenfalls kirchliche Ecclesia-Versicherung Gelder hinzu und eine Stelle wird vom Evangelischen Verlagshaus finanziert. Auf diese

Art kann der Fortbestand von Amal, Berlin! für drei weitere Jahre gesichert werden und in Hamburg wurde eine zweite Redaktion mit vier Stellen neu eingerichtet. Sie arbeitet in enger Kooperation mit dem Hamburger Abendblatt. Wenn Amal, Berlin! und Amal, Hamburg!, wieso dann nicht Amal, Dresden! und Amal, Frankfurt!? Diese Frage stellten unsere Leserinnen und Leser, als sie von der Erweiterung erfuhren und natürlich stellen wir uns auch diese Frage. Ziel dieser neuen Phase ist, ein Modell zu entwickeln, wie die Amal-Idee auch in anderen Städten oder Ballungsgebieten lokale Ableger bekommen kann. Dazu müssen lokale Strukturen geschaffen und lokale Finanzierungsmöglichkeiten gefunden werden. Wir können dabei inzwischen auf viel Erfahrung zurückgreifen. Wichtig ist, dass die Qualität stimmt: Nachrichten funktionieren nur, wenn die Leserinnen und Leser sie verstehen und ihnen vertrauen können. Amal steht für zuverlässige, kontinuierliche Lokalberichterstattung. Es ist Journalismus, der zu einer Gesellschaft passt, die sich verändert.

CHRISTINE REICH, TIM SCHOLZ

Begegnungsprojekt „Ich will was von der Welt" der Jugendbildungsstätte Kurt Löwenstein für 12–17jährige Jugendliche mit und ohne Fluchterfahrung

Ziele unserer Bildungsarbeit

Ziel unserer Seminare, die sich gemeinsam an Jugendliche mit und ohne Fluchthintergrund richten, ist es Raum zu schaffen, in denen es Jugendlichen mit den unterschiedlichsten Lebenszusammenhängen ermöglicht wird, sich mit Fragen des Zusammenlebens, Fragen ihrer Zukunftsvorstellungen, Fragen an ein Leben in Demokratie, Möglichkeiten der Mitbestimmung und Teilhabe und eigenen Engagement auseinanderzusetzen.

Durch die verstärkte Zuwanderung seit dem Sommer 2015 ist das Thema Flucht(ursachen) und Zusammenleben in Vielfalt ein bestimmendes Thema in unserem Modellprojekt „Es ist deine Kampagne – (Inter)aktiv für eine lebendige Demokratie", welches wir im Programm „Demokratie leben!" umsetzen. In diesem Modellprojekt führen wir mit Kindern und Jugendlichen aus Berlin/Brandenburg/NRW Seminare zu verschiedenen Themen durch, zu Flucht, Fluchtursachen, Migrationsgesellschaften, Vorurteilen, Stereotypen, Heimat etc. Dabei ergab sich manchmal die Situation, *darüber* zu diskutieren, ohne dass die Teilnehmenden Situationen bzw. Menschen in Situationen kannten oder eigene Erlebnisse zum Thema hatten. Wir gewannen die Erkenntnis, dass Jugendliche ohne Fluchterfahrung auch aufgrund ihrer mangelnden direkten Begegnung gesellschaftliche Stereotype und Ressentiments reproduzieren. Dies geschieht unabhängig davon, wie viele Geflüchtete im Sozialraum real leben. Zentral ist es, Begegnungen und Austausch zu ermöglichen, um so Stereotypen entgegenzuwirken. Unser Ansatz einer diversitätsbewussten Bildungsarbeit, die sich entschieden gegen Ausgrenzung, Diskriminierung und Menschenrechtsverletzungen richtet, hat auch den Anspruch Begegnung zu schaffen, um selbst Urteil zu bilden und Erkenntnis gewinnen zu können Jugendliche mit und ohne Fluchterfahrung sollen ermutigt werden selbstgewählte Themen gemeinsam zu diskutieren. Ziel des gesamten Modellprojekts ist es, Jugendliche zum gesellschaftlichen Engagement zu befähigen, sowie sie darin zu bestärken, selbst aktiv zu werden, „Kampagnen" selbst zu entwickeln und umzusetzen. So können sie ihre gesellschaftlichen Ideen und Vorstellungen artikulieren, zur Diskussion stellen und sich für eine lebendige Demokratie stark machen.

Projektidee und Zielgruppe: „Ich will was von der Welt"

Innerhalb unseres Modellprojekts „Es ist deine Kampagne – (Inter)aktiv für eine lebendige Demokratie", im Programm Demokratie leben! entwickelten wir neben o.g. thematischen Auseinandersetzungen das Begegnungsprojekt „Ich will was von der Welt" für 12–17-jährige Jugendliche mit und ohne Fluchterfahrung, da wir es für zentral halten, miteinander ins Gespräch zu kommen und Einblicke in Lebenswelten und Vorstellungen der Anderen zu bekommen.

„Ich will was von der Welt" war als achttägiges Begegnungs- und Bildungsprojekt, bei dem sich jeweils ca. 30 Jugendliche mit und ohne Fluchterfahrung im Alter von 12–17 Jahren kennenlernen und austauschen sollten, konzipiert. Circa 50% der Teilnehmenden hatten selber eigene Fluchterfahrungen. In der Ausschreibung der Maßnahme wurde bewusst nicht auf die unterschiedlichen Hintergründe der Teilnehmenden eingegangen, da wir eben keine Kategorisierung, keine Gruppenbildung „WIR" und „DIE" überhaupt aufkommen lassen wollten. Migration und Flucht ist Teil unserer gesellschaftlichen Realität. Somit erlebten die Jugendlichen, die sich untereinander vorher nicht kannten, erst durch das vertiefte Kennenlernen zu Beginn der Aktivität die Vielfalt der Hintergründe der anderen Teilnehmenden. Dies trägt dazu bei, dass die Jugendlichen ohne Fluchterfahrung unbefangener und oftmals offener auf die anderen Teilnehmenden zugehen, als wenn diese von vornherein als die „Flüchtlinge" markiert werden. Dies ist umso wichtiger, da gleichzeitig auch sie nicht wollen, dass ihre privaten Hintergründe (z.B. Leben in Jugendhilfeeinrichtungen, Patchworkfamilie, sozio-ökonomische Hintergründe ....) ungewollt verbreitet werden oder mit stereotypen Vorbehalten einhergehen. Mit diesem Ansatz haben wir sehr gute Erfahrungen gemacht, es gab abgesehen von einem Fall nur positive Rückmeldungen von den Teilnehmenden als auch den Erziehungsberechtigten.

Methodisch-didaktischer Ansatz

Unser erprobtes und ständig weiterentwickeltes methodisch-didaktisches Setting ermöglicht ein schnelles Zusammenfinden der Jugendlichen als Gruppe. Es ermöglicht den Jugendlichen einen intensiven Austausch über gesellschaftliche Fragestellungen und die jeweiligen Lebenswelten und -orientierungen. Dadurch erhalten die Teilnehmenden ein besseres Bild, was die anderen Jugendlichen bewegt und was ihnen wichtig ist. Durch dieses vertiefte Kennenlernen verstehen sie die anderen besser, ihre Schwierigkeiten, Konflikte und auch Träume, erkennen gesellschaftliche Vielfalt mit ihren Herausforderungen, Schwierigkeiten aber auch Bereicherungen und hinterfragen ihre eigenen Bilder, Stereotype und Haltungen, die sie bisher hatten und die ggf. für ihr Handeln bestimmend waren.

Es gilt, den teilnehmenden Jugendlichen eine schöne, erlebnisreiche und aktive Ferienwoche zu ermöglichen. Unser Konzept beinhaltet, dass alle die Woche mitgestalten, partizipative und demokratische Entscheidungsfindungen (er) leben und dadurch motiviert werden, sich selbstbestimmt mit gesellschaftlichen Fragestellungen zu beschäftigen und sich dazu auszutauschen und erleben, was es heißt, Entscheidungen zu treffen und diese selbstwirksam umzusetzen. Alle Teilnehmenden sollen die Möglichkeit erhalten, ihre Interessen, Fähigkeiten und Wünsche einzubringen, aber auch auf die anderen Teilnehmenden einzugehen und diese wertzuschätzen. Die Zusammenführung der Jugendlichen, die sich nicht en bloc wahrnehmen, gelingt uns sehr gut. Es gibt ein großes Interesse der Jugendlichen untereinander, deren Lebensalltag und ihrer bisherigen Lebenserfahrungen kennenzulernen. Sprachschwierigkeiten gibt es im Grunde keine, die Kommunikation erfolgt zumeist auf Deutsch, hilfsweise wird auf Englisch zurückgegriffen, anfangs arbeiteten wir noch mit unterstützenden Sprachmittler*innen, dies ist aber seit 2018 kaum mehr notwendig.

Umsetzung des Projekts

Über 30 Jugendliche kommen zur erlebnisreichen, aktiven und kreativen Ferienwoche auf dem Gelände der Jugendbildungsstätte zusammen. Den Einstieg in das Ferienprojekt bilden gruppendynamische Einheiten in unterschiedlichen Zusammensetzungen, die dem gegenseitigen Kennenlernen dienen. Hierbei setzen wir viele erlebnispädagogische Übungen ein, die wir im Laufe der Woche der Gruppendynamik anpassen. Übungen mit wenig Einsatz an Sprache sind zu Anfang wichtig. Zentral ist für uns, Teamgeist zu fördern, Vertrauen aufzubauen, gemeinsames Erleben und Handeln zu fördern, den Umgang untereinander gemeinsam zu reflektieren etc. Es gab Workshops zu verschieden Themenfeldern, die die Jugendlichen wählen konnten, Einheiten zum Thema „Vielfalt" und „Selbst aktiv gegen Diskriminierung und Ausgrenzung werden". Hier sind eigene Erfahrungen Ausgangspunkt der Auseinandersetzung mit dem Thema, insbesondere der Austausch zwischen den Jugendlichen mit und ohne Fluchterfahrung steht im Mittelpunkt. In diesen Workshops kommen Methoden der Menschenrechtsbildung und der diversitätsgerechten Bildungsarbeit zum Einsatz, diese unterstützen die inhaltliche Auseinandersetzung mit dem Thema. Es gab unter den Teilnehmenden ein großes Interesse an der jeweiligen Lebensgeschichte und Lebensrealität des anderen. Ergebnisse, gemeinsame Erlebnisse, erarbeitete Standpunkte, strittige Sichtweisen etc. dieser Workshops fließen dann in die sich anschließenden Medienwerkstätten ein. Hier erstellen die Jugendlichen mit unterschiedlichen Medien in Kleingruppen gemeinsam kleine Medienprodukte. Im Jahr 2018 fanden z.B. eine Videowerkstatt, ein Fotoworkshop und eine Siebdruckwerkstatt statt. Besonders intensiv war die inhaltliche Umsetzung des Themas „Flucht" in der Videowerkstatt, in der der Film „Der Schleuser" entstand, der auf wahren Begebenheiten und Erlebnissen von Teilnehmenden auf ihrer Flucht fußt. Der Impuls, sich mit Erlebnissen auf der Flucht auseinanderzusetzen, kam von Jugendlichen mit Fluchterfahrung, die so den anderen Jugendlichen einen Einblick in zuvor Erlebtes geben wollten.

Der Film ist online hier zu finden: https://vimeo.com/317998267.

Weitere Einblicke in das Projekt „Es ist deine Kampagne-(Inter)aktiv für eine lebendige Demokratie" und die Ansätze und Aktivitäten finden sich auf der Projektseite www.esistdeinekampagne.de.

Schlussfolgerungen und Transfer

Mit der Ferienwoche wollen wir erreichen, dass die Jugendlichen partizipative und demokratische Entscheidungsfindungen erleben und auf ihren Alltag beziehen. Das Projekt leistet damit einen Beitrag zur gesellschaftlichen Teilhabe der jungen Leute.

Das Recht auf Teilhabe an der demokratischen Gesellschaft, in der die Jugendlichen leben, gilt für alle, auch wenn ihre gesellschaftlichen und politischen Mitwirkungsmöglichkeiten zahlreichen Einschränkungen unterliegen. Das gilt für Jugendliche mit und ohne Fluchterfahrung und gilt als Forderung zusammen mit allen Jugendlichen zu bearbeiten.

Eine weitere Erkenntnis für weitere Aktivtäten ist, Angebote zu schaffen, die nicht die Unterschiedlichkeiten der „schon immer in Deutschland lebenden

Jugendlichen“ und den „Neu dazugekommenen“ in den Vordergrund zu stellen. Es geht um eine Ferienaktivität, bei der sich Jugendliche mit Identitäten auseinandersetzen, sich begegnen, die nicht als Gruppen aufeinander treffen, sondern als Individuen zusammenleben, mit Gemeinsamkeiten, Unterschiedlichkeiten, Konflikten untereinander, Zukunftsvorstellungen, Ideen, Wünschen etc. Dabei wird Flucht sowie das Heimatverlassen zur Sprache kommen, da beides für mehrere Jugendliche zu ihren einschneidenden Erlebnissen gehört. Wenn sie anderen davon erzählen wollen, dann ist der Rahmen dafür da, wollen sie sich dazu nicht äußern, so muss das respektiert werden.

Bei der Ausrichtung des Projekts war uns auch klar, dass wir als eine für junge Geflüchtete unbekannte Einrichtung mit unserem Angebot nicht wahrgenommen werden. Daher kooperierten wir eng mit einem Kooperationspartner aus dem Bereich der Jugendarbeit mit Geflüchteten, der unsere Arbeit kennt.

Während dieser achttägigen Veranstaltungen setzen sich die Jugendlichen mit ihren eigenen gesellschaftlichen Vorstellungen, Interessen, Chancen, Ängsten und Wünschen auseinander, kommen miteinander darüber ins Gespräch und erhalten Einblicke in die Lebenswelten der Anderen und erleben so gesellschaftliche Vielfalt mit der Erkenntnisse, dass alle Jugendlichen in ihrem Alter irgendwie auf der Suche nach Orientierung sind. Der Blick auf das bislang Prägende in ihren jungen Jahren ist spannend, der Blick in die Zukunft jedoch das verbindende.

UTE KRÜGER

„BENN – Berlin Entwickelt Neue Nachbarschaften" der Berliner Senatsverwaltung für Stadtentwicklung

Ausgangspunkt der Überlegungen für das Programm „BENN – Berlin Entwickelt Neue Nachbarschaften", war die Idee, die Erfahrungen aus dem erfolgreichen Berliner Quartiersmanagement für die Integration der Geflüchteten zu nutzen. Dies bedeutet, den Sozialraum und dessen Akteure in den Fokus zu stellen. Die Frage war, ob eine sozialräumliche Strategie auch für die Integration von Geflüchteten erfolgreich ist. Quartiersmanagement unterstützt seit 1999 benachteiligte Quartiere in Berlin, mit Fördergeldern und mit Hilfe eines Vor-Ort-Teams, um diese zu stabilisieren und die gesellschaftliche Teilhabe der Bewohnerinnen und Bewohner zu fördern.

Die anhaltende Zuwanderung nach Berlin und die hohe Anzahl aufgenommener Geflüchteter stellt das Land Berlin vor neue Herausforderungen. Ein Großteil der Geflüchteten wird voraussichtlich langfristig oder dauerhaft in Berlin bleiben und aufgrund der Wohnungsknappheit längerfristig in großen zentralen Unterkünften untergebracht. Nachbarschaften verändern sich durch die zugezogenen Geflüchteten, was Potenziale birgt, jedoch auch Konflikte verursacht. Das Programm „BENN-Berlin Entwickelt Neue Nachbarschaften" hat die Stärkung des nachbarschaftlichen Miteinanders und die Förderung der Integration im Stadtteil zum Ziel. Dies soll erreicht werden durch die Förderung von Begegnung und aktivem Miteinander im Stadtteil, der Aktivierung und Unterstützung von bürgerschaftlichen Engagement, der Förderung von Empowerment und dem Aufbau und Stärkung von Strukturen im Stadtteil durch Vernetzung und Kooperation, aber auch durch bauliche Verbesserungen.

Berlinweit wurden in 2017 und 2018 insgesamt 20 Integrationsmanagements „BENN – Berlin Entwickelt Neue Nachbarschaften" an Standorten großer Flüchtlingsunterkünfte aufgebaut. In Förderkulissen des Programmes „Soziale Stadt" werden Quartiersmanagementteams personell aufgestockt und mit zusätzlichen Sachmitteln ausgestattet. Alle Standorte sind nach den Kriterien Größe der Unterkunft, Konflikte vor Ort und Sozialstatus des Planungsraumes ausgewählt und von den Bezirken vorgeschlagen worden.

Das Programm wird von der Senatsverwaltung für Stadtentwicklung und Wohnen und dem jeweiligen Bezirk begleitet, um geäußerte Bedarfe und Ideen der Menschen vor Ort unterstützen zu können.

Methodisches Konzept des Programms BENN

Der Sozialraum als Integrationslandschaft

Integration findet vor allem auch in der Nachbarschaft statt. Die Potenziale des unmittelbaren lebensweltlichen Raumes sollen genutzt und stärker als bisher in die strategischen Überlegungen für die Integration einbezogen werden. Es handelt sich um den fußläufig erreichbaren Raum in dem Begegnungen und Interaktion stattfinden. Im Bereich Bildung ist die Entwicklung von Bildungslandschaften bereits weit fortgeschritten. Dahinter steht die Erkenntnis, dass lernen nicht nur an einem Ort stattfindet, sondern in einem Sozialraum an vielen verschiedenen Orten, die alle ihren Beitrag leisten und sich im optimalen Fall aufeinander beziehen und miteinander abstimmen. BENN hat sich vorgenommen Integrationslandschaften zu schaffen.

Mit der Anwendung einer sozialräumlichen Strategie auf das Thema Integration sollen Zugänge in die Stadtgesellschaft geschaffen werden. Vorhandene Netzwerke sollen unterstützt und dort wo es noch keine Vernetzung gibt, diese aufgebaut werden. Durch Vernetzung der Einrichtungen können nicht nur Synergien geschaffen werde, sondern auch die individuellen Hilfestellungen optimiert werden. Die Einrichtungen können stärker die Angebote aufeinander abstimmen und eine gemeinsame Konzeption entwickeln.

Zudem soll bei BENN die Nachbarschaft als Integrationsmotor im Fokus stehen. Es werden gemeinsame Aktionen umgesetzt, wie z.B. gemeinsame Sportveranstaltungen oder ein Nachbarschaftsfest. Die Menschen vor Ort entwickeln bei BENN Ideen, um ihr Lebensumfeld und das nachbarschaftliche Miteinander zu verbessern. Dadurch kann gegenseitiges Verständnis aufgebaut werden und das Lebensumfeld verbessert werden.

Mit der Ankunft der Geflüchteten ist auch das freiwillige Engagement in der Bevölkerung enorm angestiegen. Dieses Engagement hilft den Geflüchteten ihr Leben in den Unterkünften zu organisieren. Die vielen Initiativen und Engagierten, sind für BENN zentrale Akteure vor Ort und werden unterstützt.

Empowerment – der Schlüssel zu mehr gesellschaftlicher Teilhabe

Da Wohnraum knapp ist, werden viele Geflüchtete unterschiedlichster Herkunft in Großunterkünften untergebracht. Da der Weg in Ausbildung und Arbeit teilweise beschwerlich ist und mit Hürden verbunden, besteht die Gefahr, dass sich bei den Menschen in den Unterkünften ein Gefühl der Resignation und Perspektivlosigkeit einstellt. Aktiv zu sein und selbstbestimmt ist in diesen Lebensphasen von zentraler Bedeutung. So soll ermöglicht werden, im unmittelbaren Lebensumfeld Ideen zu entwickeln und diese dann auch mit Hilfe von BENN umsetzen zu können. Dies gilt genauso für die Nachbarschaft. Es soll dem Gefühl, Entscheidungen anderer ausgesetzt zu sein, entgegengewirkt werden, indem Vorstellungen und Ideen umgesetzt werden können.

Um diese Ideen und Bedarfe gemeinsam entwickeln zu können werden im Programm BENN Orte der Beteiligung geschaffen. An den meisten BENN Standorten gibt es ein Nachbarschaftsforum, in dem sich Geflüchtete und die Nachbarschaft austauschen können. Da mit einem solchen Beteiligungsgremium nur ein bestimmter Personenkreis erreicht werden kann, sind bei BENN unterschiedliche Beteiligungsorte für die unterschiedlichen Milieus und Zielgruppen entstanden, die deren Beteiligungsansprüchen entsprechen, so dass möglichst niemand ausgegrenzt wird. So gibt es Frauen- und Männercafés, Stammtische, Aktivierende Befragungen, Aufsuchende Angebote z.B. mit Lastenrädern etc. Die Hürden für Beteiligung sollen möglichst niedrig gehalten werden, ohne die Ansprüche an Bürgerbeteiligung, wie Transparenz und Verbindlichkeit, zu vernachlässigen. Es sollen Beteiligungssysteme entstehen. Die Konzeption für BENN sieht daher vor, dass im Vordergrund der Beteiligung nicht das Format steht, sondern das Ziel, möglichst viele verschiedene Menschen mit unterschiedlichen Interessen anzusprechen und einzubeziehen. Dies ist nicht nur aufgrund des Teilhabeanspruchs aller von hoher Bedeutung, sondern auch, weil die verschiedenen Bedarfe, die je nach Zielgruppe und Milieus variieren können, berücksichtigt werden sollen, gerade auch von jenen Milieus, die häufig von Beteiligungsverfahren ausgeschlossen sind. Auch wenn die Beteiligung in einem kleinen Rahmen stattfindet, ist die Erfahrung, eine „Stimme" zu erhalten, ein erster wichtiger Schritt für mehr gesellschaftliche Teilhabe.

Durch diese Beteiligung und mit Unterstützung des Vor-Ort-Teams wird von den Menschen vor Ort letztendlich ein Handlungskonzept für den Stadtteil erstellt, dass nicht nur Handlungsanleitung für das BENN–Team ist, sondern auch Empfehlungen für Senatsverwaltungen und Bezirksamt enthält.

Praxiserfahrung

Das Programm konnte bisher erfolgreich umgesetzt werden. Um einen konkreten Eindruck von der Arbeit vor Ort zu erhalten, hier einige O-Töne aus der Praxis:

„Das Näh- und Strickcafé für Frauen geht auf die Initiative zweier Bewohnerinnen der Gemeinschaftsunterkunft zurück, die sich gezielt an das BENN Team gewendet haben. Das BENN Team unterstützte diese Frauen in den letzten Monaten dabei, sich durch die Einrichtung eines Näh- und Strick-Cafés einen eigenen Denk-, Frei- und weiblichen Rückzugsraum zu schaffen."

„Zur Vorbereitung eines Aktionstages Kinderrechte wurden mit den Kindern Bilder gemalt und für die einzelnen Stationen Schilder vorbereitet. In begleitenden Gesprächen wurde gemeinsam eine Auswahl getroffen, welche Rechte ihnen besonders wichtig sind. Es wurde ein Kinderrechtesong erarbeitet und gemeinsam gesungen. Es haben sich ca. 30 Kinder aktiv beteiligt und den Tag sehr genossen. Es gab 5 Stationen: Recht auf Nahrung, Recht auf Medizin, Recht auf Schutz, Recht auf Bildung, Recht auf Spielen."

„Wir waren mit dem kompletten BENN-Team und zwei ehemaligen Bundesfreiwilligen (arabischsprachig) an vier Tagen Anfang Oktober in einer der Gemeinschaftsunterkünfte in unserem BENN-Gebiet, um die Bewohner*innen (besser) kennenzulernen, ihren Alltag besser kennenzulernen, ihnen zuzuhören, mit ihnen gemeinsam zu überlegen, wie sie selbst Ideen umsetzen und Herausforderungen angehen können, sie an ihre Talente, Hobbys etc. zu erinnern und Vertrauensverhältnisse aufzubauen. Am Ende des Gesprächszeitraumes haben wir zu einem Abschlussmeeting eingeladen, zu dem ca. 40 Bewohner*innen kamen. Wir haben vorgestellt, was wir „gehört" haben und die Ideen, Ärgernisse, Hobbys, Talente in einer Galerie sichtbar gemacht. Alle Teilnehmenden konnten bepunkten, welche Themen ihnen besonders wichtig sind. Dann haben wir in vier Kleingruppen an den Themen Fitness, Ausbildung/Job, Wohnungssuche und Schwimmkurs für Frauen gearbeitet. Es wurden direkt Folgetermine ausgemacht, um an den Themen dranzubleiben."

„Das Interkulturelle Café ist ein regelmäßiges Format zu Begegnung, Austausch und Empowerment, in einer offenen und lockeren Atmosphäre. Es wird wöchentlich mittwochs vom BENN-Team an einem zentralen Ort innerhalb der Gemeinschaftsunterkunft durchgeführt. Gemeinsam wird darüber beraten und entschieden, wie das interkulturelle Café gestaltet wird, welche Themen aufgegriffen werden und wie Aktionen gemeinsam umgesetzt werden können. Bei Bedarf werden Expert_innen/Referent_innen eingeladen, um gezielt Themenschwerpunkte zu vertiefen."

„Ein Bewohner der Gemeinschaftsunterkunft äußert am Tag der offenen Tür im Gespräch die Idee mit der Nachbarschaft zu Malen. Das BENN Team lädt ihn zum Stammtisch Ehrenamt ein, der einmal im Monat im Vor-Ort-Büro stattfindet, um die Idee zu besprechen und vorzustellen. Das BENN Team stellt den Bewohner beim Stammtisch vor und gemeinsam wird von der Idee einer Malgruppe erzählt. Eine Nachbarin, die ebenfalls das erste Mal am Stammtisch teilnimmt, ist begeistert und berichtet von ihrem Mann, der zufällig Künstler sei. BENN Team koordiniert telefonisch einen Termin zwischen den Beiden im Vor-Ort-Büro. Die Idee wird schnell konkretisiert, ohne Mitwirkung vom BENN Team. Ein Kostenplan wird erstellt. Eigenständig ein wöchentlicher Termin gefunden und Telefonnummern ausgetauscht. Die Malgruppe trifft sich nun jeden Dienstag im Vor-Ort-Büro. Die Gruppe arbeitet eigenständig und selbstverantwortlich. Ende August entsteht die Idee einer Vernissage, das BENN Team unterstützt mit einem Planungstreffen. Ungefähr 50 Personen aus der alten und neuen Nachbarschaft kamen zur Ausstellung. Die Künstler stellten sich selbst vor. Es wurden zudem spontan Musiker von Ihnen eingeladen."

Schlussfolgerungen

Die Erfahrungen der Praxis zeigen, dass es gelungen ist, Integration im Sinne von gesellschaftlicher Teilhabe für Geflüchtete und für die Nachbarschaft der großen Unterbringungsstandorte sozialräumlich zu fördern. Der Ansatz ein Team vor Ort zu haben, die den gesamten Sozialraum und dessen Potenziale im Blick haben, ist erfolgreich. Das Programm ist zunächst zeitlich befristet bis 2021 und wird wissenschaftlich begleitet. Die Ergebnisse dieser Wissenschaftlichen Begleitung lagen zum Zeitpunkt der Erstellung dieses Artikels noch nicht vor.

JIBRAN KHALIL, KIRSTIN NEUMANN

Brandenburg Connect – Erfahrungen aus der Zusammenarbeit für die umfassende gesellschaftliche Teilhabe von Geflüchteten

Flucht und Asyl sind allgegenwärtige Themen. In den Nachrichten, in der Schule, am Arbeitsplatz, bei Behörden, im Sportverein – überall wird, beinahe jeden Tag, über diese Themen gesprochen. Mit der Hyper-Sichtbarkeit geht aber zugleich eine quasi vollkommene Unsichtbarkeit von Geflüchteten selbst einher. In Diskursen um Bildung, demographischen Wandel, Geschlechtergerechtigkeit, Fachkräftemangel oder abgehängte Regionen kommen Geflüchtete selbst nicht oder nur am Rand vor, oft als Objekte für die Erklärung von „Ängsten", die „besorgte Bürger*innen" haben, aber nicht als Subjekte, die selbst Bedürfnisse, Sorgen und Nöte haben. Auch die Förderung sozialer und kultureller Projekte, wie auch die von Projekten zur politischen Bildung, orientieren sich allzu oft an einer weißen Norm, an die sich die Dazugekommenen eigentlich nur anpassen müssten, um in den Genuss aller Rechte zu kommen, die ihnen zustehen. Die Praxis sieht oft allerdings ganz anders aus. Deswegen hat das Projekt „Brandenburg Connect – Teilhabe und Inklusion durch Selbstorganisation: Wissensvermittlung, Diskussion, Vernetzung" hier einen Paradigmenwechsel vollzogen und Geflüchtete in maßgeblicher Rolle in die Konzeption, die Durchführung und die Auswertung eingebunden.

1. Unterstützung und Vernetzung organisieren

In Brandenburg hat sich eine beachtliche Zahl neuer Geflüchteten-Selbstorganisationen (GSO) gegründet, es gibt eine Vielzahl von Einzelpersonen, die sich politisch bilden, Wissen weitergeben und sich engagieren. Neue wie schon Jahre und Jahrzehnte lang existierende GSO und einzelne Schlüsselpersonen bilden wichtige Schnittstellen zwischen Geflüchteten, Verwaltungen, Politik und Zivilgesellschaft, wobei die politische (Fort-) Bildung aller Seiten zentraler Bestandteil dieser Arbeit ist. Demgegenüber fehlt es aber allzu oft an elementaren Grundlagen: politische (Bildungs-) Arbeit wird kaum gefördert, Vernetzung unter den Engagierten findet nicht systematisch statt – genauso wenig wie eine regelmäßige Zusammenarbeit zwischen Willkommensinitiativen und GSO.

Ziel von „Brandenburg Connect" war deshalb vor allem die Vernetzung von GSO und engagierten Einzelpersonen. Durch verschiedene Angebote wurden sie gestärkt, die Peer-to-Peer-Wissensvermittlung wurde weiter etabliert. Die Debatten um Teilhabe, des Lehrens und Lernens von und mit Geflüchteten sowie die politische Bildung im Kontext der Aufnahmegesellschaft wurden im Rahmen des Projekts so weiterentwickelt.

2. Selbstorganisierte Teilhabe praktizieren

Um Austausch und Wissenstransfer zwischen GSO zu ermöglichen, fanden spezifische Methoden-Trainings sowie „Teach-In/Reach-Out"-Treffen statt, also Themen-Workshops von und für GSO und aktive Einzelpersonen. Weitere Methoden und Projektaktivitäten waren im Wesentlichen zunächst ein zweitägiger Sommercampus 2017 sowie 2018 ein dreitägiger Sommercampus mit Workshops und viel Raum für Austausch, die Etablierung eines gemeinsamen E-Mail-Verteilers, die Entwicklung von Flyern in verschiedenen Sprachen sowie die projektbegleitende Öffentlichkeitsarbeit. Alle Angebote orientierten sich an der Idee, Partizipation nicht nur zu propagieren, sondern auch im Projekt selbst zu praktizieren.

Um die Workshops und Trainings an spezifische Bedürfnisse anzupassen, waren bereits etablierte GSO im Rahmen von Kooperationspartnerschaften an der Konzeption des Projekts und einzelner Maßnahmen beteiligt. Dies waren Women in Exile, Jugendliche ohne Grenzen, Mosaikstein, späterhin aber auch das Geflüchteten-Netzwerk Cottbus, das sich während der Projektlaufzeit konstituiert und gefestigt hat. Sie standen der Projektkoordination beratend zur Seite, diskutierten inhaltliche Schwerpunkte, stellten und vermittelten Referierende, bewarben die Projektaktivitäten und -inhalte über eigene Netzwerke und sicherten durch gemeinsame Zwischen- und eine Abschlussevaluationen die inhaltliche Qualität des Projektes und sorgten so für seine Nachhaltigkeit.

3. „Wir müssen uns zusammenfinden und für unsere Rechte kämpfen!"

Das zentrale Ziel des Projektes war die Stärkung von GSO. Dies wurde u.a. mithilfe von Trainings und Workshops erreicht, in denen Wissen zu asylpolitischen und -rechtlichen Inhalten (z.B. zu Abschiebungen und eigenen Rechten in Lagern), aber auch Informationen und Methoden zur Organisationsgründung und

-entwicklung (z.B. Vereinsgründung, Gruppen-Moderation) vermittelt wurden. Neben der Wissensvermittlung war vor allem die Schaffung gemeinsamer politischer Diskussions- und Handlungsräume zentral. Eine Teilnehmende von Women in Exile fasste ihre Bedürfnisse folgendermaßen zusammen: „Ich bin hier auf dem Sommercampus, weil ich möchte, dass wir uns zusammenfinden und für unsere Rechte kämpfen. Wir müssen uns organisieren. Wir brauchen Lösungen für die Probleme, die wir mit den Unterkünften und mit Rassismus haben."

Sowohl in Kooperationsgesprächen als auch in den Maßnahmen im Projektverlauf stellte sich heraus, dass gesellschaftliche Teilhabe und die Repräsentation in Diskursen etwas voraussetzen: Empowerment. Daher widmeten sich viele Workshops und Trainings im Projekt diesem Thema, viele mit einem expliziten Fokus auf Frauen*. Nicht nur dort ging es sowohl um vermeintlich persönliche Themen (etwa: Wissen, Motivation, Freundschaft, Stabilität, Entwicklung, Stärke und Kraft) als auch um die gesellschaftliche Stärkung von Geflüchteten in ihren Rechten sowie um Möglichkeiten der Teilhabe. Oft war dabei der Umgang mit Racial Profiling und anderen Ausprägungen des Rassismus ein zentrales Thema. Den Teilnehmenden wurde bewusst, dass sie Rechte haben, dass es gesellschaftliche und staatliche Zusammenhänge gibt, aber auch, dass Vernetzung sie bestärkt, sich als aktiven Teil der Gesellschaft zu sehen, um sich gegen rassistische Diskriminierung durch Mitmenschen, Behörden und Politik zur Wehr zu setzen. Die Referentin eines Workshops auf dem Sommercampus 2018 problematisierte aber auch das Spannungsfeld zwischen individueller Stärkung und ausbleibendem institutionellem Wandel: „Wir versuchen da ein bisschen Tipps und Erfahrungen weiterzugeben, die wir selbst gemacht haben, aber das ist natürlich nicht die Lösung. Die Lösungen liegen in den Strukturen."

In verschiedenen Vernetzungstreffen haben sich darüber hinaus gezielt Geflüchtete aus Afghanistan kennengelernt und zu „ihren" Themen ausgetauscht. Angeleitet und begleitet wurden sie dabei vom Verein Yaar e.V. So konnten sich schnell neue – und vor allem nachhaltige – Strukturen entwickeln, aus denen inzwischen der Afghanische Kulturverein in Brandenburg entstanden ist.

Fast alle Angebote leisteten eine kritische Begleitung der Debatten um „Integration" und zum Verhältnis zur Aufnahmegesellschaft. Eine Teilnehmende fasste dies so zusammen: „Beim Workshop haben wir uns über viele Themen unterhalten, zum Beispiel über Bildung, Gesundheit, Integration. Wir haben vor allem über die Zweideutigkeit der Integrationspolitik gesprochen. Wir sollen uns integrieren, aber Frauen dürfen nicht zur Schule gehen. Es gibt kein Recht auf Bildung. Dann gibt es keine Kitas. Nichts wird organisiert, damit die Menschen wirklich Zugang zu den Integrationskursen haben."

Die projektbegleitende Öffentlichkeitsarbeit war für viele Teilnehmende zunächst nicht prioritär. Austausch, Vernetzung und Empowerment wurden für die politische Teilhabe vordringlicher gefunden. Es entstanden dennoch einige Pressemitteilungen, etwa mit Women in Exile zur Situation geflüchteter Frauen in Lagern. Der Flüchtlingsrat unterstützte einen Offenen Brief tschetschenischer Geflüchteter aus Cottbus, die kriminalisiert und von der Polizei unrechtmäßig behandelt worden waren. Auch gegen die rassistische Hetze gegen Geflüchtete in Cottbus arbeiteten GSO und Flüchtlingsrat zusammen. Nicht zuletzt stärkte die intensivierte Zusammenarbeit mit Selbstorganisationen ihre Stimme auch innerhalb des Flüchtlingsrats und unter seinen Mitgliedern.

4. Nach wie vor Ressentiments und Rassismus

Durch Brandenburg Connect konnten GSO in Brandenburg und damit die selbstorganisierte Teilhabe gestärkt werden. Es haben sich während der Projektlaufzeit neue Selbstorganisationen gegründet, es sind nachhaltige Kooperationsbeziehungen entstanden. Der Austausch alteingesessener und neuer Organisationen sowie die Peer-to-Peer-Wissensvermittlung wurden angeregt – und werden weiterhin genutzt.

Der Flüchtlingsrat steht über die Projektlaufzeit hinaus für Beratung und Unterstützung zur Verfügung. Der E-Mail-Verteiler und die Kooperationen mit lokalen und landesweiten Initiativen bestehen fort. Es haben sich Netzwerke entwickelt, die auch nach Projektende fortbestehen.

Für die alltägliche Arbeit des Flüchtlingsrats ist die Perspektive und Expertise von Geflüchteten unverzichtbar. Selbstorganisationen profitieren wiederum von den etablierten Strukturen und Netzwerken des Flüchtlingsrats, aber auch von seinem Zugang zu finanziellen Mitteln und anderen Ressourcen. Geflüchtete bringen sich auch deswegen immer mehr und besser in Debatten um asylpolitische Entwicklungen und die Situation von Geflüchteten in Brandenburg ein. Sie verschaffen sich und ihrer Stimme Gehör und machen ihren Perspektiven sichtbar.

Dennoch sind Geflüchtete auch in Brandenburg nach wie vor Ressentiments und Rassismus in all ihren Facetten ausgesetzt. Es braucht deswegen eine kontinuierliche Begleitung und Stärkung, aber auch eine weitere Verzahnung mit Willkommensinitiativen, anderen flüchtlingspolitisch Aktiven und vor allem den Regelstrukturen, um eine wirkungsvolle und bleibende gesellschaftspolitische Teilhabe zu ermöglichen.

Bei einer Fortsetzung bzw. Neuauflage des Projekts wäre die Stärkung des Austauschs und der Zusammenarbeit zwischen GSO und Willkommensinitiativen ein wichtiger Schritt. Dabei wäre auch die Förderung der kritischen Selbstreflexion innerhalb der „regulären" Zivilgesellschaft notwendig. Auf diese Weise könnte mittel- und langfristig die Perspektive Geflüchteter nicht als Sonderbereich, sondern als integraler Teil eines „Wir" wahrgenommen werden.

SELINA BYFIELD

querstadtein – Berlin & Dresden anders sehen

Biografische Stadtführungen aus der Sicht von Menschen mit Fluchterfahrung

Allzu oft werden Flucht und Migration als Probleme begriffen, die mit der Angst vor dem Verlust von Identität und vertrauten Werten einhergehen. querstadtein e.V. setzt dieser Lesart andere Erzählungen entgegen: In Berlin und Dresden organisiert der Verein Stadtführungen, die von Menschen mit Fluchterfahrung geleitet werden. Sie teilen ihre ganz persönliche Sicht auf ihre neuen Heimatstädte, räumen mit Klischees auf und laden die Teilnehmenden zum Gespräch ein.

Städte und ihre verschiedenen Viertel bieten zahlreiche Bezugspunkte für die Identitätskonstruktionen ihrer Bewohner*innen: Nachbarschaften und Subkulturen, Raumnutzungen, Denkmäler. Gleichzeitig sind Städte Sozialräume, in denen Fragen des Zusammenlebens täglich neu verhandelt werden: Wer gilt als zugehörig, wer wird als „fremd“ wahrgenommen? Wie sehr sollen Migration und Vielfalt das Stadtbild prägen dürfen? Wer soll den öffentlichen Raum, wie nutzen können?

All diese Fragen sind Ausgangspunkte für die Stadtrundgänge von querstadtein. Diese nutzen jedoch nicht die analytische Distanz des wissenschaftlichen Blicks, sondern die individuellen Sichtweisen von Menschen, die eher selten als „Stadt-Expert*innen“ wahrgenommen werden.

Biografien mit Orten verknüpfen

Seit 2016 zeigen Menschen, die aus Ländern wie Syrien und dem Irak geflohen sind, Interessierten sowohl historische Orte als auch ihre Lieblingsplätze in Berlin. So führt die Tour von Mohammad Khalil etwa durch den Kiez rund um die Sonnenallee. Hier fand er nach seiner Ankunft viel Vertrautes in Form arabischer Supermärkte und Restaurants wieder, erhielt aber auch praktische Tipps und Unterstützung in der kurdischen Gemeinde. Nafee Kurdi nutzt für seine Erzählung eher symbolische Orte: So erfahren die Teilnehmenden seiner Tour „From Damaskus to Berlin-Mitte" am Checkpoint Charlie nicht nur etwas über die Geschichte des ehemaligen deutsch-deutschen Grenzübergangs, sondern auch, welche Gefahren den Menschen drohen, wenn sie einen Checkpoint im syrischen Damaskus passieren müssen. Ahmed Shihab wiederum erzählt auf dem Gendarmenmarkt, warum das Konzerthaus für ihn ein Symbol für seinen Neustart in Deutschland ist.

Unter dem Motto „Berliner Migrationsgeschichten" verknüpfen die Stadtführer*innen ihre Erlebnisse und ihr Erfahrungswissen mit Orten im öffentlichen Raum. Gleichzeitig vermitteln sie Informationen zu Fluchtbewegungen, deren Ursachen sowie zum Ankommen in Deutschland. Dabei gibt es keine Blaupausen. Vielmehr sind die Themenschwerpunkte und Geschichten so individuell wie die Menschen, die die Touren leiten. Unterwegs entsteht Raum für Gespräche, denn die Teilnehmenden sind eingeladen, all die Fragen zu stellen, die sie umtreiben, z.B.: Was bewegt einen Menschen, der sich auf den gefährlichen Weg über das Mittelmeer macht? Fühlst du dich willkommen oder ausgegrenzt? Wie ist die Situation in deinem Herkunftsland heute?

Ziele des Projekts

Der öffentliche Raum fungiert bei diesem Ansatz sowohl als Ort der Begegnung als auch der politischen Bildung. Das Format dient jedoch nicht – wie gelegentlich vermutet – der „Integration von Geflüchteten", im Gegenteil: Primäre Zielgruppe ist die sogenannte Aufnahmegesellschaft. Die teilnehmenden Schulklassen, Studierenden, Mitarbeitenden von NGO und Unternehmen sowie Einzelpersonen erleben Menschen mit Fluchtgeschichte als Bildungsakteure, die sich für ein gelingendes Zusammenleben in der Gesellschaft engagieren. Die sehr persönlichen Erfahrungsberichte eröffnen die Chance, Empathie zu entwickeln, eigene Stereotype zu überdenken und Vorurteile gegenüber Menschen mit Fluchtgeschichte abzubauen. Indem die Stadtführer*innen auch etwaige Diskriminierungserfahrungen teilen, werden die Besucher*innen dafür sensibilisiert, dass in gesellschaftspolitischen Debatten zum Thema Flucht und Asyl immer auch über Menschen mit individuellen Lebensgeschichten und Schicksalen geurteilt wird.

Dennoch übernehmen die Stadtführer*innen nicht nur die Rolle von Multiplikator*innen. Vielmehr erforschen sie auch ihre eigene Biografie im Spannungsfeld von gesellschaftlicher Teilhabe und Ausgrenzung. Als Expert*innen für die Themen, über die sie informieren, ermächtigen sie sich der Narration über „die Geflüchteten". Sie setzen abwertenden Zuschreibungen ihre eigene Erzählung entgegen und leisten einen Beitrag zu einer Einwanderungsgesellschaft, die Vielfalt als Normalität begreift.

Projekttransfer nach Dresden

Die Stadtführungen zum Thema Flucht und Asyl werden derzeit als Modellprojekt von der Bundeszentrale für politische Bildung gefördert. Im Rahmen der Förderung wurde das in Berlin entwickelte Konzept 2018 auch auf Dresden übertragen. Auf der ersten Tour verband Stadtführer Mohammad Nhar berühmte Orte in der Altstadt wie die Frauenkirche oder die Brühlsche Terrasse mit seiner eigenen Fluchtgeschichte. In einem Sprach-Domino konnten sich die Teilnehmenden spielerisch mit sprachlichen Gemeinsamkeiten zwischen Deutsch und Arabisch auseinandersetzen. Die Tour „Die Freiheit der Andersdenkenden" führt durch die Dresdner Neustadt und auch zu Orten, die in Erzählungen über Dresden nur selten Erwähnung finden. Zum Beispiel der Gedenkstein für Jorge Gomondai, der 1991 von Neonazis getötet wurde. Hier berichtet Loubna Azzawi nicht nur von dem rassistisch motivierten Überfall und den Demonstrationen, die an diesem Ort immer wieder stattfinden, sondern auch von ihrem eigenen politischen Engagement – früher in Syrien und heute in Deutschland.

Wie oben beschrieben, wurden die Stadtführungen in Dresden auch durch interaktive Elemente ergänzt, die den Dialog mit den Teilnehmenden gezielt anregen. Im Projekt #angekommen, das sich speziell an Jugendliche richtet und von der sächsischen Landesregierung im Programm „Weltoffenes Sachsen" gefördert wurde, gehörten soziometrische Aufstellungen und Quizformate zu jeder Tour. Zur Vor- und Nachbereitung der Teilnahme wurde didaktisches Begleitmaterial entwickelt, das Lehrkräfte auf der querstadtein-Website herunterladen und im Unterricht nutzen können.

Selbstkritische Reflexion und inhaltliche Weiterentwicklung

Nach gut drei Jahren erfolgreicher Umsetzung stellen sich neue Fragen: Kann ein Projekt, das sich gegen Fremd-Zuschreibungen wendet, Menschen, die inzwischen seit Jahren in Deutschland leben, weiterhin als Geflüchtete „labeln"? Wie verhält es sich grundsätzlich mit diesem Begriff? Konstruiert er nicht eine neue Gruppe, die noch einmal anders gelesen wird, als die der Migrant*innen? Und welche Vorstellung verbindet sich damit? Sicher, die von Menschen, die von

Syrien über das Mittelmeer und die Balkanroute nach Deutschland gekommen sind. Was aber, wenn jemand das Glück hatte, ein Flugzeug nehmen zu können?

Rasha Kanjawi treiben genau diese Fragen um. Deshalb macht sie auch das „Labelling" von Menschen, die nicht freiwillig migriert sind, auf ihrer Tour zum Thema. Entlang der U-Bahn-Linie 6 folgt sie den Spuren der Migration in Architektur und Denkmälern und setzt diese in Bezug zu ihrer eigenen Biografie. Auf dem Spaziergang zwischen Pracht- und Sozialbauten erzählt sie von Barrieren in der Stadt und zwischen den Menschen sowie davon, wie sie sich selbst den Zuschreibungen anderer entzieht.

Auch Jennifer Kamau wehrt sich gegen Schablonen – egal, ob sie von der „Mehrheitsgesellschaft" erdacht sind, oder von (männlichen) Aktivisten mit Fluchterfahrung. Ihre Tour startet am Kreuzberger Oranienplatz. Hier hatten Geflüchtete 2012 ein Zeltlager errichtet, um gegen die deutsche Asylpraxis zu protestieren. Nach der Räumung im September 2014 besetzten sie die ein paar Straßen weiter leerstehende Gerhard-Hauptmann-Schule. An dieser Station berichtet Kamau unter anderem davon, wie sie sich gemeinsam mit anderen Frauen in einer Etage verbarrikadierte und diese zum „Safe Space" erklärte – als Protest gegen die patriarchale Dominanz der Männer im gemeinsamen politischen Kampf.

Weitere Aktivitäten von querstadtein

Stadtführungen als Format politischer Bildung, auf denen Betroffene aus eigener Erfahrung berichten, bietet querstadtein bereits seit 2013 an. Gestartet ist der Verein mit Touren unter dem Motto „Obdachlose zeigen ihr Berlin". Hier berichten Stadtführer, die selbst einmal obdachlos waren, vom Leben auf der Straße. Sie führen durch „ihren" Kiez und zeigen die Orte, an denen sie einmal gelebt haben: etwa den Bahnhof Zoo und die Bahnhofsmission, die für viele obdachlose Menschen in der Hauptstadt ein wichtiger Anlaufpunkt ist; die zwischenzeitlich leerstehenden Gebäude der Charité, in deren Krankenhausbetten Stadtführer Uwe Tobias kurz nach der Wende schlief; oder die Strecke vom Spittelmarkt bis zum Checkpoint Charlie, auf der Klaus Seilwinder sieben Jahre lang als Flaschensammler unterwegs war.

Infokasten

Die querstadtein-Touren dauern 1,5 bis 2 Stunden und führen durch unterschiedliche Viertel von Berlin und Dresden. Sie richten sich an alle, die die Stadt einmal mit anderen Augen sehen möchten.
Weitere Infos gibt es unter www.querstadtein.org

Schulklassen und Studierende, Freiwilligendienste, NGO und Unternehmen können eine Buchungsanfrage über das Formular auf der Website stellen: https://querstadtein.org/gruppenbuchung/.

Sonntags finden in Berlin regelmäßig offene Touren für Einzelpersonen statt. Tickets sind über den Onlineshop buchbar:
https://querstadtein.org/stadtfuehrungen/

Bildnachweise:
1) Stadtführung von Mohamad Khalil (Berlin), Foto: Judith Affolter
2); 3) Stadtführung von Rasha Kanjarawi (Berlin), Fotos: Anna Rozkosny
4); 5); 6) Stadtführung von Ahmed Shihab (Berlin), Fotos: Esteve Franquesa
7); 8) Stadtführung von Loubna Azzawi (Dresden), Fotos: Osman Oguz

UTE SCHMIDT

Willkommen und Ankommen in Mecklenburg-Vorpommern gemeinsam gestalten!

In Mecklenburg-Vorpommern wurden bis Ende 2015 ca. 23.000 Geflüchtete registriert. Diese im Vergleich zu anderen Bundesländern sicher geringe, im Vergleich zu den Vorjahren jedoch deutlich gestiegene Zahl stellte die Verwaltung und die Menschen vor Ort vor große Herausforderungen. In kürzester Zeit musste die Aufnahme der ankommenden Menschen organisiert werden. Unterkünfte wurden gesucht und auch oft in leerstehenden, nicht mehr genutzten alten Wohnblocks in kleinen Dörfern gefunden.

Zu beobachten war eine starke gesellschaftliche Polarisierung: Auf der einen Seite eine neue Willkommenskultur und großes ehrenamtliches Engagement, aber auch zunehmende Abwehrhaltungen, Stimmungsmache bis hin zu Übergriffen auf Geflüchtete, Unterkünfte sowie Unterstützerinnen und Unterstützer.

Die Landeszentrale für politische Bildung und die dort angesiedelte Landeskoordinierungsstelle für Demokratie und Toleranz reagierten auf diese Situation mit einem Bündel unterschiedlicher Maßnahmen, die aufeinander aufbauten, sich ergänzten und somit einer Gesamtstrategie entsprachen. Gemeinsam mit Kooperationspartnerinnen und Kooperationspartnern wie dem Beratungsnetzwerk Demokratie und Toleranz Mecklenburg-Vorpommern, dem Flüchtlingsrat sowie der Ehrenamtsstiftung stellten wir uns die folgenden Fragen:

- Welche Informationen werden in welcher Form benötigt, um die teilweise aufgeregten Diskussionen zu versachlichen und den Verunsicherungen der Menschen sowie den zunehmenden Abwehrhaltungen entgegenzuwirken?
- Mit welchen Maßnahmen können die zuständigen Akteurinnen und Akteure und Institutionen wie Verwaltungen, Schulen und Gemeindevertretungen vor Ort unterstützt und ihre Handlungssicherheit nachhaltig erhöht werden?
- Was muss getan werden, um ehrenamtliche Initiativen im Bereich Flüchtlingshilfe zu informieren, zu stärken und zu unterstützen?

Orientiert an diesen Fragen wurden Maßnahmen entwickelt, die sich an verschiedene Zielgruppen richteten.

Um Informationen und Fakten zur Versachlichung der Diskussionen und dem Abbau von Verunsicherungen zur Verfügung zu stellen, wurden klassische

Formate der politischen Bildung wie Vorträge, Theater, Lesungen und Filmvorführungen an verschiedensten Orten genutzt. Um insbesondere Menschen zu erreichen, die mit diesen Formaten wenig erreicht werden, wurde die Broschüre „Flüchtlinge in Mecklenburg-Vorpommern – 20 Fragen – 20 Antworten" entwickelt. In knapper Form und einfacher Sprache werden Fakten und Hintergründe erklärt. Dazu wurde sich auf 20 Fragen, die bei Bürgerversammlungen und Anfragen immer wieder auftauchten, konzentriert. In einem Format, das an Pixibücher erinnert, wurden u.a. Fragen beantwortet wie:

- Aus welchen Ländern kommen Geflüchtete?
- Wie viele Flüchtlinge haben wir 2015 aufgenommen?
- Warum nehmen wir Flüchtlinge auf?
- Wie sieht ein Asylverfahren aus?
- Nehmen Asylsuchende anderen die Jobs weg?
- Weshalb kommen so viele junge Männer?
- Warum haben so viele Flüchtlinge ein Smartphone?
- Bringen Flüchtlinge den Terror nach Deutschland?

Die größte Herausforderung bestand darin, diese oft komplexen Fragen klar und unmissverständlich in oft nicht mehr als 450 Zeichen auf einer Seite zu beantworten. Die notwendigen Fakten dazu arbeiteten die zuständigen Ressorts der Landesregierung zu und bei den Formulierungen und der Gestaltung unterstützten versierte Journalisten und Journalistinnen. Nach einer Versandaktion an alle Bürgermeisterinnen und Bürgermeister, Landrätinnen und Landräte, Stadt- und Kreisverwaltungen, Gleichstellungs- und Integrationsbeauftragten, Stadtbibliotheken, freie Träger, Sozialverbände, andere Projekte, Beratungsstellen und Projekte, Gewerkschaften, Stiftungen, Initiativen und Vereine, Partnerschaften für Demokratie und Schulen wurden uns die erste und zweite Auflage in einer Stückzahl von 54.000 bereits 2015 buchstäblich aus den Händen gerissen. Auch die Bevölkerung im deutsch-polnischen Grenzraum bewegten ähnliche Fragen. Deshalb wurde die Broschüre in einer Auflage von 7.000 Stück in polnischer Sprache bereitgestellt. Auf Grund der nicht nachlassenden Nachfrage wurde 2016 die Broschüre aktualisiert und in einer Auflage von 10.000 Stück nachgedruckt.

Nach der sehr positiven Erfahrung mit diesem Format wird es jetzt auch für andere Themenfelder genutzt. Es entstanden weitere Broschüren in dem Format der 20 Fragen – 20 Antworten. In der Landeszentrale und der Landeskoordinierungsstelle hat die Entwicklung dieser Broschüre die Diskussion um die Frage, wie können mit politischen Bildungsangeboten auch Zielgruppen, die noch uninteressiert oder eher skeptisch sind, erreicht werden, verstärkt.

Ein weiterer Schwerpunkt war die Beratung und Unterstützung vor Ort z.B. bei der Durchführung von Einwohnerversammlungen, der Planung von Integrationsmaßnahmen und bei der Auseinandersetzung mit Bedrohungssituationen. Die Regionalzentren für demokratische Kultur moderierten zahlreiche Bürgerversammlungen, planten mit Vereinen und Verwaltungen Diskussionsrunden und Veranstaltungen, berieten in konflikthaften Situationen und unterstützten beim Aufbau von Initiativen. Es wurden u.a. Starterpakete „Flüchtlinge aufnehmen" für Gemeinden und Schulen mit kompakten Checklisten z.B. für die Durchführung von Einwohnerversammlungen oder zum Thema Willkommenskultur in Schulklassen, mit Fördermöglichkeiten, Beratungsangeboten und weiterem Informationsmaterial entwickelt und verteilt. Die Zusammenarbeit der Landkreise und Kommunen mit den Regionalzentren in diesem Themenfeld gestaltet sich nachhaltig. Nach den Aktivitäten zum Ankommen wurden Integrationskonzepte entwickelt und bei der Umsetzung begleitet.

Die Beratung für Betroffene rechtsextremistischer Gewalt entwickelte mehrsprachige Materialien, bot Sprechstunden in Gemeinschaftsunterkünften an und begleitet Bürgerinitiativen in konflikthaften Situationen. Ehrenamtlich Engagierte, die von Bedrohung und Verunglimpfung betroffen waren, wurden zu einem Gespräch mit staatlichen Vertretern und Vertreterinnen des Beratungsnetzwerkes, der Landeskoordinierungsstelle für Demokratie und Toleranz sowie der Opferberatung eingeladen. Ein wichtiges Ergebnis war die Verabredung, dass Initiativen bei Bedarf unmittelbar mit den Leitern der zuständigen Polizeireviere Kontakt aufnehmen konnten und konkrete Ansprechpartnerinnen und Ansprechpartner benannt wurden.

Die Unterstützung und Stärkung der ehrenamtlichen Initiativen im Bereich Flüchtlingshilfe war ein weiterer Schwerpunkt. Die Willkommensinitiativen und Bündnisse wurden eingeladen, sich auf einer virtuellen Projektlandkarte auf der Internetseite des Beratungsnetzwerkes eintragen zu lassen. Ziel war, den Initiativen die Möglichkeit zu geben sich kennenzulernen, Kontakte zu knüpfen, Informationen auszutauschen, zusammenzuarbeiten und sich gegenseitig zu stärken. Die regelmäßige Bestandsaufnahme zur Entwicklung von Willkommensinitiativen einerseits und fremdenfeindlichen Übergriffen andererseits half die Entwicklungen und Bedarfe sichtbar zu machen. Hintergrundinformationen, Praxisbeispiele, Fördermöglichkeiten und andere Informationen wurden online bereitgestellt.

Initiativen und Gemeinden wurden bei der Beantragung von Fördermitteln und der Durchführung von Veranstaltungen unterstützt. Allein durch die Landeskoordinierungsstelle wurden 2015 28 Projekte im Themenfeld mit insgesamt

51.000 Euro gefördert. Darunter auch ein Projekt des Seniorenbüros Schwerin zur Qualifizierung von Integrationsbegleiterinnen und -begleitern.

Das erste Forum der Bundesprogramme „Zusammenhalt durch Teilhabe" und „Demokratie leben!" unter dem Titel „Willkommen im Dorf?!" setzte die Frage des gelingenden Zusammenlebens mit den neuen Nachbarn sowie Nachbarinnen als ein zentrales Thema.

Mit dem Flüchtlingsrat M-V und der Ehrenamtsstiftung M-V wurde 2016 ein Vernetzungstreffen der ehrenamtlich Aktiven organisiert. Über 100 Teilnehmende tauschten sich im März 2016 u. a. über Themen wie „Verantwortung und Grenzen des Ehrenamts", „Interkulturelle Konflikte" und „Integration im Bereich Sport und Freizeit" aus. Alle Teilnehmenden erhielten bei der Veranstaltung eine Ehrenamtstasche, prall gefüllt mit Informationsmaterial, darunter Kontaktlisten mit Ansprechpartnerinnen und Ansprechpartnern in Ministerien, Ämtern, Stiftungen, Beratungsstellen und Projekten sowie Fördermöglichkeiten und die dazu gehörenden Anträge.

Mittlerweile haben sich die Herausforderungen verändert. Der Zuzug neuer Geflüchteter ist deutlich zurückgegangen, provisorische Notunterkünfte wurden geschlossen, Verwaltungsstrukturen haben sich den neuen Erfordernissen angepasst, manch eine der Anfang 2016 gegründeten über 100 Initiativen hat sich inzwischen aufgelöst, andere haben sich spezialisiert. Aktuell ist die Aufgabe, das alltägliche Zusammenleben mit den Bleibenden zu gestalten und die neuen Nachbarn sowie Nachbarinnen zu integrieren. Eine Herausforderung, die geblieben ist, ist es sich mit Vorurteilen, Rassismus und Fremdenfeindlichkeit im Alltag auseinanderzusetzen. In fast allen Regionen des Mecklenburg-Vorpommerns sind Integrationskonzepte entstanden und neue Migrantenselbstorganisationen haben sich gegründet. Die 2015 begonnene Zusammenarbeit zwischen Projekten der Demokratieförderung, der politischen Bildung, der Integrationsprojekte und ehrenamtlichen Akteuren in diesen Bereichen entwickelte sich zu einer stabilen Netzwerkarbeit weiter. Perspektivisch sind weitere Angebote der politischen Bildung und der Demokratieförderung für und mit Migrantinnen und Migranten geplant. Dazu wurde die Zusammenarbeit mit den Migrantenselbstorganisationen und den Integrationsbeauftragten verstärkt. Die intensive Zeit um 2015 und 2016 hat nochmals gezeigt, wie wichtig es ist, schnell auf Fragen der Bevölkerung zu reagieren und Formate zu finden, die viele Menschen erreichen. In der Landeszentrale für politische Bildung und der Landeskoordinierungsstelle wird seitdem stärker auf Formate geachtet, die kompakt und verständlich für breitere Bevölkerungskreise interessant aufbereitet sind und aktuelle Fragen aufgreifen.

ILANGA MWAUNGULU

„Flucht im Lebenslauf"

Politische Bildung zu Flucht und Migration: Möglichkeiten der Bildung gegen Rassismus und Antisemitismus, Anne Frank Zentrum Berlin

Das vom Anne Frank Zentrum entwickelte Lernmaterial „Flucht im Lebenslauf" richtet sich an Jugendliche ab 14 Jahren und kann in der schulischen und außerschulischen Bildung eingesetzt werden. Das biografische Material erzählt die Lebensgeschichten von drei geflüchteten Menschen aus Geschichte und Gegenwart: Anne Frank aus Deutschland, Hava aus dem Kosovo und Marah aus Syrien. Der biografische Ansatz eröffnet Einblicke in die Lebenssituationen von Geflüchteten, zeigt die konkreten Auswirkungen von (strukturellem) Rassismus und Antisemitismus auf und fördert einen empathischen Zugang zur Geschichte der Portraitierten.

Das Material besteht aus methodisch-didaktisch ausgearbeiteten Bausteinen zu vier Themen, in denen die drei Lebensgeschichten miteinander in einen Zusammenhang gestellt werden. Es ist vollständig online und kostenfrei zugänglich unter www.annefrank.de/flucht.

Flucht und Migration – ein Thema für die Dominanzgesellschaft

Wenn ich Multiplikator*innen das Lernmaterial vorstelle, frage ich meist zu Beginn, welche Bezugspunkte sie in ihrer Arbeit zu Flucht und Migration haben. Oft antworten sie mir darauf, wieviele Geflüchtete es innerhalb der Gruppen gibt, mit denen sie arbeiten. Die Idee, dass auch Menschen, die niemals migriert sind und teils nicht einmal familiäre Migrationserfahrung besitzen etwas mit Flucht und Migration zu tun haben, ist offenbar für viele überraschend. Dabei ist das Thema nicht nur in den Medien präsent, vergangene und aktuelle Migrationsbewegungen prägen auch die Identitäten und Erzählungen der Dominanzgesellschaft. Ein eindrückliches Beispiel dafür ist, wie die Vertreibung und Ermordung großer Teile der jüdischen Deutschen im Nationalsozialismus die deutsche Gesellschaft bis heute prägt: Bis heute fehlen Jüd*innen vielerorts in Deutschland.

Anders als von manchen eingangs zitierten Multiplikator*innen eingeschätzt, haben besonders Jugendliche ohne eigene oder familiäre Migrationserfahrung einen hohen Lernbedarf zu den Themen Flucht und Migration. Wenn die hauptsächliche Informationsquelle die Medien sind, in denen Migration in Konjunkturen thematisiert und meist ausschließlich problematisiert wird, entstehen oft genug krude Bilder. Das Lernmaterial zeigt die Komplexität von Migration und Ankommen auf und eröffnet Reflexionsräume zur Lebensrealität geflüchteter Menschen. Es versteht sich als Beitrag zur politischen Bildung gegen Antisemitismus und Rassismus.

Rassismus und Antisemitismus werden sowohl als Fluchtgründe, als auch als Probleme in den Aufnahmegesellschaften thematisiert, für die Jugendliche sensibilisiert werden. Die Einordnung von Flucht und Migration in einen historischen Zusammenhang zeigt, dass es sich nicht ausschließlich um aktuelle Phänomene handelt. Flucht und Migration prägen das Gewordensein moderner Gesellschaften.

Von diesen Kontextualisierungen profitieren auch Jugendliche mit familiären und eigenen Migrationsbiografien. Zusätzlich ist es für sie oftmals eine wichtige und empowernde Erfahrung, die familiären oder eigenen Lebensumstände innerhalb der Bildungskontexte repräsentiert zu sehen. Die eigenen Erfahrungen können zu den präsentierten Biografien in einen Bezug gesetzt und in einem größeren historischen Kontext verortet werden.

Arbeit mit Biografien

Ein besonders wichtiger Aspekt des biografischen Lernens ist der empathische Zugang zu den Lebensgeschichten konkreter Personen. Den vielen entmenschlichenden Medienberichten über geflüchtete Menschen wird auf diese Weise etwas entgegen gesetzt. Dort ist die Wortwahl häufig dem Bereich von Naturkatastrophen entlehnt, rassistische Stereotype werden aufgerufen und die auf der Flucht Ertrunkenen erscheinen als abstrakte Zahlen – so als wären sie Menschen ohne Geschichten und Erfahrungen, ohne Freund*innen und Familien, die ihren Tod betrauern. Eine ähnliche Beobachtung wurde mehrfach bezüglich Berichten und der Bildung zur Shoah gemacht. Abstrakte Zahlen verhelfen zu keinem Verständnis der Shoah und entmenschlichen die Ermordeten abermals.

Im Lernen mit Biografien treten die Menschen hingegen als Handelnde in Erscheinung. Sie erzählen ihre eigenen Geschichten, Perspektiven und Erfahrungen. Gleichzeitig wird deutlich, wie Antisemitismus und Rassismus sowie Migrationspolitiken den Handlungsspielraum der Einzelnen begrenzen, im Fall von Anne Frank soweit, dass ihr Leben mit 15 Jahren im Konzentrationslager endete.

Das Lernen mit Lebensgeschichten bietet Momente von Identifikation, denn es ist immer auch eine Auseinandersetzung mit der eigenen Biografie: Wie ist das bei mir und in meiner Familie? Insofern kann die so gestärkte Empathie wirkungsvoll sein im Überdenken eigener Bilder und Stereotype.

Die Möglichkeit bereits erlernten antisemitischen und rassistischen Bildern durch Empathie entgegen zu treten, hat jedoch auch Grenzen. Diese liegen u.a. in der Irrationalität dieser Bilder begründet. Rassismus und Antisemitismus können auch dann noch bestehen, wenn deren Auswirkungen auf einzelne Betroffene bedauert wird. Sie werden dann oftmals als „Ausnahmen“ mit einem ansonsten unangetasteten Weltbild vereint. Daher ist es ergänzend wichtig, ein Verständnis für die Funktionsweisen von Macht- und Herrschaftsstrukturen zu entwickeln.

Die Perspektiven der im Lernmaterial portraitierten Personen regen oftmals auch Betroffene von Rassismus oder Antisemitismus in der Klasse oder Lerngruppe dazu an, von ihren eigenen Erfahrungen und Erlebnissen zu erzählen. Um diesen Erfahrungen einen Raum und Anerkennung zu geben, braucht es nicht zuletzt eine Sensibilisierung der Lehrenden. Sie sind in besonderem Maße verantwortlich, einen möglichst sicheren Rahmen zu bieten. Respekt und eine klare Parteilichkeit und Positionierung gegen Antisemitismus und Rassismus bieten dafür die Grundlage. Da wir in einer Gesellschaft leben, in der wir alle – auch als Lehrende – rassistische und antisemitische Denk- und Verhaltensmuster erlernt und verinnerlicht haben, müssen auch die eigenen Bilder und Gewissheiten hinterfragt werden.

Historische Verortung als Anlass für einen Perspektivwechsel

Wenn Anne Frank, der Jugendliche in der Regel eine sicheres Exil und damit die Chance zu überleben gewünscht hätten mit den aktuellen Migrationsbiografien von Hava und Marah in einen Zusammenhang gestellt wird, wird deutlich, dass Flucht nicht erst seit 2015 in größerem Ausmaß existiert, sondern eine Geschichte hat. Natürlich ist diese mit den Fluchtversuchen von antisemitisch Verfolgten während des Nationalsozialismus nicht umfassend dargestellt – dies kann auch nicht der Anspruch eines biografischen Materials sein. Dass für Anne Franks Familie Deutschland ein unsicherer Ort war, den sie verlasse musste, regt zu einem Perspektivwechsel an: In zeitgenössischen Diskursen wird Deutschland in der Regel als – großzügiges oder schützenswertes – Aufnahmeland dargestellt. Wer sich zu Deutschland zugehörig fühlt, kommt in diesem Diskurs eher selten auf die Idee, sich selbst in die Lage zu versetzen, darauf angewiesen zu sein, in einem anderen Land Sicherheit zu finden.

Bei dieser Verknüpfung soll es nicht darum gehen, die Kontexte gleichzusetzen. Der deutsche Antisemitismus trieb Anne Franks Familie zunächst dazu, Deutschland zu verlassen und zwang sie später, nach Mitteln und Wegen zu suchen, aus den Niederlanden zu fliehen – erfolglos. Diese Ereignisse sind nicht gleichzusetzen mit den Zwängen und Wünschen, die Havas Familie dazu veranlassten, den Kosovo zu verlassen oder Marah aus Syrien nach Deutschland trieben. Deshalb geht das Lernmaterial nicht nur auf die Gemeinsamkeiten der drei Biografien ein, sondern stellt auch deren grundlegende Unterschiede heraus. Auch die Differenzen in den Lebensgeschichten von Hava und Marah werden dabei thematisiert, so dass diese nicht als Repräsentantinnen für „Geflüchtete heute" erscheinen, sondern ihre jeweils persönlichen Lebenswege und -umstände aufgezeigt werden.

Politische Bildung zu Flucht und Migration als Querschnittsthema

„Flucht im Lebenslauf" richtet sich an Jugendliche in Deutschland – und damit an eine Gruppe sowohl mit als auch ohne eigene oder familiäre Migrationserfahrung. Es empowert und regt zur Reflexion an. Insofern ist es Teil einer Tendenz in der politischen Bildung, sich mit einer Selbstverständlichkeit an diverse Zielgruppen zu richten. Dass Lerngruppen in Bezug auf Erfahrungen mit Migration, Antisemitismus und Rassismus homogen sind, ist schließlich auch eher die Ausnahme – und das nicht erst seit 2015. Dieser Tendenz gerecht zu werden, bedeutet auch, nicht die Frage nach der Anzahl von Geflüchteten in einer Lerngruppe zu stellen, sondern im Gegenteil von ihrer Anwesenheit auszugehen. Es sollte Multiplikator*innen eher stutzig machen, wenn bestimmte Perspektiven fehlen, denn das ist oft genug ein Ausdruck von Ausschlüssen: Entweder fehlen die Menschen, die Migration, Antisemitismus oder Rassismus erleben – dann ist die Frage: Warum fehlen sie? Oder die Personen sind anwesend und bringen ihre Perspektiven nicht ein – was ein Hinweis auf einen unsicheren Raum wäre. Jeden Lernraum möglichst sicher, besonders für marginalisierte Perspektiven zu gestalten, ist Aufgabe der Multiplikator*innen und damit ein Thema der Aus- und Weiterbildung von Pädagog*innen. Das Anne Frank Zentrum bietet daher auch Fortbildungen zum Lernmaterial an, in denen Räume geschaffen werden, um das eigene Eingebundensein in Rassismus und Antisemitismus zu reflektieren. Natürlich kann ein kurzer Workshop immer nur ein Anstoß sein. Flucht und Migration sowie Antisemitismus, Rassismus und andere Formen von Diskriminierung sind ein Querschnittsthema der politischen Bildung, besonders auch in der Arbeit mit Multiplikator*innen.

Angebote im Kontext von Schule

SABINE HUFFMANN, CHRISTA SCHÄFER

„Demokratiepädagogik in Willkommensklassen"

Lehrkräftefortbildung der Senatsverwaltung für Bildung Berlin

In Berlin gab es im Schuljahr 2016–2017 über 1000 Willkommensklassen, verteilt auf alle Schulformen. Die Lehrkräfte waren und sind auch jetzt noch oft Quereinsteiger*innen aus unterschiedlichen Ursprungsberufen, die sich hochmotiviert und mit großem Engagement ihrer Aufgabe widmen, Kinder und Jugendliche bei ihrem Prozess des Ankommens zu begleiten und zu unterstützen.

Demokratiebildung im Unterricht und im Rahmen der Schulkultur findet im Kontext eigener und gemeinsamer Erfahrungen statt. Dabei werden Fähigkeiten entwickelt, verantwortlich an gesellschaftlichen und politischen Meinungsbildungs- und Entscheidungsprozessen teilzunehmen, eigene Intentionen zu verhandeln, unterschiedliche Interessen auszuhalten und in Konflikten demokratische Lösungen zu finden. Die Überzeugung von eigener Wirksamkeit, die Anerkennung anderer und der Respekt vor demokratischen Normen, Regeln und Gesetzen sowie Verantwortungsbereitschaft sind grundlegende Aspekte des sozialen und demokratischen Handelns.

Zur Unterstützung des pädagogischen Personals legte die Senatsverwaltung für Bildung, Jugend und Familie in Kooperation mit dem Landesinstitut für Medien, der Berliner Landeszentrale für Poltische Bildung und der Deutschen Gesellschaft für Demokratiepädagogik im Schuljahr 2016–2017 den einjährigen Fortbildungszyklus „Demokratiepädagogik in Willkommensklassen" auf, der so nachgefragt war, dass aus einer ursprünglich geplanten Fortbildung mit 6 Tagesveranstaltungen schnell sechs Fortbildungsgruppen gebildet wurden, aufgeteilt nach Schularten, mit insgesamt 36 Fortbildungstagen. Jede Fortbildungsgruppe hatte einen eigenen Ansprechpartner, an den sich die Teilnehmenden auch zwischen den Veranstaltungen wenden konnten.

In den sechs Modulen, die aus den Bedarfen der Lehrkräfte heraus entwickelt wurden, ging es einerseits um grundlegende Fragestellungen einer demokratischen Gesellschaft, verbunden mit den besonderen Lebenslagen und z.T. erheblichen seelischen Beeinträchtigungen der Kinder und Jugendlichen mit Fluchthintergrund.

Welche Werte und Normen müssen beachtet werden? Wie kann Wertebildung stattfinden im Konflikt mit erlernten Verhaltensmustern? Wie können Regeln für den Umgang miteinander vereinbart und umgesetzt werden? Wie kann in der Schule die Mentalisierungsfähigkeit und Ambiguitätstoleranz der Schüler*innen erhöht werden? Wie kann die Akzeptanz von Vielfalt erfahren und gelebt werden?

Und zum Anderen: Wie kann das pädagogische Personal ermutigt und bestärkt werden, sich selbst mit diesen Fragen auseinanderzusetzen, eigene Haltungen zu reflektieren und gleichzeitig Lerngelegenheiten zu schaffen, die Wertschätzung und Selbstwirksamkeit für Kinder und Jugendliche erfahrbar machen. Und nicht zuletzt: Wie kann Sprachbildung mit Demokratiepädagogik verbunden und methodisch zum Ausdruck gebracht werden?

Die Fortbildungsreihe „Demokratiepädagogik in Willkommensklassen" zeigte, wie Willkommenskultur im Zusammenhang von Schule gestaltet werden kann. Die Seminartage boten neben einem fundierten theoretischen Input durch die beteiligten NGO immer auch einen praktischen Teil mit der Durchführung gemeinsamer Übungen, dem Austesten von Methoden sowie der Möglichkeit zu Austausch und Vernetzung für die Willkommenslehrkräfte. Die pädagogische Grundhaltung im Umgang mit geflüchteten Minderjährigen wurde im Sinne der Demokratiepädagogik erarbeitet und gefestigt. Im Sinne Gerhard Himmelmanns wurde Demokratie als Lebens-, Gesellschafts- und Herrschaftsform vorgestellt.

Im Folgenden sind die Module im Einzelnen beschrieben:

1. Modul: Einführung, grundlegende Informationen zu Flucht und Migration – pädagogische Haltung

Dieses erste Modul wollte zum Verständnis der Situation von Geflüchteten anleiten und zur Reflexion der eigenen Haltung. Es bot grundlegende Informationen zu den Themen „Fremdheit", „Flucht" und „Ankommen". Im Rahmen des Moduls wurden Best – Practise Beispiele in der Arbeit mit Kindern und Jugendlichen mit Fluchterfahrung aufgezeigt und in eine demokratiepädagogische Haltung eingeführt, mit der die Arbeit gelingen kann. Willkommens- und Anerkennungskultur bedeutet eine Grundhaltung der Offenheit für unterschiedliche Lebensweisen und Akzeptanz von Vielfalt. Willkommenskultur auf der Ebene des Individuums zu gestalten meint u.a. Selbstreflexion und vorurteilsbewusstes Arbeiten. Anerkennungskultur auf interpersonaler Ebene bedeutet Aufnahme von Kommunikation, Beziehungsaufbau auf Augenhöhe, Anbieten von Unterstützung und Resilienzstärkung. Anerkennungskultur auf institutioneller Ebene heißt bewusstes und freundliches Willkommen durch Vertreter*innen der Organisation, durch bestimmte Rituale, Formen und Prozesse.

2. Modul: Traumata und traumatisierte Kinder

Geflüchtete Kinder haben in der Regel in ihrem Herkunftsland oder während ihrer Flucht traumatische Dinge erlebt (Krieg, Ausgrenzung, Gewalt, Angst, Stress). In späteren sozialen Kontexten wie Schule werden diese Erfahrungen oft sichtbar z.B. durch auffällige und eventuell auch für Pädagog*innen unverständliche Verhaltensweisen. Erfahrungen in der neuen sozialen Gruppe bringen dabei auch die Gefahr mit sich, Retraumatisierungen auszulösen. In diesem Workshop wurden die Grundlagen der Entstehung von Traumata, die Folgen von Traumatisierung und die Möglichkeiten vorgestellt, diesen im neuen Schulsetting adäquat pädagogisch zu begegnen. Das Wissen um diese traumapädagogischen Handlungsoptionen kann erheblich zu einer Entlastung pädagogischer Fachkräfte beitragen und helfen, den Kindern Sicherheit zu geben, damit sie in der neuen Gruppe „ankommen“ können. Eine wertschätzende und verständnisvolle Haltung der Pädagogen fokussiert dabei auf die Ressourcen und die Stärkung der Resilienz der Kinder und Jugendlichen. Die traumapsychologische Aufarbeitung muss aber immer durch ausgebildete Fachleute erfolgen.

3. Modul: Interkulturelle Aspekte und Konflikte, Religion

In vielen Willkommensklassen stellt sich die Frage, welche Rolle Religion für Kinder und Jugendliche spielt. Sind Konflikte vorprogrammiert? Wie können pädagogische Fachkräfte Jugendliche stärken und gleichzeitig einen Beitrag leisten, um sie vor Ideologien und anderen „problematischen“ Angeboten zu schützen? Wie erhöhen wir bei Kindern und Jugendlichen die Ambiguitätstoleranz? Wie reagieren Lehrkräfte auf demokratiedistanzierte und extremistische Einstellungen und Verhaltensweisen?

4. Modul: Geflüchtete Kinder und Jugendliche im Gruppengeschehen

Dieses Modul zeigte, wie einerseits aus einer Vielzahl von Individuen in einer Willkommensklasse eine Gruppe von zusammen arbeitenden Schülerinnen und Schülern werden kann, und wie es andererseits gelingen kann geflüchtete Kinder und Jugendliche in ein bereits bestehendes Gefüge in einer Regelklasse zu integrieren. Wie kann der Aufbau von Beziehungen gelingen und welche Herausforderungen gibt es im Gruppenprozess zu bewältigen? Die Entwicklung zur Empathie- und Mentalisierungsfähigkeit ist dabei ebenso wichtig wie die Bedeutung der Kommunikation durch nonverbale Botschaften in Mimik und Blickrichtung, und die Wahrnehmung dieser Signale und Strategien zur Perspektivübernahme als Grundlagen eines demokratischen Miteinanders. Die Lehrkraft als „Gruppen- bzw. Teamleitung" besitzt in diesen Prozessen eine große Verantwortung, sie verantwortet verschiedene Aufgabenbereiche und übernimmt eine wegweisende Funktion für die Gruppenmitglieder und eine Gruppe.

5. Modul: Elternpartnerschaften in Willkommensklassen

> „Ich war immer so aufgeregt, wenn ich mit dem Lehrer sprechen musste. Ich konnte nicht sagen, was ich sagen wollte. Ich hatte Angst, dass der Lehrer mein Kind schlechter behandelt, weil ich etwas falsch gesagt habe. Die Worte waren so schwierig für mich, ich kam mir dumm vor." *(Zeynab Abghari, Mutter eines 8-jährigen Kindes aus Afghanistan)*

Die eigene Sprache, die Erfahrungen, das Wissen, die Qualifikationen – der kulturelle Rucksack – ist in der neuen Umgebung für Eltern und Sorgeberechtigte vermeintlich nicht mehr brauchbar. Sprachlosigkeit, das Nicht-Verstanden-Werden, Gefühle von Hilflosigkeit und Ohnmacht, unklare Zuschreibungen und Halbwissen begleiten die Phase des Ankommens, die insgesamt einen Verlust von Selbstwertgefühl und Souveränität bedeutet.

Wenn Eltern oder andere betreuende Personen in Willkommensklassen als Erziehungsberechtigte respektiert, auf Augenhöhe willkommen geheißen werden und ihnen grundsätzliches Interesse entgegengebracht wird, besteht die Chance, sie zu erreichen und ihnen erste demokratische Mitwirkungs- und Teilhabemöglichkeiten aufzuzeigen. Die Kommunikation ist dabei für alle ein Balanceakt. Sprachmittler können eine wichtige Brücke sein, genauso wie Angebote für informelle Treffen.

6. Modul: Demokratiebildung in Willkommensklassen

Das abschließende Modul bot noch einmal praktische Unterstützung für die alltägliche Unterrichtspraxis. Dabei kamen einerseits neuentwickelte Materialien zur Wertebildung in Verbindung mit Sprachbildung des Landesinstitutes für Lehrerbildung und Schulentwicklung – Li Hamburg zum Einsatz und zum anderen wurde der „Klassenrat" als die zentrale Methode gelebter Demokratie vorgestellt und simuliert. Der Klassenrat ist die bewährte Methode, mit der Schüler*innen über ihre Anliegen in ein ernsthaftes, beziehungsförderndes und lösungsorientiertes Gespräch kommen. Die klare Struktur, nach der der Klassenrat abläuft, gibt allen Beteiligten ein hohes Maß an Sicherheit, auch die Anliegen anzusprechen, die sonst ungesagt bleiben. Bitten, wünschen, anerkennen – aber auch klären, abgrenzen und fordern, zivilcouragiert für andere eintreten, Anliegen aushandeln – kann in jeder Klassenratsstunde neu geübt werden. Die Themen richten sich nach den Interessen der Kinder und Jugendlichen und spiegeln noch einmal grundsätzlich die Demokratie als Lebens- Gesellschafts- und Herrschaftsform wieder. So kann es zunächst um die Entwicklung der Selbstkompetenzen in Bezug auf die einzelne Person und die Gruppe gehen, dann um die Grundfragen wie Pluralismus, Konfliktfähigkeit und die Gestaltung der Zivilgesellschaft und schließlich um die Aspekte von Macht, Freiheit und Verantwortung. Alle drei Formen gehen fließend ineinander über.

Feedback der Teilnehmer*innen:

Aus dem durchweg positiven Feedback der Teilnehmer*innen hinsichtlich der kooperativen Lernmethoden, der Themen, des bereitgelegten Materials, der Vernetzung mit NGOs, die in diesem Bereich arbeiten, hat die Fortbildungsmaßnahme die Lehrkräfte sehr unterstützt. Beim Übergang in die Regelklassen wünschen sich viele Lehrkräfte noch weitere Unterstützung, gerade auch die Lehrkräfte, die als Quereinsteiger*innen gearbeitet haben.

Fazit:

Weitere Fortbildungsmöglichkeiten zu demokratiepädagogischen Themen wie Identität, Vielfalt, Werte, interkulturelle Aspekte, interreligiöser Austausch und Traumata sind unbedingt erforderlich, gerade auch für Tandems aus Willkommens- und Regelklassenlehrkräften.

Demokratiepädagogik und Politische Bildung müssen ihren festen Platz in der Lehrkräfteaus-, -fort- und -weiterbildung haben.

Der Klassenrat als zentrale demokratiepädagogische Methode müsste in jeder Willkommensklasse eingeführt werden.

Anschlussmaßnahmen, die aus den Ergebnissen des Fortbildungszyklus entstanden sind:

Im Oktober und November 2017 bot SenBJF in Kooperation mit dem Träger „Denkzeit" ein weiteres Modul im Rahmen dieser Reihe Demokratiepädagogik in Willkommensklassen an. Das Thema lautete: „Islamismus, Islamfeindlichkeit und Antisemitismus" (6 x 1 Tag für je 25 Teilnehmer*innen).

SenBJF führt im Schuljahr 2018/2019 ein Pilotprojekt „Klassenrat in Willkommensklassen" durch, bei dem Willkommensklassen die Möglichkeit erhalten, dass externe Klassenratstrainer*innen in ihrer Klasse den Klassenrat einführen. Das Projekt umfasst alle Schularten.

SenBJF hat in Vorbereitung des Projektes „Klassenrat in Willkommensklassen" in Kooperation mit der Deutschen Gesellschaft für Demokratiepädagogik ein Curriculum zur Einführung des Klassenrates spezifisch für Willkommensklassen erstellt.

SenBJF hat in einer Qualifizierungsreihe Trainer*innen ausgebildet, die nach diesem Curriculum vorgehen und die Aspekte der Sprachbildung bei der Einführung in die Methode „Klassenrat" besonders berücksichtigen.

Literaturhinweise

zur Pädagogische Haltungen:

Qualitätsrahmen Demokratiepädagogik http://blk-demokratie.de/fileadmin/public/Ergebniskonferenz/Eikel_Wenzel_Qualitaetsrahmen.pdf

Merkmale Demokratiepädagogischer Schulen – Ein Katalog http://li.hamburg.de/demokratie/material/3137692/artikel-merkmale-demokratiepaedagogischer-schulen/

Praxisbuch Demokratiepädagogik http://www.bpb.de/shop/lernen/themen-und-materialien/37216/praxisbuch-demokratiepaedagogik

zu Traumata:

Handbuch „Flucht und Trauma im Kontext Schule" (UNHCR) http://www.unhcr.at/fileadmin/user_upload/dokumente/06_service/unterrichtsmaterialien/UNHCR_Traumahandbuch_WEB_neu.pdf

MARIA SPRINGENBERG-EICH, KARINA HAUKE-HOHL,
SABINE SOMMER, STEPHAN SCHACK

Demokratie für mich

Ein Bildungsprogramm zur Werte-, Demokratie-, Identitäts- und Sprachbildung für zugewanderte junge Menschen der Landeszentrale für politische Bildung Nordrhein-Westfalen

Prolog

„Der Mensch ist Mensch – nur das zählt!" Mit diesem Satz fassen die Schülerinnen und Schüler eines Berufskollegs in Köln ihre Erkenntnisse zusammen, die sie durch die Beschäftigung mit dem Thema „Religionsfreiheit" im Rahmen von „Demokratie für mich" erlangt haben. Ganz entscheidend für diese Erkenntnis war die Geschichte des Mitschülers Omar, der in seinem Herkunftsland Syrien aufgrund seines Vornamens, der ihn als Angehörigen der sunnitischen Minderheit sichtbar macht, viele Repressalien erlitten hatte.

„Demokratie für mich" – das ist der Titel des Bildungsprogramms der Landeszentrale für politische Bildung Nordrhein-Westfalen, das ein Angebot zur Wertevermittlung und zum Demokratie- und Sprachlernen in den internationalen Klassen an Berufskollegs des Bundeslandes schafft. Die Geschichte von Omar macht den neuartigen Ansatz des Bildungsprogramms sehr gut sichtbar: Als Ausgangspunkt des Erfahrens und des Erlernens von Demokratie wird die frühere und die jetzige Lebenswirklichkeit der Teilnehmenden bewusst angeschaut.

Wie diese Herangehensweise nicht nur im Kontext von Religionsfreiheit, sondern auch in Bezug auf andere Grundrechte und weitere Inhalte der Demokratiebildung funktioniert, wird im nachfolgenden Artikel erläutert. Er enthält zudem einen kurzen Überblick über die Ziele und Inhalte von „Demokratie für mich".

Ein neuer Ansatz der Demokratiebildung: „Demokratie für mich"

Die Zuwanderung sehr vieler geflüchteter Menschen seit dem Sommer 2015 hat den Staat, seine Institutionen und nicht zuletzt die Gesellschaft vor große und vielfach neue Herausforderungen gestellt. Das Bundesland Nordrhein-Westfalen hat wegen der festgelegten Verteilungsquoten nach dem Königsberger Schlüssel in den Jahren ab 2015 prozentual die meisten geflüchteten Menschen aufgenommen. Die dadurch entstandene Situation, möglichst schnell für viele Menschen passende Angebote zur Integration zu schaffen, hat auch die Landeszentrale für politische Bildung Nordrhein-Westfalen auf vielfältige Weise erkannt und bearbeitet.

Gemeinsam mit dem damaligen Ministerium für Arbeit, Integration und Soziales des Landes Nordrhein-Westfalen wurde zunächst eine Broschüre mit dem Titel „Demokratie für mich. Grundrechte in Deutschland" herausgegeben. Mit diesem „Leitfaden für geflüchtete und einheimische Menschen" wurden sehr bewusst alle Menschen mit dem Ziel angesprochen, in einen Dialog über wichtige demokratische Grundrechte in Deutschland zu kommen und gemeinsamen unsere Demokratie (neu) zu entdecken. Dabei haben Grundrechte wie Menschenwürde, Freiheit, Gleichheit und Solidarität eine besondere Bedeutung für das Zusammenleben in der Gesellschaft. Für die Menschen, die nach Deutschland kommen und in ihren Heimat-/Herkunftsländern teilweise andere oder gar keine Demokratieerfahrungen haben, ist es wichtig, sich mit Grundrechten und den damit verbundenen Werten, aber auch den daraus abgeleiteten Regeln und Gesetzen vertraut zu machen. Auf der anderen Seite ist es auch für die Menschen, die (schon lange) hier leben, wichtig, Unsicherheiten, Berührungsängste und ungeklärte Vorurteile abzubauen. All dies kann dadurch ermöglicht werden, indem aufeinander zugegangen wird.

Diesem Anliegen diente die Broschüre. Neben einer deutschsprachigen Ausgabe liegen auch mehrere zweisprachige Ausgaben (Arabisch, Dari, Englisch, Farsi, Französisch) vor. In drei Sprachen gibt es zusätzlich, neben den hier üblichen linksgebundenen, solche Ausgaben, die den Lesegewohnheiten der Menschen aus dem arabischen Sprachraum entsprechen (rechtsgebunden) sowie eine Dialog-Broschüre, die von sich gegenübersitzenden Menschen gemeinsam gelesen werden kann.

Didaktisch-methodisches Konzept

Die Broschüre „Demokratie für mich. Grundrechte in Deutschland" bildet die Grundlage für ein gemeinsam mit der 4S trainings gbr Sabine Sommer & Stephan Schack (www.4s-trainingsgbr.de) entwickeltes Bildungsprogramm für Internationale Förderklassen. In diesen Klassen werden schulpflichtige Jugendliche aus allen Ländern der Welt unterrichtet und vor allem im Spracherwerb unterstützt. Im Mittelpunkt steht die Vermittlung von demokratischen Werten und Grundrechten sowie den Grundstrukturen des politischen Systems in Deutschland. Am Beispiel ausgewählter, zentraler Grundrechte wird die Bedeutung der Menschenrechte behandelt, die sich seit über 70 Jahren im Grundgesetz als verbriefte Grundrechte für alle in Deutschland lebenden Menschen spiegeln. Zu diesen zentralen Grundrechten zählen persönliche Freiheit und körperliche Unversehrtheit, Gleichheit vor dem Gesetz und Gleichberechtigung der Geschlechter, sowie Glaubens-, Gewissens- und Religionsfreiheit.

Neben Orientierungshilfen für das Ankommen in Deutschland, leistet das Programm vor allem auch einen Beitrag zur Identitätsbildung in der Fremde für neu in Deutschland angekommene (junge) Menschen. Über die Anerkennung von Verschiedenheit oder Unterschiedlichkeit, bezogen sowohl auf die eigenen Heimat- oder Herkunftsländer, als auch im Vergleich zum Leben in Deutschland, wird ein wichtiger Beitrag zur Vermittlung von Toleranz geleistet. Nicht zuletzt, weil der Dialog das Herzstück des didaktisch-methodischen Konzeptes ist, wird der Erwerb der deutschen Sprache unterstützt. Gleichzeitig wird damit Raum gegeben, um auf die Suche nach Gemeinsamkeiten hinsichtlich eigener Gewohnheiten, Prägungen und Vorstellungen zu gehen.

Der Konzeption liegen unter anderem folgende Gedanken zugrunde: Deutschland ist für hier ankommende Menschen ein fremdes Land. Es ist ein Land, das sowohl eine gute Infrastruktur als auch ein demokratisches Staatswesen zu bieten hat. Viele der Werte, Gesetze und Regeln, nach denen Menschen hier leben, sind für die meisten Ankommenden neu und vielleicht auch ungewohnt. Zugleich sind alle Menschen, die sich in Deutschland aufhalten, aufgefordert, sich an die geltenden Regeln zu halten. Doch wie können Menschen, die neu nach Deutschland kommen, diese gesetzlichen Regelungen gut kennen- und vor allem auch verstehen lernen? Wie kann es gelingen, dass demokratische Freiheiten auch als Chance für die persönliche Entfaltung wahrgenommen werden?

Dies wird ermöglicht durch ein didaktisch-methodisches Grundkonzept, dass fünf Lern- und Erfahrungsräume öffnet. Damit unterscheidet es sich von vielen traditionellen Konzepten der Integrationsarbeit. Hinsichtlich des Politikunterrichts oder schulischen Demokratie-Lernens bedeutet dieses Grundkonzept einen Paradigmenwechsel. Nicht die Verfasstheit des deutschen Staates und der Gesellschaft oder der demokratischen Institutionen bilden den Ausgangspunkt für die Orientierungsangebote, sondern das, was die (jungen) Menschen an Lebenserfahrungen und -erinnerungen, an Prägungen und kultureller, religiöser wie auch politischer Sozialisation mitbringen.

Schritt 1: Individuelle (Demokratie-)Prägungen bewusst machen

Ausgangspunkt ist der jeweils thematische Bezug zur zurückgelassenen Lebenswirklichkeit der Teilnehmenden. Anhand von konkreten Fragen tauschen sie sich zunächst in sprachhomogenen Kleingruppen und später im Plenum mit der Klasse aus. Dieser Austausch findet bewusst in der jeweiligen Muttersprache statt. Die eigene Sprache sprechen zu dürfen, ist ein Menschenrecht. Erinnerungen, Erfahrungen und Prägungen sind immer mit Emotionen verbunden. Diese lassen sich zunächst einfacher und auch nuancierter zu Beginn des Programms in der Muttersprache bzw. in einer präferierten Sprache ausdrücken, denn an diesem Punkt geht es erst einmal darum, gemeinsam neue Räume zu öffnen. In den Diskussionen wird deutlich, wie heterogen die Erfahrungswelten selbst für Menschen sind, die gemeinsam in einem Land gelebt haben.

Schritt 2: Wertebezogene Orientierung durch Beobachtungen ermöglichen

Daran schließen sich gezielte, thematisch fokussierte Beobachtungen oder Erkundungen in der Umgebung des derzeitigen Lebensmittelpunktes an. Mithilfe von Beobachtungsaufgaben wird unterstützt, den sozialen Nahraum und das gesellschaftliche Umfeld zu entdecken. Über ihre Wahrnehmungen und Erfahrungen tauschen sich die Teilnehmenden anschließend wiederum in sprachhomogenen Gruppen aus. Hier wird ein erster Abgleich zwischen den eigenen Gewohnheiten und Prägungen und der Realität in Deutschland vorgenommen. Diese erste bewusste Reflexion mündet in eine Diskussion im Plenum (der Klasse). Ist der deutsche Wortschatz dafür noch zu gering, helfen Übersetzungsketten[1] dabei, Sprachbarrieren zu überwinden.

Schritt 3: Den Spracherwerb interessensgeleitet unterstützen

Die Beobachtungen lösen bei den Teilnehmenden Fragen zum Leben in Deutschland aus. Sie entscheiden nun individuell oder in Kleingruppen selbst darüber, welche die für sie wichtigsten Fragen sind, auf die sie Antworten finden möch-

1 Als Beispiel: In der Klasse sind u.a. geflüchtete Jugendliche aus Gebieten, in denen kurdisch gesprochen wird. Sie bilden eine sprachhomogene Gruppe. Ihre Gruppenergebnisse können sie noch nicht vollständig in deutscher Sprache vorstellen. Ein Gruppenmitglied kann aber Türkisch sprechen. In der Klasse sind ebenso zwei Jugendliche aus Bulgarien, die schon etwas besser Deutsch sprechen und verstehen. Beide verstehen und sprechen auch etwas Türkisch. Die Gruppenergebnisse aus der kurdischen Sprachgruppe werden teilweise in Türkisch vorgetragen und dann durch beiden bulgarischen Jugendlichen in die deutsche Sprache übersetzt.

ten. An dieser Stelle beginnt die gezielte Unterstützung beim Spracherwerb, indem gemeinsam Übersetzungen der Fragen in die deutsche Sprache erarbeitet werden.

Schritt 4: Sich begegnen und miteinander in den Dialog kommen
Die Teilnehmenden gehen mit länger oder schon immer in Deutschland lebenden Menschen ins Gespräch. Dieser Dialog ist vielfältig durchführbar (in den Schulen, auf Veranstaltungen, im Umfeld der Schule, bei Erkundungen/Projekttagen, beim Besuch von Einrichtungen und Institutionen oder in selbstgewählten Begegnungen). Die gewonnenen Erkenntnisse werden miteinander geteilt und damit der weitere Abgleich zwischen den eigenen Erfahrungen und den Unterschieden zur Gesellschaft in Deutschland ermöglicht.

Schritt 5: Die Lernerfahrungen in die Lebenswirklichkeit einordnen
Abschließend werden die gesammelten Erfahrungen gebündelt, in den politischen, gesellschaftlichen und rechtlichen Rahmen in Deutschland eingeordnet und daraufhin deren Bedeutung sowie mögliche Konsequenzen für das eigene alltägliche Leben reflektiert. Dabei werden Gemeinsamkeiten und Unterschiede zu den zurückgelassenen Lebenswirklichkeiten aufgegriffen und die individuellen Gewohnheiten und Prägungen auf ihre Realisierungsmöglichkeiten hin überprüft.

Unterstützung und Begleitung

Dieser beschriebene Prozess wird durch Lehr- und andere pädagogische Fachkräfte unterstützt. Sie werden praxisbegleitend als DialogBegleitungen qualifiziert. Mit dieser Begriffswahl ist eine spezifische Haltung gegenüber den Teilnehmenden verbunden, die im Verlauf des Lernprozesses auch Veränderungen unterworfen sein kann. Zunächst sollen vor allem durch forschende, auch neugierige Fragen die verschiedenen im Raum vorfindlichen Lebenswirklichkeiten reflektiert werden. Hier fällt es vor allem Lehrkräften schwer, die sonst gewohnte Rolle der Wissens- und Gewissheitsvermittlung loszulassen. In allen folgenden didaktischen Schritten bis hin zum Dialog werden die Jugendlichen unterstützend begleitet. In der Zusammenfassung bringt die DialogBegleitung dann ausgewählte Aspekte zur Rechtsstaatlichkeit sowie zu Regeln, Gesetzen und Normen in Deutschland ein. Und sie unterstützt auch hier dabei, die individuellen Vorerfahrungen der Teilnehmenden mit dem normativen und dem gesellschaftlichen Rahmen abzugleichen und sie entsprechend einzuordnen.

Praxiserfahrungen und Schlussfolgerungen

Die Erfahrungen aus der zweijährigen Entwicklungs- und Erprobungszeit in 21 Berufskollegs waren sehr ermutigend und bildeten eine gute Grundlage für die Veröffentlichung der Materialien und die Implementierung des Programms in weiteren Berufskollegs. Aus vielen Klassen wurde berichtet, dass die Jugendlichen sich mit großer Freude und persönlichem Engagement an „Demokratie für mich" beteiligt haben. Sie spürten hautnah, dass es um sie selbst geht und Lerngegenstände nicht abstrakt, sondern konkret greifbar werden und etwas mit ihrem Leben zu tun haben.

In den vergangenen Jahren konnte in Hospitationen der beteiligten Klassen viel beobachtet und in Erfahrungsaustauschen zwischen den DialogBegleitungen Eindrücke gesammelt werden. In zwei öffentlichen Veranstaltungen, die als Abschluss einer und Start in die nächste Phase als Transferveranstaltung dienten, kamen vor allem Teilnehmende selbst zu Wort. Deren Erfahrungsberichte zeigten auf sehr eindrückliche Weise, welche Erkenntnisse die Jugendlichen aus dem Programm für sich selbst mitnehmen konnten. Sie stellten die vielfältigen, zum Teil sehr kreativen Arbeitsergebnisse zu den Themen „Demokratie ist für mich …" und „Persönliche Freiheit und körperliche Unversehrtheit" vor. Zum Thema „Gleichheit vor dem Gesetz und Gleichberechtigung" trugen beispielsweise junge Frauen Briefe an imaginäre Freundinnen vor, in denen sie von ihrem individuellen Zugewinn an Freiheit schreiben, der durch die Demokratie in Deutschland ermöglicht wird.

All diese Eindrücke – die vielen Gespräche mit Teilnehmenden und DialogBegleitungen und nicht zuletzt durch die wissenschaftliche Begleitung der Erprobungsphase durch das Team um Prof. Andrea Szukala von der Westfälischen Wilhelms-Universität Münster – bestätigen, dass mit dem Bildungsprogramm „Demokratie für mich" ein richtiger Weg eingeschlagen wurde: Auf erfahrungsorientierte Weise werden Grundrechte und demokratische Werte vermittelt, ohne die Sozialisation der Teilnehmenden und damit individuelle wie kollektive Prägungen in angemessener und notwendiger Weise aus dem Blick zu verlieren.

Transfer und Perspektiven

In Zusammenarbeit mit dem Ministerium für Schule und Bildung des Landes Nordrhein-Westfalen und den Bezirksregierungen wird „Demokratie für mich" schrittweise landesweit in allen Berufskollegs implementiert.

Für die DialogBegleitungen stehen die fertig entwickelten und von der Landeszentrale für politische Bildung veröffentlichten Materialien zur Verfügung. Das Gesamtpaket besteht aus insgesamt fünf Broschüren für die thematischen Module mit Leitfäden für jede der etwa 30 Unterrichtseinheiten des Programms und einem Gesamtkonzept zur Einführung. Ergänzt wird es um Kopiervorlagen und Stundenübersichten für den Schulalltag, ein Leseheft und ein Arbeits- und Tagebuch für die Teilnehmenden sowie vielfältige kreative Materialien für die Umsetzung der Module.

Das Material ist zwar im Fokus auf den Einsatz im Kontext Schule erarbeitet und aufbereitet, kann aber nach Besuch einer Fortbildung ebenso auch in der außerschulischen Fort- und Weiterbildung mit Jugendlichen (ab ca. 15 Jahren) oder Erwachsenen ab Niveau zwischen A1 und A2 in der deutschen Sprache eingesetzt werden. Die Landeszentrale für politische Bildung Nordrhein-Westfalen wird in Zukunft auch entsprechende Seminare für Multiplikator*innen anbieten. Nicht zuletzt steht auch die 4S trainings gbr für die bundesweite Verbreitung dieses innovativen und spannenden Ansatzes des Demokratie-Lernens zur Verfügung.

MOHAMED AMER FADHIL, HELEN SOPHIA MÜLLER

„Discover Diversity – Between the Present and the Past"

Kreuzberger Initiative gegen Antisemitismus

Aktuelle gesellschaftliche Debatten um einen erstarkenden Antisemitismus in Deutschland fokussieren insbesondere Muslim*innen und geflüchtete Menschen als Träger*innen antisemitischer bzw. antiisraelischer Ressentiments. In der öffentlichen Wahrnehmung stehen vor allem Menschen, die aus dem sogenannten Nahen und Mittleren Osten nach Deutschland geflohen sind, unter Verdacht, aufgrund einer (mutmaßlichen) Sozialisation mit dem Feindbild Israel antisemitisch geprägt zu sein. Über einen kollektivierenden Antisemitismusvorwurf werden Geflüchtete aufgrund bestimmter Eigenschaften wie Herkunft oder Religion stigmatisiert und zum Problem erklärt. Daraus ergibt sich eine besondere Herausforderung für eine vorurteils- und antisemitismuskritische politische Bildungsarbeit mit Geflüchteten: Einserseits sollen die genannten Stigmatisierungen aufgebrochen, andererseits aber auch Wege gefunden werden, über sensible Themen wie Antisemitismus sprechen zu können. Das Projekt Discover Diversity – Between the Present and the Past arbeitet deshalb seit 2017 an neuen Zugängen zur historisch-politischen Bildungsarbeit mit Geflüchteten.

Das Projekt startete 2017 mit dem Auftrag, Workshops für sogenannte Willkommensklassen zu entwickeln, und zwölf junge Erwachsene, die selbst vor einigen Jahren als Geflüchtete nach Deutschland kamen, zu Trainer*innen der politischen Bildung auszubilden, zunächst für den Einsatz in den sog. Willkommensklassen. Ideengebend für die Ausbildung war der Peer-to-Peer-Ansatz. Die Trainer*innen teilen mit den Jugendlichen, mit denen sie arbeiten, bestimmte Erfahrungen: Sie lernten in Deutschland in kurzer Zeit eine neue Sprache, mussten sich neu orientieren, sie sind mit ähnlichen Vorurteilen konfrontiert. Sie haben landesspezifische Kenntnisse zu Politik und Geschichte und sprechen verschiedene Sprachen. Für die Schulworkshops wurde ein niedrigschwelliger Zugang zu sensiblen Themen wie Nationalsozialismus über das Thema „Zusammenleben" gewählt. Themen der Trainer*innenausbildung waren u.a. Migrationsgeschichte, der Zerfall der Weimarer Republik und die Geschichte des Nationalsozialismus, die Funktion von Vorurteilen, Antisemitismus und der

Nahostkonflikt. Die Trainer*innen leiten heute eigenständig Workshops mit sog. Willkommensklassen und darüber hinaus auch mit anderen Jugendgruppen.

Ein zielgruppenspezifisches Angebot für Geflüchtete zum Thema Antisemitismus läuft Gefahr, Stigmatisierungen zu reproduzieren. Es kann von Teilnehmenden und Außenstehenden einem Diskurs zugeordnet werden, der Geflüchteten einen überdurchschnittlich hohen Bedarf an Sensibilisierung für Antisemitismus zuschreibt. Unsere Projektarbeit basiert daher auf theoretischen Überlegungen dazu, wie wir unser Arbeitsfeld und unsere Arbeitsweise begreifen. Das Konzept der „Kontaktzone", ursprünglich zur Charakterisierung kolonialer Situationen entwickelt, beschreibt unsere Arbeitsbedingungen gut. Die Kontaktzone ist ein sozialer Raum, in dem Menschen in asymmetrischen Machtverhältnissen mit ihren Geschichten teils konflikthaft aufeinandertreffen und um Deutungen ringen (vgl. Pratt 1991). In der Migrationsgesellschaft treffen gemäß dieses Konzepts verschiedene Positionen und Erinnerungskollektive aufeinander, die im öffentlichen Diskurs nicht gleichberechtigt nebeneinanderstehen (vgl. Sternfeld 2013).

Voraussetzung für erfolgreiche Bildungsarbeit in der Kontaktzone ist die Reflexion darüber, wie einzelne Beteiligte mit ihren individuellen Sichtweisen gesellschaftlich positioniert sind. Transparenz und Offenheit über bestehende Schieflagen sind wichtige Prinzipien in der Bildungsarbeit von Discover Diversity. Konkret bedeutet das, dass das Team eigene Standpunkte und deren Entstehung offenlegt und zur Diskussion stellt. Transparenz bedeutet auch, zu erklären, warum antisemitismuskritische Bildung für uns wichtig ist. Unter Offenheit verstehen wir, empathisch mit der Lebenssituation von Teilnehmenden zu sein und mit ihnen über ihre Erfahrungen und ihr Wissen zu sprechen. Menschen, die neu nach Deutschland kommen, bringen Geschichten mit – Geschichten von der Flucht, Familiengeschichten, Wissen über Geschichte aus den Herkunftsländern. Dem geben wir Raum. Wir kontextualisieren Ereignisse und machen durch multiperspektivische Zugänge Differenz sichtbar. Entscheidend ist nicht, dass alle Teilnehmenden derselben Erzählung folgen, sondern dass alle aktiv an der Entstehung einer Gesellschaft mitarbeiten möchten, die ohne Diskriminierung von Menschen auskommt. Auf Basis einer inklusiveren Bildungspraxis kann gemeinsam hinterfragt werden, welche Erzählungen und Positionen einzelne Personen kennen und warum diese sich unterscheiden. Sollten Teilnehmende das Gefühl haben, mit ihrer Sichtweise am Rand gesellschaftlicher Debatten zu stehen und mit anderen Sichtweisen zu konkurrieren, sollten sie dies auch sagen und ihre daraus entstehenden Emotionen benennen dürfen.

Aus der Öffnung für vielfältige, auch marginalisierte Positionen und Wissensbestände ergeben sich Kontroversen. Diese begreifen wir als Teil der Bildungsarbeit in der Migrationsgesellschaft. Unsere pädagogischen Angebote sehen vor, einen Rahmen zur Austragung von Kontroversen mit Teilnehmenden auszuhandeln. Wir legen unserer Arbeit dabei ein Menschenbild zugrunde, das davon ausgeht, dass alle Beteiligten geeint sind in ihrem Interesse an einem friedlichen Zusammenleben. Basierend auf dieser Annahme soll sich ein Rahmen für die Diskussionen kontroverser Sachverhalte finden, in einem Prozess, der allen Mitbestimmung erlaubt. Völlig ergebnisoffen dürfen solche Prozesse jedoch nicht sein – revisionistische oder antisemitische Äußerungen müssen, wenn nötig, thematisiert und klar benannt werden. Die offene Diskussion kontroverser Positionen stärkt im Idealfall die Widerspruchstoleranz aller Beteiligten, der Teilnehmenden wie auch der politischen Bildner*innen, d.h. die Fähigkeit, Widersprüchliches anzuerkennen und auszuhalten.

Partizipation als Recht auf Mitbestimmung ist ein wichtiges Prinzip unserer Bildungsarbeit, insbesondere in der Ausbildung von Peer-Trainer*innen. Das heißt, das Projektteam entscheidet nicht über die Köpfe der Teilnehmenden hinweg über Seminarinhalte oder Workshopkonzepte. Partizipation bedeutet auch, dass Geflüchtete Debatten um Bildungsarbeit mitgestalten. Unsere Peer-Trainer*innen sind deshalb involviert in die Außendarstellung des Projekts. Entsprechend führt auch dieser Artikel zwei Perspektiven zusammen: Die einer Mitarbeiterin des KIgA-Teams und die eines der ausgebildeten Peer-Trainer*innen. Mohamed Amer Fadhil erzählt im Folgenden von seinen Erfahrungen im Projekt und schildert, welche Stärken und Schwächen er darin sieht.

Ich war Teil der einjährigen Fortbildung ‚Discover Diversity', die uns zu Trainer*innen der politischen Bildung für Jugendliche ausbildete. Die Hauptthemen waren deutsche Geschichte, Moderationsfähigkeiten sowie die Reflexion unserer selbst und anderer: Wir reflektierten darüber, wie wir selbst Toleranz leben, wie wir uns gegen Diskriminierung in allen Formen einsetzen und wie wir Diversität akzeptieren können. Die Erfahrung, die ich im Projekt gemacht habe, ist dreigliedrig: Erstens erhielt ich in den Workshops einen tieferen Einblick, wie die Identität der Menschen in Deutschland durch die Geschichte des Landes geformt wurde. Ich setzte mich damit auseinander, wie ich als Ankommender darüber denke. Zweitens erlebte ich während der Workshops in Schulen einen großen Graben zwischen den neu angekommenen Schüler*innen und dem Bildungssystem. Diese Lücke schafft Missverständnisse zwischen den Jugendlichen und den Schulen. In der Schule gibt es oft wenig Wissen darüber und Verständnis davon, was die Jugendlichen beeinflusst, wenig Wissen also über ihre kulturellen und politischen Werte. Die Jugendlichen fühlen sich häufig von vorgefertigten politischen und kulturellen Vorstellungen überwältigt, was viele dazu bewegt, an ihnen bekannten Wertvorstellungen festzuhalten. Drittens lernte ich von dem Projektteam und den anderen Teilnehmenden viel über die Akzeptanz anderer Meinungen und dem Respektieren verschiedener Ansätze. Das Wichtigste, was ich herausgefunden habe, ist, dass es drei Betrachtungsweisen jeder Geschichte gibt. Die erste ist die, die wir uns selbst und anderen erzählen. Die zweite ist die, die uns andere erzählen. Die dritte ist die, die beide Seiten zusammenbringt. Die Summe mehrerer Perspektiven ist es, die uns hilft, uns gegenseitig besser zu verstehen. Zur Lösung von Konflikten ist es wichtig, diese dritte Betrachtungsweise zu enthüllen. Wir sollten aufgeschlossen ohne Vorurteile diskutieren, nicht werten und respektieren, wie andere Identitäten ebenfalls durch ihre eigenen Geschichten geformt werden.

Das Projekt erschließt eine Vielfalt an notwendigen Werkzeugen, die neu ankommenden Menschen helfen, den zunächst unbekannten Ort, an dem sie sich wiederfinden, zu verstehen. Die Arbeitsweise mit vielfältigen Methoden, die Geschichten aus verschiedenen Regionen miteinander verbinden, und der Raum für die Diskussion eigener Erfahrungen hilft Jugendlichen, eine Balance zu finden zwischen zwei gegeneinanderschlagenden Wellen, nämlich die ihrer Herkunft und die des in Deutschland geforderten Integrationsprozesses. Die Stärke des Projekts liegt in der offenen und flexiblen Organisation der Workshops. Es ist wünschenswert, die ausgebildeten Trainer*innen noch stärker einzubinden und ihnen mehr Raum zu geben, ihre eigenen Perspektiven und Ideen zu reflektieren und sie in der weiteren Entwicklung ihres Selbstverständnisses als politische Bildner*innen zu unterstützen. Zu Beginn hatte ich Zweifel daran, ob die Methoden zu Themen wie Nationalsozialismus oder Zusammenleben für Jugendliche mit Fluchtgeschichte geeignet wären – ich hatte andere Vorstellungen von der Arbeit mit Jugendlichen, musste mich erst in die pädagogische Arbeitsweise einfühlen. Als ich dann aber anfing, in Schulklassen zu arbeiten, fühlte ich mich selbst als die Brücke, die den Graben zwischen den Jugendlichen und dem Bildungssystem, in dem wir uns hier befinden, schließen könnte. Plötzlich fügten sich die Puzzleteile zusammen: Mein Wissen und meine Vorstellungen, die ich aufgrund meines Hintergrunds habe, meine Erfahrungen in Deutschland und die pädagogischen Ansätze, die ich kennengelernt hatte.

Das Projekt Discover Diversity – Between the Present and the Past wird zunächst für drei Jahre bis Ende 2021 weitergefördert. In diesen drei Jahren wird ein Angebot zur Weiterbildung für Geflüchtete geschaffen, die schon Erfahrung in der historisch-politischen Bildung haben. Die ausgebildeten Trainer*innen geben weiterhin Workshops in Schulen. Darüber hinaus bringen die Trainer*innen und das Projektteam ihre Erfahrungen aus zweijähriger gemeinsamer Arbeit zusammen, um neue Ansätze zu sensiblen Themen wie dem Nahostkonflikt zu entwickeln, insbesondere für die Arbeit mit (jungen) Erwachsenen. Außerdem entwickeln wir Fortbildungen für Multiplikator*innen, in denen die Erfahrungen aus der Projektarbeit weitergegeben und diskutiert werden.

In einer vielfältigen Gesellschaft treffen in der Bildungsarbeit Menschen aufeinander, die unterschiedliche Sichtweisen auf bestimmte Ereignisse haben und diese mit unterschiedlichen Emotionen verbinden. Die Marginalisierung von Geschichten schließt nicht nur Geflüchtete gesellschaftlich aus. Eine vorurteilsbewusste politische Bildung steht vor der Herausforderung, Ausschlüsse nicht zu reproduzieren und allen Menschen Anknüpfungspunkte zu bieten. Insofern sind die Erfahrungen aus einer intensiven Zusammenarbeit mit geflüchteten Menschen aus dem Projekt für die politische Bildung in einer diversen Gesellschaft von Bedeutung. Von einer Öffnung profitieren alle. Die Inklusion verschiedener Sichtweisen macht die Bildungsarbeit nicht unbedingt einfacher, weil Konflikte offen zutage treten können. Aber sie schafft Bildungsangebote, in denen alle ihren eigenen Zugang zu Themen finden, Gefühle von Verbundenheit und Verbündet-Sein entstehen können, in denen Konflikte und Gemeinsamkeiten thematisiert und Visionen eines Zusammenlebens entstehen können.

Literatur

Pratt, Mary Louise. 1991. Arts of the Contact Zone. Profession 1991: 33–40.

Sternfeld, Nora. 2013. Kontaktzonen der Geschichtsvermittlung. Transnationales Lernen über den Holocaust in der postnazistischen Migrationsgesellschaft. Wien: Zaglossus.

Autorinnen und Autoren

SABINE ACHOUR ist Professorin für Politische Bildung/Politikdidaktik am Otto-Suhr-Institut für Politikwissenschaft der Freien Universität Berlin.

REBECCA ARBTER ist als Projektreferentin für den AdB e.V. tätig. Von 2017 bis 2019 hat sie im AdB das Projekt „Empowered by Democracy" koordiniert, das sich an junge Geflüchtete richtete. Zuvor hat sie u.a. in der Geflüchtetenhilfe gearbeitet.

ANNA BASTEN, Bildungsreferentin im Berliner Beratungszentrum für Migration und Gute Arbeit BEMA
Kontakt: basten@berlin.arbeitundleben.de

TANJA BERGER, Bildungsreferentin bei HochDrei e.V. in Potsdam u.a. im Programm politische Jugendbildung im Arbeitskreis deutscher Bildungsstätten; Arbeitsschwerpunkte: Arbeit/Lebensperspektive, Diversity, Gender Equality
Kontakt: berger@hochdrei.org

INA BIELENBERG, seit 2007 Geschäftsführerin des Arbeitskreises deutscher Bildungsstätten e.V. mit Sitz in Berlin
Kontakt: bielenberg@adb.de

ALMUT BÜCHSEL war bis Ende 2019 Referentin der Geschäftsstelle Integration, Inklusion & Diversität der Berliner Volkshochschulen und ist seit Januar 2020 mit diesem Bereich Teil der Servicezentrums der Berliner vhs. Ihre Arbeitsschwerpunkte liegen auf intersektionalen Ansätzen an der Schnittstelle von Erwachsenenbildung, Gender und Sprachbildung.
Kontakt: almut.buechsel@berlin.vhs.cloud

SELINA BYFIELD ist Geschäftsführerin bei querstadtein e.V.
Kontakt: info@querstadtein.org

MOHAMMED AMER FADHIL kommt aus Bagdad und studiert Sozialwissenschaften in Berlin. Er hat in dem Projekt „Discover Diversity" eine Ausbildung zum Trainer der politischen Bildung abgeschlossen.

REINHARD FISCHER, (seit 2014) Referent in der Berliner Landeszentrale für politische Bildung, (geboren 1963 in Hamburg, Studium der Islamwissenschaft, Geografie und Ethnologie).
Kontakt: reinhard.fischer@senbjf.berlin.de

JULIA GERLACH ist Journalistin und Autorin. Sie hat lange als Korrespondentin aus der arabischen Welt berichtet. Sie leitet Amal, Berlin! und Amal, Hamburg!

THOMAS GILL ist Leiter der Berliner Landeszentrale für politische Bildung und war zuvor langjährig in der außerschulischen politischen Bildung aktiv.

DR. KARINA HAUKE-HOHL, Politikwissenschaftlerin, Referentin für Grundsatzfragen der politischen Bildung in der Landeszentrale für politische Bildung NRW.
Kontakt: karina.hauke-hohl@politische-bildung.nrw.de

NICHOLAS HENKEL, Wissenschaftlicher Mitarbeiter am Fachgebiet Didaktik der Politischen Bildung; seit 2018: Wissenschaftlicher Mitarbeiter am Fachgebiet Vergleichende Politikwissenschaft (beides Universität Kassel).
Kontakt: N.Henkel@uni-kassel.de, Telefon (dienstl.): +49 561 – 804 -3364

SABINE HUFFMANN Arbeitet seit 2013 in der Senatsverwaltung für Bildung, Jugend und Familie zur Steuerung demokratiepädagogischer Themen, zur Demokratiebildung als Querschnittsthema und zur Implementierung der Methode Klassenrat in allen Schularten. Sie ist Mitautorin des Grundwerte-Curriculums „Hands for Kids“.

INGO JUCHLER lehrte an der Pädagogischen Hochschule Weingarten, der Universität Augsburg, an der Universität Göttingen und seit 2010 an der Universität Potsdam. Von 2010 bis 2018 war er Mitglied des Wissenschaftlichen Beirates der Bundeszentrale für politische Bildung.
Kontakt: juchler@uni-potsdam.de

JIBRAN KHALIL, seit Ende 2013 Aktivist bei Jugendliche ohne Grenzen; seit Gründung Aktivist bei We'll Come United Berlin-Brandenburg und Seebrücke Potsdam

UTE KRÜGER ist Dipl. Sozialwissenschaftlerin und arbeitet seit 2001 in der Senatsverwaltung für Stadtentwicklung. Sie leitet die Gruppe „Integration im Quartier“ und hat das Programm BENN konzipiert.
Kontakt: ute.krueger@sensw.berlin.de

CLAUDIA LOHRENSCHEIT ist Professorin für internationale Soziale Arbeit und Menschenrechte an der Hochschule Coburg.

DR. PETER MASSING war Professor für Politikwissenschaft und Politikdidaktik an der Freien Universität Berlin. Seine wissenschaftlichen Schwerpunkte sind: Demokratie, Politikdidaktik und politische Bildung.
Kontakt: massingr@zedat.fu-berlin.de

HELEN SOPHIA MÜLLER, tätig im Projekt „Discover Diversity“ bei der Kreuzberger Initiative gegen Antisemitismus, seit April 2017 Trainerin für politische Bildung sowie Antidiskriminierung, Durchführung von Projekten u.a. für Bündnis Neukölln, Fondation AfricAvenir International, Kamerun; LIQA e.V. (heute Dis:Orient)

ILANGA MWAUNGULU ist seit Anfang 2018 Referentin für Erwachsenenbildung im Anne Frank Zentrum Berlin. Ihre Themenschwerpunkte sind u.a. Bildung gegen Rassismus und Antisemitismus, Diskurse über den „Nahostkonflikt“ in Deutschland, antisemitische und klassistische Verfolgung im Nationalsozialismus und deren Kontinuitäten und Rassismus in der DDR.
Kontakt: mwaungulu@annefrank.de

KIRSTIN NEUMANN, seit 2017 Referentin für flüchtlingspolitische Öffentlichkeits-, Lobby- und Netzwerkarbeit beim Förderverein des Flüchtlingsrats Brandenburg e.V.; Beraterin zu Asylverfahren sowie Zugang zu Arbeit und Ausbildung.

BERND OVERWIEN, Dr. phil. habil, war bis zu seiner Pensionierung Ende 2019 Hochschullehrer der Didaktik politischer Bildung an der Universität Kassel
Kontakt: overwien@uni-kassel.de

CHRISTINE REICH war lange Jahre pädagogische Leiterin der Jugendbildungstätte Kurt Löwenstein. Seit 2014 ist sie Geschäftsführerin der Einrichtung und Vorstandsmitglied im Arbeitskreis deutscher Bildungsstätten (AdB)
Kontakt: c.reich@kurt-loewenstein.de

STEPHAN SCHACK, Dipl. Sozialpädagoge (FH), Master of cognitive neuroscience, Trainer, Berater & Coach für Demokratie, Interkultur, Partizipation und Kognitive Neurowissenschaften. Gesellschafter der 4S trainings gbr.
Kontakt: stephan.schack@4s-traininingsgbr.de

DR. CHRISTA D. SCHÄFER ist Pädagogin, Mediatorin und Trainerin. Im Bereich der Demokratiepädagogik beschäftigt sie sich u.a. mit den Themenfeldern Kommunikation, Konfliktbearbeitung, Partizipation und Wertschätzung.
Kontakt: mail@ChSchaefer.de

UTE SCHMIDT baute 2007 die Landeskoordinierungsstelle für Demokratie und Toleranz in Mecklenburg-Vorpommern und leitet sie seit 2012 in der Landeszentrale für politische Bildung.
Kontakt: u.schmidt@lpb.mv-regierung.de, Tel. 0385/17966

TIM SCHOLZ, Studium der Politikwissenschaft, Geschichte und Europ. Ethnologie an der CAU Kiel, seit mehr als 20 Jahren in der außerschulischen politischen Jugendbildung aktiv, seit 2007 Bildungsreferent der Jugendbildungsstätte Kurt Löwenstein, seit 2014 dort Pädagogische Leitung
Kontakt: t.scholz@kurt-loewenstein.de

SABINE SOMMER, Dipl. Sozialpädagogin, Ausbilderin, Trainerin und Beraterin für Betzavta – Zusammenleben in ders Demokratie – Die Methode des Adam-Instituts, Diversity & Nicht-Diskriminierung. Gesellschafterin der 4S trainings gbr, Naumburg (Saale).
Kontakt: sabine.sommer@4s-traininingsgbr.de

MARIA SPRINGENBERG-EICH, Diplom-Ökonomin, leitende Ministerialrätin a.D., Leiterin der Landeszentrale für politische Bildung NRW von 2004–2020.
Kontakt: mariaspringenbergeich@gmail.com

HEINZ STAPF-FINÉ, Dr. rer. pol., Professor für Sozialpolitik an der Alice Salomon Hochschule Berlin, Leiter des Masterstudiengangs Sozialmanagement und Direktor des Europa-Instituts für Sozial- und Gesundheitsforschung e.V. Forschungsschwerpunkte: soziale Ungleichheit, Haltungen und Einstellungen zur Demokratie, sozialräumliche Demokratieentwicklung, freiwilliges Engagement in der Wohlfahrtspflege
Kontakt: stapf-fine@ash-berlin.eu

BIRGITTA WODKE, Leitung des Berliner Beratungszentrums für Migration und Gute Arbeit BEMA
Kontakt: wodke@berlin.arbeitundleben.de